기독교, 2030에게 답하다

목차

편집자 서문·4
추천사·7

1부 _____ 인생과 나

생애주기·2030 인생사용설명서·14
강현석 목사

창조·창조에서 새 창조의 삶으로·32
최윤갑 교수

종말·종말에 관하여 알아야 할 것들·50
오계강 목사

2부 _____ 하나님과 나

우울·청년기의 우울에 대한 이해와 기독교적 고찰·72
이혜정 교수

중독·갈망에서 자유로·92
정원기 목사

돈·그리스도인과 투자·114
손협 장로

직업·왕이신 하나님의 부르심을 따라·134
채충원 목사

영적전쟁 · 무속소비사회·154
윤치원 목사

동물 · 반려동물인가? 애완동물인가?·172
송영목 교수

3부 _____ 너와 나

동성애 · 세계관 전쟁과 크리스천의 소명·192
이춘성 목사

연애와 결혼 · 3포 시대 청년으로 살기·210
심성현 목사

동거 · 사랑 맞습니까?·230
김정용 목사

저출산 · 무자식이 상팔자인가?·250
김대중 목사

이혼과 재혼 · 규범과 허용 안에서 누리는 질서·268
이성호 교수

제4부 _____ 공동체와 나

경건 · 이 땅에서 하나님 뜻 이루며 사는 삶·288
이원영 목사

교회 · 천국 생활하다가 천국으로·308
이창준 목사

국가 · 정교분리란 무엇인가?·326
임경근 목사

편집자 서문

이 책 '기독교, 2030에게 답하다'는 지난해 발간한 '기독교, 시대에 답하다'의 시즌2 개념으로 기획됐습니다. '기독교, 시대에 답하다'의 필진으로 참여하면서 책의 내용과 구성에 깊은 감명을 받았고 주제와 영역을 좀 더 세분화하여 2030세대를 위한 책을 만들고자 하는 열망이 이 책의 탄생으로 이어졌습니다.

오늘날 2030세대, 이른바 MZ세대는 부모 세대들이 겪었던 고민과는 질적으로 다른 차원의 문제들로 신음하고 있습니다. 본 책에서 다루는 17개 주제들을 통해 현시대 청년들이 어떤 문제들과 씨름하며 살아가고 있는지 생생하게 엿볼 수 있습니다. 특히 기독 청년들에게는 이러한 주제들에 대한 성경적 통찰과 지혜로 무장하는 것이 절실합니다. 성경적 세계관과 가치관이 단단히 정립되어 있지 않으면 끊임없이 변화하는 세상 문화와 시류에 휩쓸려 비그리스도인들과 구별되지 않는 삶을 살게 됩니다. 이 책은 삶의 여정에서 마주치는 다양한 문제들과 고민에 대해 올바른 성경적 관점과 분별력을 기르는 데 든든한 길잡이가 될 것입니다.

이를 위해 이 책은 2030세대가 함께 토론하고 적용할 수 있는 구조로 구성했습니다. 교회 대학부와 청년부 소그룹에서 이 책을 중심으로 대화를 나눌 때 청년들은 서로의 고민을 나누며 함께 성장할 수 있는 귀중한 기회를 얻게 될 것입니다.

또한 이 책은 부모 세대에게도 매우 유익한 자료가 될 것입니다. 2030 자녀를 둔 부모님들이 이 책을 읽으신다면 현시대 청년들이 어떤 가치관과 문화 속에서 살아가고 있는지, 어떤 고민과 도전들을 마주하고 있는지를 더 깊이 이해할 수 있을 것입니다. 이를 통해 세대 간 소통의 간격을 좁히고 자녀들과 더 의미 있는 대화를 나눌 수 있는 지혜를 얻게 될 것입니다. 부모가 자녀의 세계를 이해할 때 비로소 진정한 신앙적 멘토링이 가능해집니다.

필진 구성에 있어 두 가지 중요한 기준을 적용했습니다. 첫째, 각 주제에 대한 전문성과 충분한 연구를 바탕으로 개혁주의 신학의 관점에서 시대와 문화를 꿰뚫는 지혜와 통찰을 제시할 수 있어야 한다는 점입니다. 둘째, 공허한 탁상공론이 아닌 현장성 있는 내용을 담기 위해 학교와 목회 현장에서 2030세대와 직접 소통하고 있거나 가정에서 2030세대 자녀들을 두고 있는 분들이어야 한다는 점입니다.

이 책이 나오기까지 많은 분들의 헌신이 있었습니다. 우선 출판을 허락해주신 고신언론사의 최정기 사장님과 실무를 담당해주신 박진필 부국장님께 깊은 감사를 드립니다. 또한 책을 아름답게 디자인해주신 고신언론사의 모든 디자이너에게도 감사의 마음을 전합니다. 추천사를 써 주신 황원하 목사님, 이현철 교수님, 권율 목사님, 이현준 목사님, 오세빈 목사님에게 감사드립니다.

본 책의 모든 저자는 고신총회 소속 기관과 교회에서 목사, 교수, 장로로 섬기고 있습니다. 그렇기에 이 책에는 고신신학과 정신이 면면히 흐르고 있습니다. 이 책이 고신교회뿐만 아니라 한국교회 성도들에게도 선한 영향력을 끼치는 귀중한 도구로 쓰임 받기를 간절히 소망합니다.

2025년 5월
저자들을 대신하여 윤치원 드림

추천사

이 책에는 2030세대는 물론이고 전 세대가 이해하며 지향해야 할 주제들이 담겨 있습니다. 책을 읽다 보면 하나님과 자신의 관계 설정을 비롯하여 가정과 교회와 직장 등에서 어떠한 삶을 살아야 하는지에 대한 포괄적이고 구체적인 안내를 얻을 수 있습니다. 전문성을 갖춘 분들이 협업하여 훌륭한 작품을 만들어 냈습니다. 신뢰하고 따를 수 있는 필진들이며 적실하고 유용한 설명입니다. 개인적으로 읽고 적용할 수 있겠으나 교회에서 그룹으로 읽고 공부하면 더욱 효과적일 것이라고 생각합니다. 이 책을 강력하게 추천합니다.

황원하 목사(대구 산성교회, 월간고신 생명나무 기획위원회 위원장)

2030세대는 이전 세대보다 더 복잡하고 빠르게 변화하는 세상 속에서 신앙의 길을 찾아가야 하는 도전에 마주하고 있습니다. 치열한 경쟁 속에서 정체성을 잃지 않으려 애쓰고 깊은 고독 속에서 하나님과의 연결을 붙잡으려 몸부림치는 그들의 삶은 결코 가볍지 않습니다. 이 책은 바로 그 여정을 함께 걸어주는 동반자와 같습니다. '인생과 나', '하나님과 나', '너와 나', '공동체와 나'라는 네 가지 시선은 2030세대가 신앙 안에서 자기 삶을 다시 바라보고 새롭게 다듬어갈 수 있도록 깊이 있고 현실적인 통찰을 제공합니다. 단지 신앙을 '설명'하는 책이 아니라 신앙 안에서 '살아가도록' 이끄는 책이라는 점에서 더욱 귀하고 필요합니다. 이 책을 통해 2030세대 청년들이 다시금 믿음의 숨을 돌리고 공동체 안에서 손을 잡으며 하나님 앞에 담대히 설 수 있기를 소망합니다.

이현철 교수(고신대, 기독교교육학)

2030세대를 위한 인생사용설명서가 나왔습니다. 언약 백성으로 이 세상을 살지만 구체적으로 어떻게 살아야 할지 막막한 20대, 30대를 위한 지침서가 필요하다면 주저하지 말고 이 책을 읽으시기 바랍니다.

각 분야의 전문가들이 다양한 주제에 대해 현장감 있는 언어로 잘 설명하고 있습니다. 신학적인 진단으로 그치는 것이 아니라 청년들이 처한 현실을 고려하여 적절한 대안과 도전을 제시합니다. 특히

2030을 지도하는 사역자들에게는 좋은 참고서가 될 것입니다. 다음 세대를 사랑하는 모든 성도에게 '기독교, 2030에게 답하다'를 적극 추천합니다.

권율 목사(부산 세계로병원 원목, '부부 신학' 저자)

2030 청년기는 진학과 취업, 결혼과 출산 같은 중요한 선택이 집중된 '삶의 전환기'입니다. 거듭된 선택 속에서 그리스도를 따라간다면 생물학적 청년은 일관성 있는 신앙의 청년으로 거듭납니다. 이 점에서 본서는 우직하게 그리스도를 따르려는 신앙의 청년들에게 세 가지 유익이 있습니다. 첫째, 창조에서 종말에 이르는 성경의 서사 속에서 2030은 적절한 방향감각을 형성할 수 있을 것입니다. 둘째, 그리스도를 따르는 다양한 사례들은 시대의 장벽 너머를 볼 수 있는 상상력을 선사할 것입니다. 셋째, 신앙의 청년으로 살아온 다양한 저자들을 만날 수 있을 것입니다. 시대의 우상을 거스르는 여정이 외롭다고 생각했던 2030은 자신이 홀로 있지 않다는 것을 깨달을 것입니다.

이현준 목사(SFC 간사, 서울서문교회 청년부)

'기독교, 2030에게 답하다'가 발간되어 너무나 기쁘고 감사합니다. 믿음의 선배들이 주는 인생에 대한 통찰과 가이드라인은 후배들에게 언제나 안정감과 위로를 주기 때문입니다. 다양한 주제들을 두고 하나님 중심, 말씀 중심의 생각을 고민해볼 수 있는 귀한 책을 통해 2030세대들이 말씀에 기초한 가치관, 복음적인 관점으로 세상에서 살아갈 수 있기를 기도하며 일독과 소그룹 모임교재로 강력추천합니다.

오세빈 목사(온천교회 대학·청년부)

1부
인생과 나

생애주기
2030 인생사용설명서

강현석 목사(가정의힘 연구소장)
건국대학교 히브리학과를 졸업 후, 이스라엘 정부 장학생으로 선발되어 예루살렘에 있는 히브리대학교에서 정치사회학을 공부했다. 고려신학대학원 졸업 후 히브리대학교와 바르일란대학교에서 유대학과 구약학을 공부했다. 현재 서울서문교회 부목사, 가정의 힘 생애주기 연구소장, 더펠로우십 코리아 교회협력실장으로 섬기고 있다.

들어가면서 : 삼위 하나님이 그리신 인생의 청사진, 생애주기

우리는 인생의 중요한 순간마다 '내가 가는 이 길은 옳은가?', '내 꿈은 무엇이며, 그 꿈을 이루기 위해 나는 무엇을 해야 하는가?'라는 근본적인 질문들과 마주합니다. 특히 2030의 때에는 사회, 경제, 신앙의 전반적인 영역에서 이 근본적인 질문들과 씨름합니다. 왜냐하면 이 시기부터 자신의 선택과 그에 따른 결과를 책임져야 하기 때문입니다. 그러므로 2030의 때는 올바른 인생 설계를 위한 성경적 가치관을 형성하는 것이 중요합니다. 결정권을 가진 성인으로서 삼위 하나님이 원하시는 길을 좇는 것이 가장 성공적 인생사용의 출발점이라는 뜻입니다.

이를 위해 이 장에서는 삼위 하나님께서 설계하신 우리 인생의 청사진 즉 하나님 나라 관점에서 본 생애주기를 소개합니다. 이는 마치 성부 하나님께서 창조하신 우리 인생의 큰 숲을 높은 전망대 위에서 바라보는 것과도 같습니다. 자연스럽게 이 통찰을 바탕으로 우리는 인생의 각 단계를 바르게 헤쳐갈 수 있는 성경적 나침반을 발견할 수 있습니다.

성경적 나침반이란 인생의 특정 순간에 집착하지 않고 전체적인 여정을 바라볼 수 있는 힘을 의미합니다. 그 결과 성자 하나님의 은혜와 위로를 고백하며, 어떤 연단과 시련 속에서도 굳건히 전진할 수 있습니다. 어린 시절의 순수함에서 시작하여 청년기의 도전, 중년의 성찰, 그리고 미래에 다가올 결실의 시기까지, 우리 인생의 모든 여정을 살피시고 인도하시는 성령 하나님과 동행하는 것입니다. 이를 바꾸어 말하면 삼위 하나님의 놀라운 계획안에서 우리 인생의 각 주기들이 어떻게 조화를 이루는지 총체적 관점에서 깨닫게 된다는 뜻입니다.

또한 이 장에서는 지금 나의 현재가 삼위 하나님께서 설계하신 생애주기에서 어느 단계에 위치하는지도 집중합니다. 이 집중을 통해 2030의 때에 우리가 실제적으로 준비하고 구해야 할 것들을 발견할 수 있습니다. 특별히 삼위 하나님께서 창조하신 우리 내면의 자기다움을 하나님 나라의 관점에서 깨닫고 회복할 수 있습니다. 우리 미래를 위한 하나님 나라의 이정표를 발견하는 것입니다.

1. 하나님 주신 물감들 : 어린 시절

생애주기 1단계 : 시작의 은총
인생은 한 줄의 문장이 아니라 하나의 긴 이야기입니다. 그 이야기는 태어나는 순간부터 시작됩니다. 여기서 놀라운 점은 우리의 탄생이 삼위 하나님의 사랑 안에서 가장 고귀한 존재로 빚어졌다는 사실입니다. 그렇기에 어린 시절은 아직 세상의 무게를 알지 못하는 시기이지만 동시에 가장 순수한 눈빛과 마음으로 성부, 성자, 성령 하나님의 은혜를 경험합니다. 부모님의 따뜻한 품, 가족과 함께 나눈 웃음소리, 그리고 작은 기도와 말씀 소리에 이르기까지 우리는 이미 '시작의 은총'을 경험한 자들입니다. 물론 이 시절의 기억은 우리에게서 흐릿해지곤 합니다. 그러나 그 은총의 유산은 우리가 삶의 풍파를 만날 때마다 거룩한 내면의 힘으로 역사합니다.

하나님께서 나의 어린 시절 베푸신 은총의 손길들이, 나의 기억과는 상관없이, 여전히 우리 생애주기 가운데 보석처럼 빛난다는 의미입니다. 그러므로 2030의 때, 그 '시작의 은총'을 되새기는 작업이 중요합니다. 이는 그때의 순수한 믿음을 다시금 바라보며 언제나 우리 인생의 영원한 버팀목이 되어 주시는 삼위 하나님의 은총을 간구하고 기념하는 것입니다. 이는 마치 나의 탄생과 함께 허락하신 하나님 나라의 보물들을 땅속 깊은 곳에서 발굴하는 신비로운 여정과도 같습니다.

부모가 되는 것은 이와 같은 '시작의 은총'을 기억하고 배울 수 있는 가장 탁월한 방편입니다. 왜냐하면 이는 우리가 직접 하나님 은총의 통로가 되는 사건이기 때문입니다. 다시 말해 부성애와 모성애를 위한 나의 눈물과 땀방울이야말로 나를 향한 삼위 하나님의 은총을 깨닫는 가장 직접적인 방편이라는 뜻입니다. 그런 점에서 2030의 때, 결혼과 출산을 기피하는 시대 풍조를 좇는 것은 '하나님 주신 물감'을 외면하는 어리석음입니다. 나의 탄생과 함께 허락하신 하나님 나라의 물감들을 영영 잃어버리는 안타까운 선택이라는 의미입니다. 바라기는 2030의 때일수록 하나님께서 허락하신 그 은총의 자리들을 더욱 기억하고 더욱 기념할 수 있길 축복합니다.

생애주기 2단계 : 성장의 기반 다지기

어린 시절의 경험은 단순한 추억이 아닌 우리 인생의 기초를 형성하는 결정적 역할을 합니다. 이 시기에는 (아직 큰 결정을 내리지는 못하겠지만) 부모와 교사처럼 거룩한 섬김의 손길들을 통해 하나님의 사랑을 점차적으로 경험합니다. 마음속 깊은 곳에서 하나님을 향한 우리의 믿음이 점진적으로 자라나는 것입니다. 특별히 이와 같은 어린 시절의 신앙 기억과 고백은 우리 삶의 방향과 목표를 바르게 설정하는 토대가 됩니다. 이는 마치 튼튼한 기초 위에 세워지는 집이 비바람 중에도 무너지지 않는 것과 같습니다. 다시 말해 삼위 하나님을 향한 기억과 고백 위에 세워진 인생은 결단코 무너지지 않는다는 뜻입니다. 때문에 우리는 어린 시절의 신앙 유산을 소중히 간직하고 튼튼하게 다져가는 법을 배워야 합니다. 주님 안에서 자기 자신을 바르게 이해하고 앞으로 허락하실 놀라운 신앙 성장의 핵심 자산들로 간직하고 감사해야 한다는 뜻입니다.

(교회학교 등의) 교사로 섬기는 일은 그와 같은 신앙 성장의 기반을 다지기 위한 매우 효과적인 방편입니다. 왜냐하면 다른 누군가를 위한 영적 발판과 지지대가 되는 것이야말로 가장 탁월한 성경적 모델이기 때문입니다. 나아가 이와 같은 섬김은 혹여나 어린 시절 경험하지 못한 하나님 나라의 '물감'들을 다시금 보고 채우는 기회가 됩니다. 다시 말해 믿음과 사랑 안에서 자라나는 아이들의 모습이 내 인생과 신앙 성장의 거룩한 반면교사가 된다는 뜻입니다. 어떤 방편이 되었든 건강하고 행복한 인생사용을 꿈꾸는 청년들이라면 2030의 때, 교사와 같은 섬김의 자리들을 사모하시길 바랍니다. 아니 반드시 경험하시길 바랍니다. 내가 먼저 자원하여 나누고 섬길 때, 삼위 하나님께서 더 큰 은총과 성장의 기반을 허락하실 것입니다.

2. 하나님의 꿈과 비전 스케치하기 : 2030세대

생애주기 3단계 : 부르심의 발견과 자아의 탄생

2030의 때는 하나님의 부르심 즉 자기다움을 찾아가는 시기입니다. 하나님의 꿈과 비전을 나의 인생 위에서 자신만의 방식으로 구체화하는 시기라는 뜻입니다. 그러므로 이 시기를 단순히 세속적 성공만을 위한 경쟁의 때로 삼아서는 안 됩니다. 오히려 성부 하나님께서 주신 고유한 재능과 부르심을 찾고, 하나님 나라의 영광을 위한 자신만의 인생 스케치를 해야 합니다. 물론 이 여정 가운데 우리는 수많은 도전과 실패를 경험할 것입니다. 진학을 실패할 수도 있고, 취업과 승진이 늦을 수도 있습니다. 때론 결혼과 출산을 못 할지도 모릅니다. 그 결과 세상의 비웃음과 놀림의 대상이 될 수도 있습니다. 그러나 삼위 하나님께서 허락하시는 인생 스케치라면 설령 거칠고 불완전한 드로잉 일지라도 우리 인생의 가장 결정적 퍼즐이 된다는 사실을 잊지 말아야 합니다. 하나님 나라에서는 우리 인생의 그런 조각난 퍼즐들마저도 가장 값지고 특별한 '물감'으로 사용하시기 때문입니다.

한편 앞선 생애주기 1단계와 2단계의 준비 작업을 성실히 감당한 청년들이라면 3단계 난제들을 상대적으로 수월하게 풀어가곤 합니다. 그러나 여기서 기억할 것은 하나님 나라의 생애주기는 다른 누군가와 결단코 비교하지 않는다는 점입니다. 왜냐하면 삼위 하나님께서 허락하시는 나만의 인생 속도와 나만의 생애주기들이 있기 때문입니다. 그러므로 어떤 이들은 3단계를 통과하기 위해 자신의 어린 시절에 누린 하나님의 은총들을 다시금 찾아야 할지도 모릅니다. 혹은 누군가를 위한 섬김과 헌신의 수고들을 새롭게 시도해야 할 수도 있습니다. 그러나 이 모든 여정이 하나님 나라의 생애주기에서 결코 뒤처짐을 뜻하지 않습니다. 오히려 성령 하나님께서 나만을 위해 준비하신 더욱 특별한 시간이라고 생각하면 틀림없습니다. 핵심은 어떤 모습이더라도 삼위 하나님 보시기에 똑같이 귀하고 똑같이 아름다운 모습이라는 점입니다. 모두가 하나님께서 계획하신 가장 완벽한 생애주기의 여정이라는 뜻입니다. 때문에 하나님 기뻐하시는 인생사용을 위해 몸부림치고 있다면 감사하고 즐거워하시기 바랍니다. 그런 모습이야말로 (우리의 완성도와 상관없이) 하나님 나라의 가장 완벽한 생애주기 모델이기 때문입니다.

예레미야 29장 11절 말씀은 이와 같은 단계에 있는 자들을 위해 주시는 삼위 하나님의 당부입니다. 우리 인생의 모든 경험이 하나님의 섭리 안에 있다는, 삼위 하나님의 응원과 위로인 셈입니다.

"여호와의 말씀이니라 너희를 향한 나의 생각을 내가 아나니 평안이요 재앙이 아니니라 너희에게 미래와 희망을 주는 것이니라"(렘 29:11).

생애주기 4단계 : 거룩한 목표 설정과 자기 계발의 여정
현대사회는 2030세대들로 하여금 인생의 다양한 목표를 설정하고 그 목표를 이루기 위한 세부적인 전략과 현실적인 시도를 강조합니다. 그 결과 우리는 학업, 취업, 그리고 사회활동 속에서 하나님 주신 재능들을 최대한 발휘하기 위해 노력합니다. 이 과정에서 기도와 묵상은 우리에게 어둠 속 등불과 같은 역할을 합니다. 매 순간 하나님과의 대화를 통해 우리 자신의 길을 다시 한번 점검할 수 있기 때문입니다. 우리가 그려가고 있는 인생 목표와 자기 계발의 길이 하나님의 뜻에 부합하는지를 확인할 수 있다는 뜻입니다.

"나의 반석이시요 나의 구속자이신 여호와여 내 입의 말과 마음의 묵상이 주께 열납되기를 원하나이다"(시 19:14).

때문에 기도하는 2030세대라면 자기 계발은 단순한 개인의 성취를 넘어 하나님께서 주신 소명을 이루기 위한 여정이어야 합니다. 구약성경에서 거룩함을 의미하는 히브리어 표현 '카도쉬'가 (세상과) 구별되거나 구분된 상태를 지칭한다는 점을 기억할 때, 2030의 때에 설정하는 목표들도 그러해야 합니다. 세상 속에서 살아가지

만 세상과는 다른 목표를 설정해야 한다는 뜻입니다. 하나님 나라만의 빛과 소금의 목표를 좇아야 한다는 의미입니다. 그러므로 우리의 삶이 삼위 하나님 앞에서 합당하게 사용되도록 늘 깨어 기도하는 2030의 때가 되길 당부합니다.

물론 이와 같은 도전은 변화의 폭풍우를 몰고 올 것입니다. 세상 속에서 신앙을 지키기 위해 겪어야 하는 불안과 갈등 등이 때론 우리를 주저앉게 한다는 의미입니다. 그러나 이 단계에서 기억할 것은 그 어떤 세상적 성취도 하나님 나라의 성패 기준이 아니라는 점입니다. 이는 누군가 세속적 출세를 이루거나 또 자신이 원하던 물질들을 얻었다 할지라도 그것들이 하나님 나라 생애주기 청사진에서 성공이나 승리의 잣대가 아니라는 뜻입니다. 오히려 나의 모든 행사를 주님께 맡겨드리는 삶의 여부가 가장 중요한 평가 기준입니다. 즉 2030의 때는 내 인생의 모든 것들을 하나님께 의탁하며 내면의 참된 평안을 깨우치는 경험과 훈련의 때라는 뜻입니다. 그러므로 나에게 허락하신 모든 찬란한 것들을 주님께 먼저 맡겨드릴 수 있길 원합니다. 세상의 어떤 미혹과 겁박 속에서도 하나님께만 온전히 맡겨드리는, 가장 복된 인생 스케치의 주인공들 되길 기도합니다.

> "너의 행사를 여호와께 맡기라 그리하면 네가 경영하는 것이 이루어지리라"(잠 16:3).

3. 하나님의 꿈과 비전 색칠하기 : 4050세대

생애주기 5단계 : 과거의 발자취와 현재의 성찰

2030세대로 대표되는 청년기는 아직 장년기를 경험하지 못했습니다. 부모님이나 주변 어른분들의 삶을 통해 장년기의 삶을 어깨너머로 본 것이 전부입니다. 때문에 우리는 장년기를 너무 먼 미래의 일처럼 치부합니다. 혹은 나와는 전혀 무관한 때로 간과하기도 합니다. 그러나 그와 같은 태도는 하나님 허락하신 우리 인생에 대해 너무도 무책임한 태도입니다. 만약 출산을 앞둔 여성이 출산 이후 감당해야 할 삶에 대해서 아무런 준비도 하지 않는다면 어떤 일이 벌어질까요? 또 장애물 달리기 선수가 다음 장애물을 바라보지 않는다면 어떤 일이 벌어질까요? 참으로 비참하고 안타까운 결과들을 예측할 수밖에 없습니다. 그러므로 장년기에 대한 이해와 준비는 우리가 맞이할 인생의 다음 단계에 대한 가장 성경적이며 지극히 당연한 태도입니다.

먼저 장년기는 지금까지의 삶을 되돌아보고, 그동안 쌓아온 인생의 경험과 교훈을 토대로 자신의 인생을 다시금 스케치하는 때입니다. 왜냐하면 무수한 승리와 좌절, 그리고 그로 인한 희로애락이 녹아든 자리에서야 비로소 삼위 하나님 주신 인생의 참된 의미가 보이기 때문입니다. 잠언 16장 3절의 말씀처럼 모든 행사를 하나님께 맡긴 발자취들 혹은 그러하지 못했던 부끄러운 발자취들이 함께 어우러질 때, 우리 인생을 통해 계획하신 삼위 하나님의 그 영원하신 뜻이 비로소 깨달아진다는 뜻입니다. 이는 반대로 우리 인생의 각 단계들마다 시도했던 인생 스케치들이 최종본이 아니라는 뜻이기도 합니다. 즉 삼위 하나님의 인도하심 가운데 우리들의 스케치가 얼마든지 수정될 수 있고, 또 그리해야 한다는 의미입니다. 그러므로 2030의 때에 그린 나의 짧은 인생 스케치들로 너무 자만하거나 낙담해서는 안 됩니다. 오히려 긴 호흡으로 4050의 때까지 하나님의 뜻을 구하는 인생 스케치가 되어야 합니다.

또한 이 시기는 단순한 인생 회고에만 머무르지 않고 새롭게 완성된 스케치 위에 드디어 채색을 시작하는 때이기도 합니다. 이는 지금까지 쌓아온 신앙의 지혜를 바탕으로 더 큰 책임과 더 무거운 역할을 감당할 수 있다는 뜻입니다. 즉 과거의 영적 경험이 주는 무게와 깊이만큼 현재와 미래의 인생 스케치를 하나님 주신 '물감'들로 진중하고 원대히 채워갈 수 있다는 의미입니다. 그러므로 우리는 모든 생애주기를 깊이 있게 경험하려는 적극적인 태도를 가져야 합니다. 오늘 나의 경험들이 이 시기의 풍성한 색칠하기를 위한 핵심 자원들이 되기 때문입니다. 지금까지의 인생 경험이 4050의 때를 더욱 아름답게 수놓는 하나님 나라의 비단 실타래가 된다는 뜻입니다.

그런 점에서 하나님 나라의 2030세대는 어떠한 환난과 어려움에 서도 결코 좌절하거나 포기하지 않아야 합니다. 오히려 히브리서 5장의 말씀처럼, 오늘도 그 단단한 음식의 자리로까지 나아오게 하신 삼위 하나님께 감사드려야 합니다. 나의 준비된 4050의 때를 위해 더 단단한 음식의 자리로 부르시는 하나님 아버지의 선물을 잘 먹고 잘 소화 시켜낼 수 있길 기도합니다.

"때가 오래 되었으므로 너희가 마땅히 선생이 되었을 터인데 다시 하나님의 말씀의 초보에 대하여 누구에게서 가르침을 받아야 할 처지이니 단단한 음식은 못 먹고 젖이나 먹어야 할 자가 되었도다. 이는 젖을 먹는 자마다 어린 아이니 의의 말씀을 경험하지 못한 자요 단단한 음식은 장성한 자의 것이니 그들은 지각을 사용함으로 연단을 받아 선악을 분별하는 자들이니라"(히 5:12~14).

4. 하나님 나라 생애주기의 화룡점정 : 6070세대

생애주기 6단계 : 연결의 시간, 결실의 자리

6070의 때는 인생의 마지막 때가 아닙니다. 오히려 하나님 앞에서 그동안의 헌신과 신앙의 결실을 온전히 감사드리는 때입니다. 우리가 남긴 인생의 발자취와 신앙의 교훈을 후대에 계승하는 때라는 의미입니다. 또한 모든 인생의 새로운 출발점인 죽음 너머의 시간을 기대하고 소망하는 때이기도 합니다. 이는 마치 화룡점정처럼, 삼위 하나님께서 그리신 생애주기 청사진의 가장 핵심적인 순간입니다. 왜냐하면 이 순간을 통해 우리의 인생 고백이 살아있는 신앙의 유산으로 완성되기 때문입니다. 세대와 세대를 넘어, 시대와 시대를 연결하는 복음의 고리가 되는 것입니다. 그러므로 6070의 때는 우리 생애주기 가운데 허락하신 인생의 모든 결실들을 신앙의 눈으로 회고하고, 그 안에 담긴 하나님의 놀라운 기적들을 발견하여, 다음세대와 다음 시대를 위한 신앙의 유산을 물려주는 때입니다. 이를 위해 2030의 때부터 신실한 믿음의 6070세대들에게 그 신앙의 유산을 간청하는 습관이 필요합니다. 겸손한 배움과 경청의 자세로, 나의 윗세대들에게 허락하신 하나님의 능력과 지혜를 갑절로 구해야 한다는 뜻입니다. 이는 마치 훌륭한 농부가 추수 때에만 일하지 않는 진리와도 같습니다. 좋은 농부는 추수의 날을 기대하며 파종 시기부터 선조들이 이룬 지혜와 경험을 듣고 실천하기 때문입니다.

바라기는 이 글을 읽는 모든 2030세대들도 하나님 나라의 풍성한 추수기를 기대하고 늘 준비하길 바랍니다. 그날의 영광을 위해 윗세대의 신앙 유산을 온전히 받아들이고 또 더욱 발전시켜 나가길 축복합니다.

"그들은 늙어도 여전히 결실하며 진액이 풍족하고 빛이 청청하여"(시 92:14).

나가면서 : 하나님 나라 생애주기 전시회

생애주기 7단계 : 세대와 시대를 연결하는 우리

결론적으로 우리 인생을 복 되게 사용하는 것이란 한 편의 명화를 그리는 것과도 닮았습니다. 왜냐하면 그 복된 인생사용이란 결국 성부 하나님께서 제공해주신 인생 물감들로 성자 하나님께서 보여주신 인생 스케치 위에 성령 하나님과 함께 채색하는 여정이기 때문입니다. 이는 마치 우리의 손이 대가의 손에 붙들리어 유일무이한 인생 역작을 함께 그려내는 것과도 같습니다. 어떤 모양이 되었든 우리 인생으로서는 너무도 가슴 벅찬 일이 아닐 수 없습니다.

한편 삼위 하나님과 함께 완성해가는 우리들의 인생 이야기는 개인 전시회가 아닌 공동 전시회로 준비됐습니다. 그러므로 이 전시회는 혼자만의 힘으로 성취할 수 없습니다. 신앙 공동체인 교회와 혈연 공동체인 가정이 함께 만들어가야 합니다. 이는 인생의 어려운 성찰의 순간마다 복음 안에서 서로가 서로에게 격려와 지지를 보내야 함을 의미합니다. 교회의 소그룹 모임이나 봉사 활동, 가정예배나 자녀 신앙교육 등과 같은 세대와 시대의 지혜를 함께 배우고 함께 나누는 자리가 그 좋은 예입니다. 이를 위해 교회와 가정은 하나님 기뻐하시는 그 자리들을 늘 함께 개발하고 함께 운영하려는 마음을 잃지 않아야 합니다. 교회와 가정이 함께하는 모습이야말로 가장 성경적 공동 전시회라는 뜻입니다. 더불어 교회와 가정은 삼위 하나님께서 다듬고 계신 세대별, 시대별 걸작들을 위해서도 함께 기도해야 합니다. 어린 시절의 순수함, 청년기의 도전과 꿈, 중년의 성찰과 재설계, 그리고 미래에 다가올 결실들까지, 그 귀한 인생의 유산들을 각자의 금고에만 숨겨두지 말아야 한다는 뜻입니다. 오히려 합력하여 선을 이루신 내 인생만의 보석 같은 이야기들을 교회와 가정이 함께 나누길 노력해야 합니다. 왜냐하면 세대와 시대마다 역사하시고 또 그 모든 세대와 시대를 연결하시는 하나님께서 그 함께하는 자리들을 하나님 나라의 예배터로 세워가시기 때문입니다.

바라기는 이 글을 읽는 모든 교회와 가정도 그 동일한 예배터 될 줄 믿습니다. 아멘.

나눔을 위한 질문

1. 삼위 하나님께서 나의 생애주기에 준비하신 인생 '물감'들은 구체적으로 무엇인가요?

2. 삼위 하나님께서 나의 생애주기에 명령하신 인생 '스케치'는 어떤 모양과 내용인가요?

3. 삼위 하나님께서 나의 생애주기에 허락하신 '온전한 음식'이란 어떤 사건과 의미인가요?

4. 하나님 나라 생애주기 전시회를 위해 나는 누구와 무엇을, 어떻게 준비해야 하나요?

창조

창조에서 새 창조의 삶으로

최윤갑 교수(고신대 신학과 구약학)
최윤갑 교수는 현재 고신대학교 신학과에서 구약학을 가르치고 있다. 그는 성경 히브리어, 성경 해석법, 구약성경신학, 주해 방법론, 그리고 구약 개론에 오랫동안 천착하였고, 이런 앎을 바탕으로 하나님 나라와 건강한 교회를 섬기는 것을 사명으로 살고 있다. 현재 사직동교회의 영어 예배 담당 목사이다. 22년에 이사야서 연구로 연구재단 신진연구사업을 수주하였고, 그것을 국제 저널(Old Testament Essays)에 게재했다.

들어가면서

　동서고금을 막론하고 우주와 생명의 기원에 관한 질문은 인간의 가장 큰 관심거리 중 하나입니다. 동물과 달리 생각하고 추론하는 능력을 가진 인간은 살면서 은연중에 '나는 누구인가, 어디서 왔는가, 무엇을 위해 살아야 하고, 어디를 향해 가야 하는가?'라는 질문들과 씨름하기 마련입니다. 사람들은 이런 고민과 궁금증을 해결하기 위해 자연스레 우주와 생명의 기원에 관해 질문합니다. 특히 2030세대에게 이러한 질문은 더욱 중요하게 다가옵니다. 창조와 기원에 대한 관점이 그들의 삶의 목적과 가치관 그리고 세계관 형성에 큰 영향을 미치기 때문입니다.

본 글을 통해 우리는 역사 속에 존재하는 우주와 생명의 기원에 관한 세 가지 이론—진화론, 유신진화론 그리고 창조론—을 개혁주의 관점에서 조망하고자 합니다. 그런 후 구약성경 특히 잠언의 말씀을 중심으로 태초 창조의 의미와 하나님의 백성이 누려야 할 새 창조를 살펴보고자 합니다. 잠언이 그 어떤 성경보다 지혜를 중심으로 언약 백성이 삶을 통해 누려야 할 창조의 풍성한 가치, 축복 그리고 전망을 멋지게 제시하게 때문입니다.

이 글을 통해, 2030 세대들은 창조와 지혜의 의미를 이해하고 그것에 기초하여 새 창조의 삶을 더욱 견실하게 세워갈 수 있을 것입니다.

1. 우주와 생명의 기원 : 진화론, 유신진화론 그리고 창조론

인류 역사에는 크게 세 가지 우주와 생명의 기원에 관한 이론이 있습니다.

먼저 유물론적 진화론입니다. 이 이론은 1859년 다윈(Charles Darwin, 1809-1882)이 '종의 기원'(On the Origin of Species)을 출간한 후, 19세기부터 유럽과 전 세계의 교육에서 생명의 기원에 관한 핵심 이론으로 자리 잡았습니다. 이 이론의 근저에는 '생물은 주어진 환경속에서 경쟁하게 되고, 주어진 환경에 적응한 생물은 살아남고, 그렇지 않은 생물은 도태된다. 오랜 세월이 지나면서 환경에 잘 적응하는 형질을 가진 생물만이 살아남도록 선택될 것이다'라는 자연선택(natural selection)의 메커니즘이 놓여 있습니다. 더 깊이 들어가 보면 진화론의 기본가정은 '우연'과 '생명의 자연발생'입니다. 그런데 우리가 간과해서는 안 될 중요한 사실이 있습니다. 그것은 그 어떤 과학자도 우연을 전제로 생명에 관한 연구하지 않는다는 점입니다. 생명은 오직 생명으로부터만 나올 수 있기 때문입니다. 그 어떤 생명체도 자연적으로 또는 우연한 사건을 통해 발생할 수 없다는 것입니다. 부모가 갖지 않은 형질이 자손들에게 절대로 유전되지 않는다는 멘델의 유전법칙은 한 종류의 생물이 다른 종류의 생명체로 진화한다는 진화론의 이론적 허구성을 여실히 드러냈습니다.

둘째, 창조론과 진화론을 타협한 유신진화론입니다. 이 이론은 자유주의 신학의 영향으로 창세기 1~11장의 내용을 기록된 대로 믿지 않고 오히려 진화론과 타협함으로써 창조 기사를 부정하거나 왜곡합니다. 유신진화론은 성경 말씀보다 '진화론'과 '빅뱅우주론'을 더욱 신뢰합니다. 이 이론을 믿는 학자들은 "하나님이 창조하실 때 진화와 빅뱅을 사용하였으며 지질시대표의 순서대로 장구한 기간 동안에 멸종과 진화가 반복적으로 일어났다"라고 주장하곤 합니다. 따라서 유신진화론은 성경의 권위와 무오성을 부인합니다. 오히려 이성주의에 근거하여 창조 기사를 고대근동 세계에 유행하였던 하나의 창조 신화나 문학 작품으로 해석합니다. 결국 유신진화론은 '창조론도 제대로 못 믿고, 진화론도 제대로 못 믿는 학문적으로 회색지대와 같은 결과'를 자아냈습니다.

끝으로, 성경적 창조론입니다. 창조론은 창조주 하나님께서 가장 완벽하고 아름다운 수준에서 세상과 모든 생명체를 그 종류별로 창조하셨다는 사실을 진리로 선언합니다. 모든 "피조 세계의 아름다움과 질서와 조화 그리고 자연계에 적용되는 과학 법칙들이 강력한 창조의 증거"입니다. 완벽한 질서와 조화를 갖춘 창조세계를 주창하는 창조론은 당연히 생물의 연속적인 진화과정을 허용하지 않습니다. 근래에 한국창조과학회와 같은 기독교 단체들이 합리적이고 과학적인 연구를 통해 창조신앙을 견고히 지지하고 있다는 것은 참으로 다행스런 일입니다. 그런데 우주와 생명의 기원에 관한 대답은 각자가 어떤 믿음과 세계관을 갖는가에 따라 달라지기 마련입니다. 여기에 대해 성경은 우리가 믿음을 통해 온 세상만물과 생명이 하나님의 말씀으로 창조되었다는 진리를 확인할 수 있다고 단언합니다.

"믿음으로 모든 세계가 하나님의 말씀으로 지어진 줄을 우리가 아나니"(히 11:3).

그렇다면 이제 관심의 방향을 조금 바꾸어 구약성경 특히 잠언이 지혜를 중심으로 펼치는 창조의 의미와 새 창조의 삶을 살피도록 하겠습니다.

2. 잠언의 창조신학

1) 창조와 지혜의 상관관계(잠 8:27~31)

잠언은 크게 세 부분으로 나뉩니다: 서론(1~9장), 본론(10~31:8), 그리고 결론(31:9~32). 서론은 잠언에 나타난 지혜 교육의 전반적인 목적(1:1~7), 본질, 그리고 중요성(1:8~9:18)을, 본론은 하나님의 백성이 삶에 적용해야 하는 구체적인 가르침들(10:1~31:9)을, 그리고 결론은 지혜와 동행하는 삶의 축복과 영광(31:10~31)을 다룹니다.

롱맨 III(Tremper Longman III)에 의하면 잠언의 지혜는 다음과 같은 세 가지 차원에서 설명 가능합니다. (1) 삶의 기술(실용적 차원), (2) 의로운 삶(윤리적 차원), (3) 하나님을 경외함(신학적인 차원). 잠언에서 지혜는 여호와 경외 사상을 중심으로 하나님의 백성들이 윤택한 삶을 살 수 있도록 돕는 하나의 우주적 원리로 제시됩니다. 특히 잠언에서 지혜는 태초 창조에 직접 관여하고 그것을 완성한 여성으로 의인화되어 등장합니다. 그럼 잠언 8장 27~31절을 살펴봅시다.

"27 그가 하늘을 지으시며 궁창을 해면에 두르실 때에 내가 거기 있었고 28 그가 위로 구름 하늘을 견고하게 하시며 바다의 샘들을 힘 있게 하시며 29 바다의 한계를 정하여 물이 명령을 거스르지 못하게 하시며 또 땅의 기초를 정하실 때에 30 내가 그 곁에 있어서 창조자가 되어 날마다 그의 기뻐하신 바가 되었으며 항상 그 앞에서 즐거워하였으며 31 사람이 거처할 땅에서 즐거워하며 인자들을 기뻐하였느니라"(잠 8:27~31).

이 본문에서 지혜는 삶의 하나의 특성이나 자질이 아니라 여성으로 의인화되어 실제로 살아 움직이고 활동합니다. 이 여성 지혜는 만물이 창조될 때 그곳에서 하나님과 함께하며 그의 창조를 도왔습니다. 특히 30절은 그녀가 '창조자'가 되어 창조과정에 직접 개입했다고 말합니다. 여기서 우리는 다양한 질문들을 가질 수 있습니다. 과연 태초에 하나님 외에 여성 지혜라는 또 다른 창조자가 있었을까요? 과연 태초에 하나님과 여성 지혜에 의한 두 번의 창조가 있었나요?

이 구절에서 창조자에 해당하는 히브리어는 'āmôn(아몬)인데, 일반적으로 뛰어난 공예가, 명인, 숙련공 그리고 명장을 의미합니다. 한글번역 성경은 이 히브리어를 창조자로 번역하였지만 NIV는 이 히브리어의 의미를 살려 craftsman(장인, 공예가)으로, ESV와 NASB는 master workman(명장, 숙련공)으로 번역합니다.

학자들 사이에 이 본문에 대한 다양한 의견이 있습니다. 하지만 롱맨 III은 태초 창조에 직접 관여한 이 여성 지혜를 "여호와의 지혜의 시적인 의인화"(poetic personification)로 설명합니다. 즉 이 구절은 하나님께서 친히 지혜로 모든 만물을 창조하셨다는 사실과 그 무엇보다도 지혜를 통해 이 세상에 질서와 조화를 부여하셨다는 점을 강조합니다. 특히 이 본문은 땅에 발을 딛고 사는 사람들이 이 지혜에 대하여 잘 알아야 한다는 사실을 강조합니다. 왜냐하면 '그녀가 그 누구보다 세계가 어떻게 움직이고 있는지 더 잘 알고 있고, 그래서 그녀가 우리로 하여금 인생을 어떻게 항해할지 도울 수 있기 때문'입니다.

잠언에서 여성 지혜는 하나님의 본성적 특성을 암시하지만 동시에 하나님과 분리된 다른 인격체인 뛰어난 숙련공으로서 활동합니다. 따라서 이 지혜는 첫 창조에 하나님의 창조사역을 도왔던 것처럼 이 땅을 살아가는 언약 백성들이 올바르고 윤택한 삶을 살아갈 수 있도록 돕게 됩니다.

2) 지혜의 목적-생명나무(잠 9:32~36; 3: 13~20; 31:10~31)

지혜는 우리 삶에서 다양하고도 놀라운 성과와 가치를 창출합니다. 예를 들어 지혜를 소유한 자는 남들이 미처 깨닫지 못한 숨은 기술과 재능을 발견하여 엄청난 부와 성공을 향유합니다. 어떤 이는 지혜의 힘을 의지해 유혹을 피하기도 하고, 감춰진 상황을 잘 판단하여 올바른 결정을 내리기도 합니다. 지혜는 그리스도인뿐 아니라 보편적인 사람들의 삶에서 이루 말할 수 없이 많은 성과들을 이룹니다. 그렇다면 지혜의 궁극적인 목적은 무엇일까요? 잠언 3장 18~20절과 31장 :10~31절은 지혜가 우리 삶에서 성취하는 놀라운 업적들을 새 창조와 연결시켜 설명합니다.

먼저, 잠언 3장 18~20절은 지혜의 역할을 생명나무와 연결시켜 선명하게 제시합니다.

"13 지혜를 얻은 자와 명철을 얻은 자는 복이 있나니 14 이는 지혜를 얻는 것이 은을 얻는 것보다 낫고 그 이익이 정금보다 나음이니라 15 지혜는 진주보다 귀하니 네가 사모하는 모든 것으로도 이에 비교할 수 없도다 16 그의 오른손에는 장수가 있고 그의 왼손에는 부귀가 있나니 17 그 길은 즐거운 길이요 그의 지름길은 다 평강이니라 18 지혜는 그 얻은 자에게 생명 나무라 지혜를 가진 자는 복되도다 19 여호와께서는 지혜로 땅에 터를 놓으셨으며 명철로 하늘을 견고히 세우셨고 20 그의 지식으로 깊은 바다를 갈라지게 하셨으며 공중에서 이슬이 내리게 하셨느니라"(잠 3:18~20).

이 시에서 지혜는 값비싼 정금이나 진주보다 더 뛰어난 탁월한 가치를 지닙니다. 지혜를 얻는 자는 장수를 누리고, 부귀와 평강을 향유하기 때문입니다. 지혜를 소유한 자가 걸어가는 삶의 여정은 안녕과 기쁨으로 가득찰 것입니다.

특히 이 시에서 눈여겨볼 내용은 여성 지혜가 하나님의 백성들에게 생명나무가 된다는 점입니다(18절). 이 생명나무는 창세기 2장 9절의 에덴동산 중앙에 있던 그 생명나무를 상기시킵니다. 그곳에서 생명나무는 선악과와는 달리 인간에게 영속적인 생명과 질서를 부여하는 창조의 상징이었습니다. 그러나 안타깝게도 인류의 시조였던 아담과 하와는 범죄로 인해 에덴동산에서 쫓겨나고 맙니다. 그때부터 인간은 그 어느 곳에서도 생명나무를 경험할 수 없게 됐습니다. 오히려 인류의 역사는 참혹한 전쟁, 질병 그리고 고통으로 점철됐습니다.

그런데 놀랍지 않습니까? 이 잠언에서 생명나무는 지혜와 함께 다시 등장합니다. 이곳에서 생명나무는 인류가 지혜를 통해 누릴 생명, 질서 그리고 행복을 의미하고 궁극적으로 새 창조를 암시합니다. 다시 말해 잠언은 비참하고 어지러운 세상 속에서 인간이 지혜를 통해 생명나무를 다시 경험할 수 있다고 말합니다. 그 지혜를 통해 생명나무의 열매인 장수, 부, 평안 그리고 행복을 향유하게 된다고 강조합니다. 19~20절은 하나님께서 여성 지혜와 함께 성취하셨던 창조사건을 다시 언급합니다. 즉 하나님의 백성은 태초 창조에서 주도적인 역할을 감당했던 지혜와 동행할 때, 삶의 여정에서 생명, 기쁨 그리고 능력으로 가득 찬 새 창조를 경험하게 됩니다.

다음으로, 잠언 31장 10~31절은 잠언의 결론으로서 지혜 여성을 아내로 맞이한 남성이 누리는 축복과 영광을 상세하게 보여줍니다. 물론 이 남편은 지혜를 얻어 이 땅을 살아가는 보편적인 하나님의 백성들을 나타냅니다. 이 시는 그 내용도 뛰어나지만 그것을 전달하는 문학적 양식 또한 탁월합니다. 이 지혜시는 여성 지혜를 뛰어난 영웅으로 묘사하기 위해 각 구절을 히브리어 알파벳의 첫 글자 '알렙'(א)부터 마지막 글자 '타우'(ת)까지 사용한 알파벳 이합체시(acrostic)입니다. 월터(A. Wolters)에 의하면 이와 같은 이합체시는 군사들의 승리를 축하하는 전형적인 영웅 찬미가(a heroic hymn)에 해당합니다. 그러므로 이와 같은 독특한 양식을 통해 이 시는 '현숙한 (지혜)여인'을 뛰어난 영웅으로 찬양하고 있습니다.

더욱 구체적으로 그녀는 새벽부터 부지런히 집안의 종들과 가사를 돌보고(13, 15절), 밭일과 농사를 주관하고(16절) 그리고 무역과 상업을 관장합니다(14, 18절). 지혜 아내의 도움으로 남편은 성읍의 최고 의결권자인 장로들과 함께 성문에서 판결하는 영광스런 자리에 오릅니다(23절). 지혜 아내와 동행할 때 그는 능력과 존귀로 옷 입을 뿐 아니라 많은 이들의 존경과 사랑을 한 몸에 받는 인물이 됩니다(25절). 태초 창조를 완성했던 여성 지혜는 이제 하나님 백성의 현명한 지혜 아내가 되어 그들의 삶에서 그 무엇과도 비교할 수 없는 영광, 존귀 그리고 생명을 누리도록 돕고 있습니다. 즉 여성 지혜의 안내와 도움을 통해 언약 백성은 삶의 혼돈과 어둠을 물리치고, 생명과 새 창조를 구가하게 됩니다.

3) 지혜의 본질-여호와 경외(잠 1:7; 9:10)

끝으로, 지혜의 본질은 무엇입니까? 잠언은 지혜의 본질이 '여호와 경외의 삶'에 놓여 있다고 반복해 강조합니다(1:7, 29, 2:5, 3:7, 8:13, 10:27, 14:2, 26, 27, 15:16, 33, 16:6, 19:23, 22:4, 23:17, 24:21, 28:14, 29:25, 31:10). 다른 지혜서인 욥기 28장 28절, 전도사 12장 13절, 시편 111편 10절도 여호와 경외의 삶을 지혜와 긴밀하게 연결하여 설명합니다. 특히 잠언 1장 7절과 9장 10절은 "여호와를 경외하는 것이 지혜의 근본"임을 명확하게 제시합니다.

"여호와를 경외하는 것이 지식의 근본이거늘"(잠 1:7).
"여호와를 경외하는 것이 지혜의 근본이요, 거룩하신 자를 아는 것이 명철이니라"(잠 9:10).

잠언 1장 7절에서 근본에 해당하는 히브리어 레이쉬트(rēʾšit)는 머리를 의미하는 로쉬(rʾš)에서 파생된 명사입니다. 이는 '시작', '처음', '최우선' 또는 '최선의 것'을 뜻합니다. 즉 여호와를 경외하는 것이 지혜의 머리이고 최우선의 가치를 지닌다는 점을 제시합니다. 반면 잠언 9장 10절에서 근본에 해당하는 히브리어 트힐랏트(tᵉhillat)는 '시작'을 의미합니다. 즉 여호와를 경외하는 것에서 참된 지혜가 시작됨을 뜻합니다. 종합해 볼 때 여호와 경외야말로 모든 지혜의 시작이자 토대일 뿐 아니라 지혜 중의 지혜 즉 최고의 지혜임을 의미합니다.

그렇다면 지혜의 근본과 토대로서 여호와 경외는 어떤 의미를 가질까요? 여호와 경외사상과 지혜는 어떤 연관성을 가질까요? '경외'에 해당하는 히브리어 이르앗(yirʾat)은 염려로부터 공포에 이르기까지 폭넓은 의미를 함축합니다. 어떤 학자는 이 단어를 '존경'으로 이해하지만 그것은 본래의 의미보다 조금 약한 듯합니다. 롱맨 III은 이 경외라는 히브리어 단어를 '존경과 두려움을 갖는 경외심'(awe)으로 해석합니다. 그렇다면 이 두려움과 존중은 지혜의 삶과 관련하여 왜 중요한가요? 롱맨 III은 여호와 경외사상이 지혜의 삶을 향해 가진 실질적 의미와 효력을 다음과 같이 했습니다.

> '주를 경외'(fear of the Lord)에서 '경외'(fear)는 자신이 계속 존재하기 위해서 하나님께 의존하는 인간을 포함하여 모든 것을 창조하신 하나님 앞에 서 있음을 의미한다. 이 감정은 지혜를 설명하기 위해 합당하다. 왜냐하면, 이 감정은 하나님께서 우리보다 훨씬 더 크신 분이라는 것을 인정하는 것을 보여주기 때문이다 … 그러한 두려움은 겸손을 낳고 하나님의 교훈을 받으려는 자발적 의지를 나타낸다. 경외는 우리로 도망가도록 만드는 두려움이 아니라 말씀을 우리로 하여금 주목하고 듣도록 만드는 두려움이다…이것이 왜 사랑보다는 경외가 지혜로운 사람에게 더 합당한 감정인가에 대한 이유이다. 주를 경외함은 필연적으로 순종을 낳는다.

여호와를 사랑함과는 달리 여호와 경외는 하나님의 백성들로 하여금 하나님을 두려워하고 존중 가운데 그분의 말씀을 순종하게 하는 실질적인 효력을 갖습니다. 창조자의 크심과 완전함을 인정할 때 그의 백성들은 놀라움, 두려움 그리고 존경 가운데 하나님을 경배하고 그분의 말씀을 따라 살아가게 됩니다. 여기에서 참된 지혜가 시작됩니다.

그렇다면 왜 솔로몬은 여호와 경외를 지혜중의 지혜로 강조했을까요? 역사를 통해 솔로몬은 최고의 지혜를 가진 인물이었습니다. 그는 탁월한 지혜로 유례없는 부, 명철 그리고 명성을 구가했습니다. 그러나 성경의 역사가 보여주듯이 최고의 지혜를 소유했던 솔로몬도 노년에 이르러 쓰디쓴 실패를 경험하고 맙니다. 이는 솔로몬이 그 지혜로 누구와도 비교할 수 없는 힘과 업적을 향유하였음에도 불구하고 그것이 참된 지혜를 보장해 주지 못한다는 역설을 드러냅니다. 그래서 솔로몬은 참된 지혜를 발견하기 위해 듣는 마음을 달라고 하나님께 기도했습니다. 결국 그는 참된 지혜가 하나님을 두려워하며 그분의 말씀을 듣는 삶 즉 여호와 경외에서 시작된다는 사실을 새롭게 깨닫게 됩니다. 그러므로 지혜 여성의 조언을 듣는 삶 그리고 그 중심에 놓여 있는 여호와 경외는 구약 지혜의 출발점이자 근본 원리가 되는 것입니다.

나가면서 : 지혜와 결혼하라!

그리스도인은 창조와 관련한 다양한 질문과 논쟁에 직면합니다. 그런 논쟁을 통해 창조세계가 하나님의 말씀으로 창조되었다는 점을 논증하는 것은 정말 가치 있는 일입니다. 그러나 성경이 해석하고 우리 2030세대에게 제시하는 창조사건을 있는 그대로 살피는 것 또한 격렬한 논쟁을 벌이는 것 못지않게 중요합니다. 왜냐하면 성경이 해석한 창조사건은 우리에게 신적 조명 아래에서 창조의 진정한 의미와 가치를 보여주기 때문입니다.

모든 사람은 이 땅에서 새 창조를 향해 나아가거나 또는 혼돈과 파멸을 향해 달려가기 마련입니다. 이러한 삶의 궤적 속에서 과연, 누가 새 창조를 경험하게 될까요? 잠언은 태초의 창조를 성취하고 지금도 세상의 질서를 유지하는 지혜를 얻는 자가 새 창조를 경험하게 될 것이라고 말합니다. 특히 잠언은 지혜를 여성으로 의인화시켜 하나님의 백성들이 지혜와 친밀한 관계를 맺을 뿐 아니라 그녀의 가르침과 인도를 직접적으로 받으며 살아갈 것을 격려합니다.

이런 맥락에서 잠언 4장 4~9절을 보면 하나님은 아버지가 아들을 타이르듯이 주의 백성들이 지혜와 결혼할 것을 강권합니다. 지혜를 아내로 삼아 평생 그녀와 동행할 것을 진지하게 가르칩니다. 지혜의 목소리에 귀 기울이는 자는 삶의 다양한 영역에서 새 창조의 부요함과 질서를 향유할 수 있기 때문입니다. 그러므로 지혜를 얻는 자는 그 삶에 생명나무가 자라는 것을 경험하게 될 것입니다.

나눔을 위한 질문

1. 과연 지혜가 무엇이라고 생각하나요?

2. 지혜와 어리석음에는 어떤 근본적인 차이점이 있을까요?

3. 여호와 경외함을 통해, 지혜의 삶을 선택한 적이 있나요? 그렇다면 나눠 봅시다.

4. 지혜의 삶을 실천할 때, 삶에서 생명나무(새 창조)가 자라는 것을 경험한 적이 있다면 함께 나눠 봅시다.

종말

종말에 관하여 알아야 할 것들

오계강 목사(한일교회)
오계강 목사는 성도의 신앙 성숙에 큰 관심을 가지고 '반석 위에 세운 교회'라는 비전 아래 서울 도봉구 한일교회에서 목회를 하고 있는 현장 목회자이다. 신학을 준비하며 부산대학교에서 철학을 공부하였고(B.A.), 고려신학대학원에서 목회학을 공부했다(M.Div). 평소 교육목회에 관심을 가지고 사역하던 중 백석대학교에서 기독교교육학을 공부하고 교육학 박사학위(Ph.D.)를 취득했다.

들어가면서

요즘 젊은 세대들은 기성세대에 비해 투자를 잘하는 편입니다. 경제성장기를 살아온 세대들은 자기 자신이나 앞날을 위한 투자 보다는 눈앞에 마주한 현실을 헤쳐나가기에 급급했습니다. 그러나 비교적 안정기에 태어난 세대들은 자기 자신뿐만 아니라 경제적인 부분 등을 포함한 앞날에 대한 투자에 더 적극적입니다. 자신의 안정된 미래를 위해서입니다.

자신의 인생을 소중히 여기고 미리 준비하는 세대라면 반드시 종말에 대해서도 알아야 합니다. 종말은 단순히 '이 세상의 끝'을 의미하는 것이 아니라 예수 그리스도께서 재림하셔서 '구원을 완성하시는 시점'을 말합니다. 그때가 되면 모든 사람이 하나님 앞에서 평가를 받기 때문에 '종말'을 잘 준비해야 합니다.

본 글에서는 종말에 관해 2030세대가 반드시 알아야 할 내용들을 요한계시록을 중심으로 기술하려고 합니다. 먼저 점점 잊혀 가는 천국과 지옥에 대한 이야기부터 시작해서 잘못된 종말론의 대표격인 아마겟돈 이야기와 종말론을 비성경적으로 사용하는 대표적인 이단에 관한 내용들을 다룰 것입니다.

1. 적어도 천국과 지옥은 알아야지!

사랑의 하나님께서 천국을 만드신 것은 쉽게 이해가 되지만 사랑의 하나님께서 지옥을 만드셨다는 것은 상식적으로 이해하기 어렵습니다. 지옥과 같은 끔찍한 곳은 없기를 바라는 마음이야 모두가 같겠지만 성도는 내가 믿고 싶은 것을 믿는 사람이 아니라 하나님께서 주신 말씀을 믿는 사람들입니다. 그러므로 종말을 잘 준비하기 위해서는 성경이 말하는 천국과 지옥에 대해서 성도는 바르게 알고 바르게 믿어야 합니다. 요한계시록 14장에서는 천국과 지옥 백성을 대조적으로 잘 보여줍니다.

1) 하나님의 인침 vs 사탄의 인침

'인'은 소유권이 누구에게 있는지를 보여주는 표식입니다. 천국은 하나님의 인침을 받은 사람들이 거하는 곳입니다. 지옥은 마귀와 그의 사자들을 위하여 예비된 곳인데(마 25:41) 마귀에게 인침을 받은 사람들도 함께 거하는 곳입니다.

하나님께 인침을 받은 자들은 "… 여자와 더불어 더럽히지 아니하고 순결한 자라 어린 양이 어디로 인도하든지 따라가는 자며 사람 가운데에서 속량함을 받아 처음 익은 열매로 하나님과 어린 양에게 속한 자들…"(계 14:4)입니다. 순결하다는 것은 우상을 섬기지 않고 오직 하나님만 주인으로 섬기는 것입니다.

반면 사단에게 인침을 받은 자들은 "… 그의 음행으로 말미암아 진노의 포도주를 먹이던 자 …"입니다(계 14:8). 여기서 바벨론은 1차적으로 로마입니다. 로마는 각 나라로 하여금 황제를 신으로 섬기도록 했습니다. 하나님은 그것을 두고 '음행'이라는 표현을 사용했습니다. '짐승과 그의 우상에게 경배했다'라는 표현도 바로 로마 황제를 섬기고 우상을 섬기는 것을 말합니다. 이런 자들이 사단에게 인침을 받은 자들입니다. 하나님은 이런 자들을 향해서 진노의 포도주를 마실 자들이라고 했습니다. 이것이 지옥에 갈 사람의 모습입니다.

사단은 지금도 성도들을 향해 짐승의 표(인)를 받도록 미혹하고 있습니다. 사단은 지금 그에게 남은 시간이 얼마 되지 않는 줄 알기 때문에 2000년 전보다 더욱 거세게 교회와 성도를 공격하고 있습니다. 때로는 평화를 위장하여 기도하지 않게 만듭니다. 풍족한 것처럼 보이게 해서 하나님의 도움이 필요 없는 것처럼 보이게 합니다. 때로는 경제적인 위화감을 조성해서 물질에 대해 더 집착하게 만듭니다. 때로는 장래에 대한 불안감을 불어넣어서 하나님 외의 다른 것을 의지하도록 만듭니다. 사단은 성도들을 이렇게 압박을 해 옵니다. 천국과 지옥은 이념적인 문제가 아닙니다. 사단과의 현실적인 싸움입니다. 착한 마음만 가진다고 천국 가는 것도 아니요 천국은 그냥 상상 속에 있는 이상 국가도 아닙니다. 삶의 실제적인 결단의 문제입니다.

2) 수고를 그치고 쉴 자들 vs 밤낮 쉼을 얻지 못할 자들

요한계시록 14장에서 보여주는 천국과 지옥의 차이점은 안식의 유무입니다.

천국백성은 수고를 그치고 안식을 누립니다. 요한계시록 14장 13절에는 "지금 이후로 주 안에서 죽는 자들은 복이 있도다"라는 독특한 표현이 나옵니다. 인류 역사상 '죽는 것이 복이 있다'라고 말하는 사람은 없었을 것입니다. 다들 살고 싶어 하지 죽고 싶어 하지는 않기 때문입니다. 그러나 하나님은 '죽는 것도 복되다'라고 말씀하십니다. 죽는 것이 복된 이유가 바로 이어서 나옵니다. 그 이유는 하나님 안에서 죽는 자들은 '수고를 그치고 쉬게 될 것'이기 때문입니다. '안식'이 있다는 말씀입니다.

반면 지옥에는 안식이 없습니다. 요한계시록 14장 11절에서는 "그 고난의 연기가 세세토록 올라가리로다 짐승과 그의 우상에게 경배하고 그의 이름 표를 받는 자는 누구든지 밤낮 쉼을 얻지 못하리라 하더라"고 했습니다. '안식'이 없다는 말입니다. '지옥'이라는 단어 자체가 바로 이런 모습을 보여주는 말입니다. 지옥은 헬라어로 '게엔나'라고 하는데 '힌놈 골짜기'라는 뜻입니다. 힌놈 골짜기는 예루살렘 남서쪽에 있는 골짜기입니다. 고대에는 이곳에서 암몬의 신 몰렉에게 희생 제물로 자녀들을 불태웠던 장소입니다. 그래서 예레미야는 이곳을 '살육의 골짜기'라고 했습니다.

또한 이곳은 이후 1세기까지 쓰레기 폐기장으로 사용된 곳입니다. 동물의 내장들이 밤낮으로 태워졌습니다. 그래서 항상 악취가 가득했고 벌레도 많았으며 타오르는 불꽃과 연기가 끊이지 않는 곳이었습니다. 지옥이 바로 그런 모습입니다. 지옥이 더욱 무서운 것은 이런 모습이 세세토록 이어지기 때문입니다. 지옥은 고난으로 인해 '밤낮 쉼을 얻지 못하는' 안식이 없는 곳입니다. 이런 천국과 지옥은 상상 속에 있는 곳이 아니라 실제로 존재하는 곳입니다.

3) 천국과 지옥, 낙원과 음부

천국과 지옥으로 나뉘는 시점은 '죽는 즉시'입니다. 불신의 상태에서 죽은 모든 사람은 죽는 순간부터 고통을 받습니다. 그래서 죽음 이후에는 더 이상 기회가 없습니다. 죽은 사람들을 위해 기도하는 것도 의미가 없습니다. 로마교에서 '연옥교리'를 내세워서 죽은 자들을 위해 기도하는 것은 전혀 성경적이지 못합니다.

예수님께서 재림하시기 전까지는 사람이 죽으면 육신과 영혼은 분리되어 있습니다. 그러나 예수님께서 재림하실 때에는 모든 육신도 부활하여서 각자의 영혼과 결합하여 새로운 영생체가 됩니다. 이런 사실을 전제로 해서 육체는 이 땅에 흙으로 남겨져 있는 상태에서 영혼들만 가 있는 '천국'을 '낙원'이라고 한다면 예수님의 재림과 마지막 심판 후에 모든 이들의 육체가 부활한 후에 새로운 영생체로 거하게 되는 곳이 '천국'인 것입니다.

이와 마찬가지로 불신자가 지금 즉시 죽으면 '몸'은 이 땅에 남고 영혼만 '음부'로 가게 됩니다. '음부'라 함은 장소적인 면에서는 '지옥'과 같지만 불신자의 죽은 몸이 심판 날에 무덤에서 일어나 영혼과 결합하여 지옥으로 떨어지는 것으로 봅니다. 그래서 굳이 구분을 하자면 영혼만 가 있는 곳이냐 나중에 영혼과 육체가 함께 가 있을 곳이냐에 따라 나눌 수 있습니다.

천국과 지옥은 분명히 존재하며 죽음을 맞은 후에 즉시로 결정되어 더 이상의 기회가 없습니다. 그리고 천국과 지옥은 영원히 지속됩니다. 그러므로 이 땅에 살아 있는 동안 해야 할 가장 중요한 투자는 단연코 종말을 미리 준비하는 영적인 투자입니다.

2. 가짜 종말론 정도는 분별해야지!

예수님께서 승천하신 이후에 계속해서 가짜 종말론들이 등장했습니다. 예수님께서 재림하셔서 심판하시는 그 날짜를 안다는 주장입니다. 여러 이단들이 특정 날짜를 종말의 날이라고 주장했으나 매번 거짓이었습니다. 가짜 종말론을 대하는 사람들의 반응은 크게 두 가지입니다. 첫째는 '또 가짜였어?'라는 반응으로 종말에 대한 관심을 잃어버리는 것입니다. 둘째는 그럴 때마다 종말을 심하게 두려워하는 반응입니다. 두 가지 모두 심각한 문제입니다. 건강한 성도는 종말에 대해 늘 깨어 준비하며 기도하되 현실의 삶을 최선을 다해 살아가는 사람입니다.

건강하지 못한 종말론을 만들어내는 대표적인 단어 중 하나가 '아마겟돈'입니다. 아마겟돈이라고 하면 세상의 종말에 있을 마지막 전쟁이라고 알고 있습니다. 잘못된 종말론을 가진 사람들은 아마겟돈 전쟁으로 전 세계가 멸망할 것이기 때문에 마지막 전쟁을 피할 '대피소'를 찾는 데 여념이 없습니다. 그러나 건강한 종말론을 가진 사람은 두려움이 아니라 기대감으로 종말을 준비합니다.

1) 아마겟돈

사실 '아마겟돈'이라는 단어는 성경에 한 번 나오는 단어입니다(계 16:16). 단어의 뜻을 풀어보면 '하르 므깃도'라는 말로 '므깃도의 산'이라는 말입니다. 우리나라의 산처럼 높은 산을 말하는 것은 아니고 '언덕'이라는 뜻의 '텔'을 사용하여 지금은 '텔 므깃도'라고 부릅니다. 이곳은 메소포타미아에서 이집트로 갈 때 반드시 통과해야 할 교통의 요지입니다. 그러다 보니 전쟁의 시대에는 이곳이 주요 격전지가 됐습니다. 이스라엘 백성들을 공격하기 위해서도 이곳 므깃도를 통과해서 와야 합니다.

요한계시록에서 '아마겟돈'이라는 지명이 사용된 시점은 하나님의 대접 심판 중 여섯 번째 대접 심판입니다. 여섯째 천사가 대접을 유브라데 강에 쏟자 강물이 말라서 동방에서 오는 왕들의 길이 열립니다(계 16:12). 강물이 마르면 그곳이 대로가 됩니다. 귀신의 영 곧 세 더러운 영들이 이적을 행하면서 온 천하 왕들을 아마겟돈으로 모읍니다(계 16:14). 하나님을 대적하여 전쟁을 치르기 위함입니다.

이 말씀에서 몇 가지 중요한 질문을 해야 합니다.
첫째는 '지금 이 전쟁은 누구를 위한 전쟁인가?'라는 질문입니다. 강물이 말라서 각국의 왕들이 하나님을 대적하기 위하여 아마겟돈으로 모여 오지만 그 전쟁은 '하나님 곧 전능하신 이의 큰 날'을 위한 전쟁입니다. 하나님 곧 전능하신 이의 큰 날에 있을 전쟁은 하나님께서 이기실 전쟁을 뜻합니다. 실제로 역사적으로 수많은 나라들이 므깃도를 통해서 이스라엘을 공격해 왔지만 그곳은 그들의 무덤이 되고 말았습니다. 왜냐하면 하나님께서 이스라엘을 지키셨기 때문입니다. 그러므로 아마겟돈 전쟁은 하나님의 승리를 위한 전쟁입니다. 성도들이 두려워해야 할 전쟁이 아니라는 뜻입니다.

두 번째는 '이 전쟁은 어떤 종류의 전쟁인가?'라는 질문입니다. 어떤 이들은 아마겟돈 전쟁을 세계 3차 대전이라고 말씀하는 분들이 많습니다. 그래서 실제로 이스라엘에서 세계 3차 대전이 일어날 것이며 중국과 러시아의 대군들과 유럽 연합이 전쟁을 벌일 것이라고 말합니다. 므깃도 지역은 그 지역에서는 길목이기 때문에 전쟁이 많이 일어났던 것은 사실이지만 세계 전쟁이 일어날 만한 넓은 장소는 아닙니다. 무엇보다 중요한 것은 성경이 말하는바 이 전쟁의 성격입니다. 지금 세력을 모으는 존재는 악한 영들입니다. 이들은 하나님을 대적하려고 모입니다. 이들이 어떤 방식으로 하나님을 대적할까요? 하나님을 대적하는 것은 총 쏘는 전쟁으로 대적하지 않습니다. 하나님의 백성들을 영적으로 공격하는 것이 하나님을 대적하는 일입니다. 그러므로 아마겟돈의 전쟁은 실제적인 전쟁이라기보다 영적인 전쟁입니다.

세 번째는 '그 왕들이 모여서 무엇을 했는가?'라는 질문입니다. 더러운 영들이 왕들을 모아서 전쟁을 했다거나 그들이 이겼다거나 하는 내용이 없습니다. 여섯 번째 대접은 뭔가 그 내용이 흐릿하게 끝나는 느낌입니다. 그런데 요한계시록 17장과 18장을 보시면 이해가 됩니다. 17장 14절을 보면 "그들이 어린 양과 더불어 싸우려니와 어린 양은 만주의 주시요 만왕의 왕이시므로 그들을 이기실 터이요 또 그와 함께 있는 자들 곧 부르심을 받고 택하심을 받은 진실한 자들도 이기리로다"라고 말씀합니다. 결론은 '어린 양이 이기신다'입니다.

2) 깨어 있으라

이 정도로만 말씀을 드리면 종말에 대해서 또 다른 오해가 생길 수 있습니다. '이미 다 이긴 싸움이라면 별로 신경 쓸 것 없이 편안하게 신앙생활 해도 되는 것입니까?'라는 오해입니다. 그러나 그렇지 않습니다.

요한계시록 16장 15절을 보면 문맥상 조금 어색한 구절이 나옵니다. "보라 내가 도둑 같이 오리니 누구든지 깨어 자기 옷을 지켜 벌거벗고 다니지 아니하며 자기의 부끄러움을 보이지 아니하는 자는 복이 있도다." 영적인 전쟁 이야기를 하는 흐름 중간에 '보라 내가 도둑같이 오리니'라는 구절이 나옵니다. 마태복음 24장과 데살

로니가전서 5장에서 언급된 내용과 같습니다. 예수님의 재림은 도둑과 같이 올 것이기 때문에 성도는 항상 깨어서 준비하고 있으라는 메시지입니다.

인류의 마지막 전쟁을 이야기하는 대목에서 조금은 어색해 보이는 이 구절이 사실은 대단히 중요한 의미를 담고 있습니다. 종말의 시대에 성도가 가져야 할 관심이 무엇인지를 명확하게 보여주기 때문입니다. 실제로 수많은 그리스도인들이 인류의 마지막 재앙 혹은 마지막 전쟁이 언제 어디서 일어날 것인지에 대해 관심을 갖습니다. 그러나 성경이 여러 차례 강조하듯이 성도가 관심을 가져야 할 것은 '영적으로 깨어 있는 삶'입니다. 깨어서 자기 옷을 지킴으로 벌거벗고 다니지 않는 것, 즉 거룩을 지키고 살아가는 것이 중요합니다. 예수님의 재림 곧 마지막 종말의 날은 하나님께서 알아서 하실 일입니다. 우리가 관심 가질 일이 아닙니다. 우리가 관심 가질 일은 영적으로 깨어서 거룩함으로 그 날을 준비하고 기다리는 일입니다. 하나님께서는 그런 자가 복된 사람이라고 합니다.

아마겟돈 전쟁은 영적인 전쟁입니다. 사실상 이 전쟁은 지금도 우리가 치르고 있는 전쟁입니다. 사탄 마귀는 계속해서 그들의 세력을 모아서 하나님의 백성들을 공격하고 있기 때문입니다. 우리가 할 일은 영적전쟁 중임을 잊지 않고 깨어 있는 일입니다. 내 인생을 위하여 다양한 투자를 하여도 전쟁이 일어나면 모든 것이 한순간 물거품이 되기도 합니다. 전쟁을 대비하고 전쟁에서 승리하기 위한 대비가 반드시 필요합니다. 종말에 대한 바른 이해가 영적전쟁을 승리로 이끌고 이 땅의 삶도 성공적으로 이끕니다.

3. 꼭 알아야 할 이단 Top 2

종말론을 이야기하면서 이단에 대해서 언급하지 않을 수 없습니다. 이단들이 사용하는 주요 수단이 '종말론'이기 때문입니다. 종말론을 자의적으로 변형시킨 '시한부 종말론'을 바탕으로 하여 인류를 구원하러 온 메시야가 자신들의 '교주'라는 내용이 핵심입니다.

이단이 말하는 교리는 허무맹랑한 이야기들입니다. 그런데 악한 영이 틈타서 '미혹'되면 허무맹랑한 교리에서 빠져나오기가 무척 어렵습니다. 그 결과는 끔찍합니다. 자신의 인생을 망칠 뿐만 아니라 가족과 친구들도 모두 잃어버립니다. 이단에 빠진 사람들이 무식하거나 약하거나 게으른 사람들이 아니라 학식과 헌신과 열정이 가득한 사람들이라는 사실은 더욱 놀랍습니다. 그러므로 종말의 시대를 살아가는 성도는 이단을 너무 가볍게 여기면 안 됩니다.

이 글에서는 가장 규모가 크고 청년들에게 적극적으로 포교하는 이단인 '신천지'와 '하나님의 교회'에 대해서 요한계시록과 관련된 내용을 간략하게 언급하려고 합니다.

1) 신천지

신천지는 교회에 몰래 들어와 이른바 '추수꾼 전략', '산 옮기기' 등으로 교인을 빼가는 것으로 유명합니다. 신천지에 빠진 사람들은 개인의 인생뿐만 아니라 가정이 파탄 나는 경우가 허다합니다. 신천지는 '비유풀이'라는 프레임으로 성도들을 미혹합니다. 요한계시록과 관계된 그들의 잘못된 교리를 살펴봅시다.

신천지는 요한계시록 15장 5절에 등장하는 '증거 장막 성전'이 자기들의 단체라고 주장합니다. 그들의 주장을 아주 간략하게 설명하면 이렇습니다.

'구약성경의 성막에서 성소는 첫 번째 장막이고 지성소는 두 번째 장막이다. 히브리서 9장 8절을 보니 첫 장막이 서 있을 동안에서는 성소에 들어갈 길이 아직 나타나지 않았다. 마지막 때가 되면 장막의 비밀이 다 드러나는데 요한계시록 13장과 15장에서 나타났다. 요한계시록 13장의 하늘 장막은 첫 번째 장막이고 배도하는 장막이다. 이것은 짐승에 의해서 멸망당한다. 이 장막을 회복하기 위해서 오는 자가 요한계시록 12장의 남자아이고, 요한계시록 2장의 이긴 자이다. 이긴 자와 함께 한 형제들이 용과 싸워서 이기고 세운 나라가 요한계시록 15장의 증거 장막 성전이다.'

서로 상관관계도 없는 것을 비유풀이라고 하는 프레임을 통해서 여기저기 말만 갖다 붙여서 이상하게 만든 교리입니다. 짧게 따져보면 이렇습니다. 우선 구약성경의 성소와 지성소는 비밀이 아닙니다. 히브리서 말씀을 보니까 너무나 분명하게 나와 있습니다. 본래 지성소는 말 그대로 지극히 거룩한 곳입니다. 그곳은 하나님이 임재하시는 거룩한 곳이기 때문에 일 년에 한 번 대제사장이 속죄 피를 가지고 하나님 앞으로 나아갔습니다. 그런데 예수님께서 그 대제사장의 역할을 온전하게 이루셔서 이제는 지성소를 가는 장막이 다 걷어진 것입니다. 그러므로 '증거 장막'은 신천지가 주장하는 것처럼 이긴 자가 용과 싸워서 얻어진 '증거 장막'이 아닙니다. 그저 구약시대에는 하나님께서 임재하셨던 장소요, 예수님께서 완전한 대제사장이 되셔서 이제는 예수님을 통해서 누구라도 지성소로 나아갈 수 있게 됐습니다. 그것이 히브리서 9장 내용입니다.

그리고 요한계시록 13장에 나오는 하늘에 있는 장막과 15장의 증거 장막은 같은 곳입니다. 하나님의 보좌가 있는 곳을 말합니다. 첫 번째 하늘 장막이 배도한 사람들이라는 내용은 전혀 없습니다. 게다가 그들은 자신들이 세운 나라가 요한계시록 15장의 증거 장막 성전이라고 하는데 그 어디에도 증거 장막이 세워졌다는 말도 없고 본래부터 있던 것입니다. 다만 요한계시록 15장 5절 마지막 부분에서 증거 장막의 성전이 '열린다'라는 표현이 나옵니다. '증거 장막'이라는 말은 하나님의 언약궤가 있기 때문에 붙여진 말입니다. 그 증거 장막의 성전이 열리면서 이루어지는 일은 '재앙의 시작'입니다

(계 15:6). 신천지에서 말하는 것처럼 그들이 세운 나라가 아니라 하나님의 마지막 재앙이 시작되는 곳입니다. 하나님의 마지막 재앙은 하나님으로부터 나오고 하나님의 말씀대로 이루어진다는 의미입니다. 또한 하나님의 말씀이 심판의 기준이라는 의미입니다. 이것이 하늘에 증거 장막의 성전이 열린다는 말의 의미입니다.

신천지는 코로나 19로 인해 정체가 다 드러난 이후 공개적으로 포교활동을 벌이고 있습니다. 그들의 교리에 따르면 교주 이만희는 죽지 않아야 합니다. 그러나 머지않아 반드시 죽음을 맞이할 것입니다. 재림 예수가 아니라 한 인간이기 때문입니다. 신천지 역시 생산성이 있는 젊은 세대들을 집중 공략합니다. 하나님의 신실한 2030 세대들은 바른 신앙의 고백 위에 믿음을 끝까지 지켜나가야 합니다.

2) 하나님의 교회 안상홍 증인회

하나님의 교회 안상홍 증인회는 안상홍을 재림 예수요 아버지 하나님으로 믿고, 안상홍이 지목한 장길자를 어머니 하나님으로 믿는 집단입니다. 안상홍은 1985년에 67세로 죽었습니다. 그래서 지금 하나님의 교회는 아버지 하나님은 돌아가시고 어머니 하나님만 살아계십니다.

그들은 1988년과 1999년 그리고 2012년에 시한부 종말론을 주장하면서 신도들을 현혹하고 많은 피해를 입혔습니다. 그들의 주장

중 요한계시록과 관계된 내용은 '새 이름' 교리입니다. 안상홍은 요한계시록 2장 17절과 3장 12절에 기록된 '새 이름'이 안상홍이라고 주장하면서 그 근거로 요한계시록 14장 2절 인용합니다. "내가 하늘에서 나는 소리를 들으니 많은 물 소리와도 같고 큰 우렛소리와도 같은데 내가 들은 소리는 거문고 타는 자들이 그 거문고를 타는 것 같더라"는 말씀에서 '거문고 타는 소리'가 안상홍의 '상'을 뜻하고, '많은 물소리'가 '홍'을 뜻한다고 주장합니다. 전혀 상관없고 근거가 없습니다. 요한계시록 2장 17절의 '새 이름'과 3장 12절의 '이기는 자'는 안상홍이나 이만희와 같은 이단 교주들의 이름이 아니라 승리하신 예수님의 존귀한 이름 덕분에 구원받은 성도들을 일컫는 말입니다.

그 외에도 하나님의 교회는 십자가는 우상이며 성탄절은 태양신을 숭배하는 날이므로 십자가를 세운 교회, 성탄절을 지키는 교회는 이단이라고 주장합니다. 그 근거는 예레미야 10장 5절에 나오는 '둥근 기둥'입니다. '둥근 기둥'이 개역한글에서는 '갈린 기둥'이라고 번역됐는데 나무 두 개를 엇갈리게 해 놓은 '갈린 기둥'이 곧 '십자가'이고 십자가는 우상이라는 주장입니다. 그러나 여기서 '갈린'이라는 말은 '망치로 두들겨 만들었다'는 뜻을 가진 단어입니다. 본문의 뜻은 엇갈려 놓은 기둥이 우상이라는 뜻이 아니라 우상은 마치 사람이 망치로 두들겨 만들어 놓은 기둥과 같아서 아무것도 하지 못한다는 내용이 핵심입니다. 이것은 십자가와는 전혀 상관이 없습니다.

이처럼 하나님의 교회는 성경을 자의적으로 해석하고 잘못된 종말론과 메시야 관을 가진 이단입니다. 이들은 청년을 비롯한 젊은 가정을 집중적으로 공략하므로 2030세대들은 자신의 영혼을 지키기 위하여 특별히 경계해야 합니다.

나가면서

2030세대는 미래를 위해 여러 가지를 준비하는 세대입니다. 준비하는 인생은 지혜로운 인생입니다. 다만 가장 우선적으로 준비해야 할 것이 '종말'입니다. 예수님의 재림을 준비해야 하고 자신의 죽음을 준비해야 합니다. 이 땅에서의 종말은 새로운 시작이기 때문입니다. 종말을 잘 준비하기 위해서는 천국과 지옥의 존재를 믿어야 하고 종말은 두려움이 아니라 성도의 승리의 날임을 확신해야 하며 성도의 종말 신앙을 혼란하게 하는 이단들을 조심해야 합니다. 이런 준비를 잘해서 승리하는 2030세대가 됩시다.

나눔을 위한 질문

1. 천국과 지옥이 없다면 어떤 일들이 생겨나겠습니까?

2. 오늘 밤 종말(개인적인 죽음, 혹은 예수님의 재림)이 온다면 지금 무엇을 하겠습니까? 그 이유는 무엇입니까?

3. 종말의 전쟁(영적전쟁 혹은 다른 형태의 전쟁)이 당신에게는 두려움입니까, 승리의 기대입니까? 그 이유는 무엇입니까?

4. 이단에 속한 사람을 알고 있다면 그들의 신앙과 삶에 대해 서로 나누어 봅시다.

2부
하나님과 나

우울

청년기의 우울에 대한 이해와
기독교적 고찰

이혜정 교수(고신대 기독교 상담학과)
서울대학교 교육상담, 웨스트민스터 신학대학원대학교의 신학석사 과정을 수학하면서 상담의 기독교적 이해를 위한 노력을 지속했다. 대학상담실과 청소년상담복지개발원등 상담현장에서 근무했으며 이후 고신대에서 기독교 상담에서의 사례개념화에 대한 질적연구를 통해 박사를 했다. 현재 고신대학교 기독교 상담학과 교수로 섬기고 있다.

들어가면서

흔히 청년기를 '청춘'이라 하여 '새싹이 파랗게 돋아나는 봄철' 같다고 합니다. '인생의 황금기', '가슴설레는 시기', '인류 역사의 동력'이라고도 이야기하지요. 전도서 11장 9절에서는 청년들에게 '즐거워하고 기뻐하며 마음에 원하는 길들과 네 눈이 보는 대로 행하라'고 권하면서 동시에 '하나님의 심판이 있음을 기억하라'고 합니다.

봄처럼 아름답고 즐거운 청년들의 활기나 젊음은 부모에게서 독립을 이루어 성인기의 삶에 접어드는 원동력이 됩니다. 어린 시절과 청소년기를 거쳐 형성되어온 자아정체성을 기반으로 자신과 타인,

세상과의 적극적이고 새로운 소통을 개척해 나가게 되는 것이지요. 인생에서 중요한 타인을 만나기도 하고 다양한 아르바이트를 해보기도 하고 여행을 떠나기도 하면서 세상과 더 폭넓게 만나는 과정에서 자연스럽게 원가정으로부터 독립하여 자기 삶의 방식을 세우고 꿈을 이루어나가고자 애쓰게 되는 것입니다.

또한 청년기는 두뇌발달의 정점을 이루는 시기로서 하나님을 인격적으로 더욱 깊이 이해하고 만나는 경험을 하게 되기도 합니다. 창세기 28장에 나오는 야곱의 경우에도 형의 장자권을 빼앗는 큰 물의를 일으키고 집에서 도망 나온 길에서 돌을 베고 자다가 그의 할아버지인 아브라함의 하나님, 아버지 이삭의 하나님께서 바로 자신의 하나님 되심을 경험하게 됩니다. 그리고 그곳에서 만난 하나님에 근거하여 평생 믿음을 가지고 점차 성숙해지는 야곱의 모습을 볼 수 있습니다. 이처럼 청년기의 독립 속에는 많은 실수와 좌절도 있지만 역동적 도전을 통해 자신의 인생 속에 개입하시는 하나님과의 인격적 만남이 진하게 이루어질 수 있으며 때로 이러한 만남은 환경에 좌우되지 않는 만족감과 친밀감에 의한 행복, 안정감 등 삶의 축복으로 이어지기도 합니다.

하지만 오늘날 우리 사회 속 청년들의 정신건강을 살펴보면 매우 심각한 현상들이 보고되고 있습니다. 특히 우울로 인한 정서적 어려움을 호소하는 청년들이 급증하는 추세입니다. 2022년 청년 삶 실태조사(보건복지부 연구)에서도 청년 중 32.1%가 우울에 속한다고 보고하고 있으며 또 다른 연구에서도 청년의 우울 경험에 대해 10명 중 8명이 경험했다고 보고되고 있습니다. 인생에서 봄처럼 아름다운 때를 지나는 청년들이 왜 우울해지고 있으며 (기독교인으로서) 우리는 어떻게 대처할 수 있을까요?

1. 청년들이 겪고 있는 현대사회의 문제와 우울감의 원인

우리나라는 긴 일제강점기를 지나 6.25 전쟁으로 인해 모든 문화유산들이 초토화되었던 시기를 기억할 수 없을 만큼 눈부신 현대화를 이루었습니다. K-POP, K-DRAMA와 같이 한국의 문화가 전 세계를 무대로 삼아 활약하고 있는 문화 강국이기도 합니다. 나라의 안정화와 함께 청년들도 최첨단 기술을 통한 편안함을 누리고 즐겁고 다양한 경험들을 보고 자라왔습니다. 또 나라에서는 청년을 위한 다양한 사회적 보호도 제공됩니다. 예를 들어 청년고용촉진특별법(2022)에서는 청년의 범위를 취업 가능 최저 연령인 15세부터 29세로 규정하고 고용을 촉진하고 보호하며, 최근 실시된 청년 마음건강 지원 사업(2024) 또한 19세부터 34세의 청년들을 대상으로 이들의 정서적 안정과 심리적 건강을 지원하고 있습니다.

하지만 화려하고 급격한 발전의 뒷면에는 항상 그러하듯 극심한 노력과 희생이 요구됩니다. 그리고 청년들도 쉽사리 심리-정서적 독립을 이루어낼 수가 없게 되었지요. 좋은 대학에 진학 하고자 지나친 경쟁을 겪고 대학에 입학하고서도, 휴학이나 졸업 유예 등을 통한 취업용 스팩 쌓기를 요구받는 현실은 청년들이 끊임없이 경쟁 사회에 노출되어 있음을 보여줍니다. 이러한 지속적 경쟁과 끝없이 과한 기대는 청년들이 열정적 도전을 선택하기보다는 도리어 스스로를 포기하거나 무기력에 빠지게 만들기도 합니다. 이는 개인적 관계 형성에도 영향을 주어 1인 세대나 평균 초혼 연령의 증가와 함께 저출산, 인구 감소 등 한국의 심각한 사회적 이슈로 이어지기도 합니다.

이러한 현상들은 에릭 에릭슨이 제안한 사회심리 발달 단계에서 청년기 및 전-후 연령대에서 언급되는 주요 심리적 위기와 밀접한 관련이 있습니다. 한 사람이 자신의 정체성 확립에 어려움을 가졌을 때 생겨나는 정체감 혼미는 무언가 일을 하기 싫어하는 저항감이나 무기력과 연관될 수 있으며 사회적으로 중요한 타자와의 친밀감 형성에 어려움을 맞이할 때 생겨나는 고립감은 심리적 고통이나 두려움이 되어 타인에 대한 헌신을 스스로 철회하고 친밀감 형성을 방해하는 심리적 기제로 작용 될 수 있습니다. 혹은 한 사회에 공헌하여 미래의 다음세대를 이끌어가는 경험의 상실은 자기중심적인 경향과 함께 생산성 침체와 삶에 대한 불만족으로 인한 우울로 이어질 수 있습니다.

현대사회 속 또 하나의 큰 문제는 물질적이고 소비를 부추기는 사회적 분위기가 소셜 미디어를 통해 비교하는 문화로 정착되었다는 것입니다. 실제로 SNS 사용시간과 우울은 큰 연관성을 보이는데 온라인 속 타인의 화려하고 행복해 보이는 모습에 더 많은 시간 동안 노출된 이들은 사회적으로 위축되어 성취가 지연된 자신과 비교하면서 열등감이나 자존감 저하 등 부정적인 정서를 경험하기 쉽습니다. 그 외에도 SNS, 인터넷 게임 등을 통해 자신이 처한 어려움이나 우울의 감정들을 숨기고 거기서 오는 피드백을 통해 순간적 위안을 얻거나 자신에게 달린 댓글로 인정과 칭찬의 욕구를 충족하기도 합니다. 이러한 가상현실 속에서의 활동은 감정적 자극이 높지 않고 인내를 통해 목표지향적 행동을 꾸준히 실천해 나가야 하는 현실과는 정반대입니다. 가상현실 안에서 도파민이 발생하면 굳이 현실 속에서 어려움을 헤쳐나가 성취를 이루기까지 노력해야 할 이유를 쉽게 상실하게 되는 것입니다.

과도한 자극 안에서 제대로 작동하지 않는 도파민 시스템은 현실 속 일상의 도파민만으로는 행복감을 경험하지 못해 우울감을 경험하게 합니다. 결국 하나님 안에서 자신의 정체성을 확립하지 못하고 도리어 하나님을 상실한 인간이 자신의 행복을 위해 만든 도구는 쉽게 인간의 욕망 대상이 되고 하나님의 자리를 대체하여 인간의 육체와 정신에까지 병들게 한다는 것입니다.

2. 사회 속 만연한 우울감과 우울 증상에 대한 이해

화려한 현대 문명의 뒷면에 그림자처럼 존재하는 슬픔, 무력감, 절망감, 상실감 등의 부정적인 감정들은 우울증과 깊은 연관성을 가집니다. 때로는 감정이 아닌 현상으로 나타나기도 하는데 흔히 월요병이라 부르는 것도 사회 전반의 스트레스로 인한 우울감과 관련됩니다. 일반적으로 사람의 감정은 up-down이 있는데 금요일 저녁부터 시작된 쉼에의 기대와 감정적 흥분은 월요일에 다시 시작될 사회에서의 스트레스를 기억하면서 감정적 저하를 가져옵니다. 이러한 감정적 저하를 사람들은 월요병이라고 부르는 것이지요. 그러나 이러한 감정의 저하도 어느 정도 시간이 지나면 재조절되는데 만약 우울감이 회복이 안 된다면 자신을 살피는 것이 필요합니다.

우리나라에 만연한 우울감은 OECD 국가들과 비교하여 유독 높은 자살률과 낮은 행복지수, 스스로 세상과 단절하고 살아가는 은둔형 외톨이형 청년들, 삼포세대 등의 현상들 속에서도 발견할 수 있습니다.

한편 우리나라는 일상의 슬픔이나 삶의 어려움을 적절히 표현하거나 타인과 소통하는 것에 매우 서툰 면이 있습니다. '슬프다'던가

'낙심된다' 등의 적절한 감정표현을 통한 공감과 소통보다는 '두통이 있다', '배가 아프다' 등의 신체화를 통한 방어적 소통이 더 익숙하지는 않은가요? 혹은 일 이야기는 잘해도 개인적 이야기는 시간 낭비라고 생각하지는 않는가요? 대부분의 사회적 조직 안에서는 이성을 근거로 하며 행동하는 것을 선호하고 자신의 감정을 드러내는 것을 억압하는 경향이 있습니다. 그러므로 자신의 감정과 마음을 점검하고 잘 다루는 것은 세상과 소통하기 위하여 꼭 필요한 작업이라고 할 수 있습니다. 우울이 어느 연령보다 20대에 더 높은 비율로 나타나고 있다는 사실도 청년들이 자신을 점검해야 할 이유 중 하나라 할 수 있습니다.

이를 돕기 위하여 주요 우울장애의 진단 기준을 살펴보면 '거의 하루종일 우울한 기분이 최소 2주 이상 거의 매일 지속되는 것'인데 이는 정신건강의 문제로 개인의 삶에 어려움을 경험하는 것을 의미합니다. 즉 자신을 돌보는 청결이나 위생의 문제, 업무 및 학업 수행의 어려움, 사회활동 및 대인관계에서의 제약 등 생활의 전반에 문제 증상들을 동반하게 된다는 것입니다.

하지만 실제로 대부분은 자신이 우울증이라는 것을 알아채지 못합니다. 아니 알지만 받아들이지 못한다고 해야 할까요? 많은 경우, 우울증이 꽤 많이 진전되어 앞에서 언급된 문제 증상들이 심해질 때가 되어서야 자신의 문제를 인식하게 되는데 그때에도 무언가 잘못

되었다는 생각을 할 뿐 자신이 깊은 우울증에 잠식되어 있음을 받아들이기는 어렵습니다. 이는 우울증이 슬픔이나 절망으로 나타날 때도 있으나 때로는 무관심이나 흥미의 결여, 권태 등의 회피적 성향으로 드러나기 때문입니다. 또 대부분의 사람들은 그 증상을 알지 못하기 때문에 기독교인의 경우 우울감을 종종 사탄의 공격(자신의 가치를 덜하게 만드는)으로 잘못 해석하기도 합니다. 혹은 우울감으로 인해 무기력해진 자신을 게으르다고 비난하면서 더 심한 우울의 늪 속에 빠져들기도 합니다. 그러므로 우울의 증상을 잘 살펴보고 자신의 모습과 일치하는 면이 있다면 도움을 요청하거나 자신을 좀 더 사랑으로 돌볼 필요가 있습니다.

이를 돕기 위하여 다음에서 서술되는 우울의 보편적 초기 증상들을 살펴보고 자신을 점검해 봅시다.

- 거의 모든 일상 활동에 대한 흥미나 즐거움이 저하된다.
- 하루 중 대부분, 지속적으로 슬프거나 근심 혹은 공허한 느낌을 가진다.
- 특별한 신경을 쓰지 않았음에도 최근에 체중에 변화가 있었다.
- 불면증으로 잠을 못 이루거나, 이른 새벽에 깨어나거나 지나치게 잠을 많이 잔다.

- 작은 일에도 초조해지거나 피로감을 느끼고 기운이 없다.
- 죄책감이 들거나 스스로 가치가 없다고 생각된다.
- 집중력에 문제가 있다고 느낀다.
- 사회생활에 어려움이 있으며 스트레스를 많이 받는다.

이러한 정신적 어려움은 단순히 스쳐 지나갈 수 있는 부정적 기분이 아니라 치료받고 또 치료될 수 있는 것이므로 적극적 개입이 필요합니다. 그렇다고 해서 우울에 걸린 친구에게 도움을 주고자 섣부른 조언을 하는 것은 사실 전혀 도움이 되지 않을 수 있습니다. 대부분의 조언은 우울에 잠식된 한 사람이 스스로 자신의 감정을 통제하거나 우울에서 빠져나오는 행동을 하라는 것이므로 더 자책하게 되기 때문입니다. 우울로 인하여 자신에게 이러한 증상들이 보인다면 최대한 안전하고 편안한 곳에서 쉼을 제공하고 전문적 도움을 받을 수 있는 방법을 찾아보는 것이 필요합니다. 특히 젊은 시절의 우울은 심각한 결과를 수반할 수 있는 질병이므로 신속하고 적절한 도움을 받기 위한 노력을 하는 것이 중요합니다.

3. 우울을 대처하는 방법

우울한 사람은 삶에서 행복감이나 즐거움, 자신감이나 만족감들이 점점 부식되어가고 동시에 스스로 늘 평가하거나 의심하고 비하하기 쉽습니다. 자신에 대한 무가치함과 불안전감에 잠식되고 스스로 배척하고 수치감을 경험합니다. 이러한 심리적 부식현상은 그 사람이 스스로의 가치를 왜곡하여 낮은 자존감을 가지게 하고 자기 증오에 갇히게 할 수 있습니다. '나는 친구를 사귈 자격이 없다'라고 생각하기도 하고 '자신이 맡은 일에 스스로 어울리지 않는다'라고 여기게도 하는 것입니다. 때로는 겸손처럼 보이는 이러한 태도는 사실상 회피적 태도인데 이는 더 많은 우울을 야기하여 이 사회가 자신을 배척한다고 확신에 이르기까지 악화되기도 합니다. 부정적 감정에 휩싸여 삶의 목적과 생기를 잃고 스스로를 평가절하하게 되면 무력감과 자포자기의 왜곡된 자아개념 안에서 자기파괴적인 것(알코올, 약물, SNS 등)에 더욱 의존하기 쉽게 됩니다. 그러므로 우울의 악순환에 빠지기 전에 (혹은 그 속에 있다 하더라도) 우울을 다루기 위한 대처 방안들을 알고 있는 것이 중요합니다.

먼저 우울은 신체기능과 많은 연관성을 가집니다. 특히 우울은 도파민, 세로토닌 등 신경전달물질이 적정한 수준으로 분비 및 유지되지 못하는 것과 연관됩니다. 그러나 루틴하고 가벼운 운동은 우울 상태에서 부족한 물질들의 분비를 촉진시켜 감정적 회복과 함께 우울증에 대한 보호효과를 지닙니다. 그러므로 가벼운 운동이라도 꾸준히 이어가는 것은 좋은 기분을 느끼게 하면서 우울감에서 벗어나는 데 효과적이라고 할 수 있습니다.

또한 우울은 상실과도 밀접한 연관성이 있습니다. 작게는 소중히 여기던 물건의 분실이나 사랑하는 이와의 이별까지 상실의 상황 속에서 모든 사람은 우울감을 경험하기 마련입니다. 상실로 인한 우울은 애도와 따뜻한 위로의 시간이 꼭 필요한데 이러한 슬픔을 지니고도 제대로 다루거나 위로받지 못하면 인생의 어느 한순간 우울 증상이 불쑥 나타나 당황하게 되기도 합니다. 이때에는 공동체(가족) 안에서 함께 위로하고 천천히 회복되어가는 시간이 필요하지요.

한편 좌절로 인한 절망도 우울에 영향을 줍니다. 한 사람의 깊은 슬픔이 부정과 무력감으로 가득한 생각과 연합되고 이러한 패턴이 습관화되어 자동화되면 심리적 우울감을 가중하게 됩니다. 이러한 자동적 사고는 삶에서 차츰차츰 의식하지 못한 채 일어납니다. 그러므로 우울의 성향이 자각이 되면 자신이 스스로에 대하여, 타인에 대하여 그리고 세상에 대하여 어떠한 사고를 하는지 혹시 그 생각들이 과장되고 왜곡되거나 부정적으로 해석하는 경향은 없는지 전문가의 도움을 받아 점검하는 상담적 접근이 필요합니다.

우울은 수용과 용서의 실존적 차원과도 연관성을 지닙니다. 수용과 용서의 문제는 때로는 단 하나의 충격적 사건일 수도 있고 혹은 자신의 한계와 실수 혹은 세상의 불완전함에서 파생된 고통일 수도 있습니다. 이러한 심리적 자극은 자신과 타인 그리고 세상에서 경험하는 결함의 요소들을 마주하고 직면하기보다는 회피하고 고통을 일시적이라도 완화하고자 하는 인간의 무의식적 행동으로 인해 더 깊은 우울증으로 발전하게 됩니다. 인간이 꿈꾸고 희망하는 유토피아와 완벽한 자아에 대한 욕구는 대부분 상처받은 자아가 경험되는 상황 속에서 더 깊은 우울로 드러나기도 합니다. 이러한 삶의 혼란스럽고 절망적인 상황 속에서도 현실을 있는 그대로 마주하여 스스로 완벽하고자 하는 과도한 욕구를 접어두며 작은 것에 긍정하고 감사의 측면들을 찾는 것은 우울을 방지하는데 도움이 됩니다. 아침마다 거울을 보고 스스로를 격려하기, 매일 매일 말씀 안에서 힘내기, 감사일기 쓰기 등의 작은 습관들을 실천하는 것 말입니다.

4. 기독교적 관점에서 본 청년기의 우울과 회복

사실 우울로 인한 혼란과 공허감, 낮은 자존감은 거의 모든 개인적, 도덕적, 나아가 영적 문제와 심리적으로 같은 근원을 지닙니다. 물론 삶에의 수용과 용서, 긍정성과 감사하는 패턴은 성경적으로도 의미가 있는 주제들입니다. 하지만 좀 더 섬세하게 살펴보면 하나님을 믿는 자녀들에게 삶의 긍정성은 자신이 진흙에서 시작되었다는 존재적 겸손함과 죄인 됨의 수용 그리고 이와 대비되어 우리의 죄를 용서하시고 사랑으로 품어주시며 결국에는 새로운 피조물로 완성되기까지 인도하시는 하나님의 사랑에 근거합니다.

성경은 한 줌 먼지와 같은 흙에서 하나님의 말씀으로 인해 걸작품으로 창조된 인간이 자신의 자유의지를 이용하여 하나님을 배신한 선악과 사건, 수치심으로 인해 자신의 몸을 무화과나무 잎으로 가린 인간의 한계, 그리고 짐승의 생명을 거두어 그것으로 가죽옷을 만들어 입히신 하나님의 용서와 구속사의 시작을 알리는 사건 등을 통해 인간의 작음과 하나님의 크심을 독자들에게 상세히 알려주고 있습니다(창 3장). 우리는 그 속에 담긴 주님의 구원과 사랑을 찬양하고 그 앞에 자신의 작음을 인정하고 회개하며 주님 안에서 새로운 피조물로의 아름답고 존귀한 자신의 모습을 기대하며 나아가게 됩니다. 결국 창조된 인간이 자신을 수용하고 타인을 용서하며 삶을 긍정적으로 바라보고 감사하게 되는 모든 과정은 온 세상의 창조주 하나님이 예수 그리스도로 통해 이 세상에 행하신 구원의 진리에 근거하고 있다는 것을 알 수 있습니다.

우울한 감정 속에서 하나님 앞에 나아가 위로와 회복을 누리고 결국에는 하나님을 찬양하는 심리적 변화의 과정을 가장 잘 드러내고 있는 것으로 시편이 있습니다. 특히 다윗은 집안의 막내로서 가족들의 사랑을 받기보다는 홀로 들판에서 양을 치는 일을 하며 자라났습니다(소외감, 외로움). 어린 나이에 기름 부음을 받아 이스라엘의 왕으로 임명받았으나 그때부터 실제 왕위에 오르기까지는 그 당시 왕이었던 사울의 질투로 인해 오래도록 숨어지내는 등 험난한 시간을 보내야 했습니다(존재를 거부당하는 심한 스트레스 사건). 또 자신의 불륜의 댓가로 아이를 잃기도 하고(죄책감, 상실감), 노년에는 자식들이 왕권을 놓고 쿠테타를 일으키는 사건을 겪기도 합니다(배신감, 절망감).

그래서인지 그의 시편에는 우울과 고통의 표현들이 많이 묘사되고 있습니다. 나는 쏟아진 물처럼 기운이 빠져 버렸고… 절망에 빠졌습니다. 나의 입은 옹기처럼 말라버렸고, 나의 혀는 입 천장에 붙어… 죽음의 땅에 두셨습니다(시 13:14~15). 하지만 그의 시편의 끝은 동일하게 모든 나라의 왕이신 하나님(시 2장), 선하시고 인자하신 하나님의 보호(시 23:6; 시 28:9), 여호와를 향한 담대한 기다림(시 27:14) 등 하나님께 시선을 두고 하나님을 찬양하는 것으로 마치고 있다는 것을 알 수 있습니다.

다윗은 그 모든 우울하고 고통스러운 순간 속에서도 자신이 하나님의 보호 안에서 다시 회복되는 것을 경험한 것입니다. 자신의 우울과 삶의 고통의 순간에도 여전히 함께 하시며 결국에는 구원을 베푸시는 하나님으로 인해 찬양할 수밖에 없었던 것입니다. 이것은 때로 사냥꾼의 올무에서 벗어난 새(시 124)가 누리는 것만큼이나 놀랍고 강렬한 자유로 다가옵니다. 나 스스로는 도저히 감당할 수 없는 우울의 공허와 혼란, 증오와 절망 속에서 모든 존귀와 영광과 능력의 하나님, 우리를 치유하시는 성령 하나님의 임재를 통해 영적 CPR(심폐소생술)이 일어날 때가 있습니다. 이러한 성령의 임재와 예수 그리스도와의 만남은 때로는 분노나 무력감의 증발로, 낮은 자존감의 회복으로 드러납니다. 어떠한 우울의 늪에 빠진 사람이라 할지라도 하나님의 도우심을 찾고 갈망하며 구하는 자는 결국에는 하나님의 인자하심으로 인해 주를 찬양하는 자신을 발견하게 된다(시 63:1~3)는 것을 시편의 저자는 이야기하고 있습니다.

그렇다면 모든 우울이 불신앙에서 오는 것일까요? 그것 또한 사실이 아닙니다. 구원의 사건으로 인해 우리에게 허락된 수용과 용서의 경험, 나를 기뻐하시는 하나님으로 인한 기쁨과 감사의 사건 후에는 믿음을 지켜나가기 위한 성도의 영적 싸움이 존재하기 때문입니다. 골로새서 1장 11절에서 사도 바울은 '(하나님을 아는 지식과) 모든 영광의 힘을 따라 모든 능력으로 능하게 하시며 기쁨으로 모든 견딤과 오래 참음에 이르게 하시는 하나님'에 대하여 이야기하고 있습니다. 하나님께서는 하나님을 아는 지식을 허락하시고 믿는 자들에게 하나님의 영광과 능력과 기쁨을 주시는데 이것은 우리가 고단한 삶의 여정 속에서 견디고 오래 참는 데 사용됩니다. 여기서 우리는 삶의 고비 고비마다 신앙과 믿음으로 '견디고', '오래참는' 과정이 결코 만만치 않다는 것을 유추할 수 있습니다.

삶의 어둠의 골짜기는 어떠한 믿음의 사람이라도 지나가게 마련입니다. 때로 어린 시절 경험한 가슴 아픈 사건일 수도 있고 어릴 적부터 키워온 열등감일 수도 있으며 삶의 목표를 상실하여 좌절된 삶에 대한 통제권의 상실일 수도 있습니다. 만약 믿음이 나를 모든 실패에서 무조건 승리로 이끌어줄 것이며 우리가 항상 건강하고 하는 일이 잘 풀리며 결국에는 꼭 잘되어야 한다고 생각한다면 큰 착각입니다.

우리는 하나님을 성공의 틀 안에서 보고 실패의 관점 자체를 거부하는 기울어진 신앙의 관점을 버리고 도리어 실패와 상실, 나의 십자가를 지고 따라가는 성도의 인생에 하나님의 손길이 임하신다는 것을 받아들이는 법을 알아야 합니다. 하나님 안에서는 실패도 성공의 수단이요 은혜의 도구가 됩니다. 반면에 그것을 거부하는 성도에게 사탄은 도리어 실패를 파괴적으로 작동시킵니다. 그러므로 우리는 나의 우울이 삶을 파괴시키는 도구가 되지 않도록 어려운 상황 속에서도 하나님께 시선을 두는 노력을 지속해야 합니다.

우리의 삶에 슬그머니 찾아온 우울은 먼저는 나를, 타인과의 관계를, 세상에서의 역할을 삭제시키는 듯 보일 수 있으나 이를 인지하고 잘 다루어 나간다면 우리는 우리의 어떠함과는 상관없이 혹은 우리의 혼돈과 우울의 어둠에도 불구하고 변함없이 밝고 영광된 하나님의 사랑과 은혜가 얼마나 놀라운 것인지 더 깊이, 더 잘 알 수 있게 될 것입니다. 자신도 모르게 생긴 삶의 편견과 마음의 벽들을 마주하고 그 모든 어두움에서 자유케하시는 놀라운 사랑과 능력의 하나님을 더 깊이 만나게 되는 것입니다.

이렇게 영적 시야가 넓어지면 쓸모없게 보이던 자신이 하나님의 눈에 얼마나 가치로운지에 놀라고, 용서할 수 없어 원망의 대상이 되었던 사람이 나와 같은 죄인이었다는 사실에 불쌍하게 여기게 되며 억울하기만 했던 세상도 하나님의 다스림 안에 있다는 것과 함께 예수님께서 다시 오시는 권능의 날에 회복시켜야 할 곳임을 확실히 알게 됩니다.

예레미야애가에서 예레미야는 예루살렘의 파괴를 보며 이스라엘의 심판 속에 숨어 있는 하나님의 선하신 공의를 찬양하는 신앙의 극치를 보여주고 있습니다. 그는 하나님은 '소망의 하나님' 이시며 '자비의 하나님'이시며 '성실하신 하나님'이시라고 찬양합니다. 그는 눈앞에 참담함과 절망 속에서도 "여호와의 자비와 긍휼이 무궁하심으로 우리가 진멸되지 아니함이니이다. 이것이 아침마다 새로우니 주의 성실이 크도소이다"(애 3:22~23)라고 고백합니다.

나가면서

청년의 시기는 신체적, 정신적으로 발달이 완성되고 이와 함께 가장 에너지가 활발한 때입니다. 가장 찬란하고 빛나는 시기를 지나면서도 많은 청년들이 세상의 가치관에 따른 비교와 열등감, 상처와 사랑의 부족 현상으로 인해 깊은 우울에 빠져 허우적거리고 있습니다. 우울의 감정과 생각에서 빠져나오는 방법은 하나님을 더 알고 하나님의 걸작품으로서의 자신의 정체성을 확립하며 그 뜻에 따라 세상을 바라보는 것을 지속적으로 체화하는 것에 있습니다. 곧 쉼과 회복, 진리와 생명, 하나님을 아는 지식의 성장과 왜곡된 사고의 수정이 일어나는 곳을 찾아 그 안에 있어야 합니다.

하나님의 생명이 불어 넣어지는 곳, 꺼져가는 촛불을 꺼버리지 않고 다시 불타오르게 하는 곳, 회복과 새로운 피조물로서의 경험이 일어나는 기적의 장소 중 하나가 교회이며 예배의 현장입니다. 그러므로 청년의 때에는 또래들이 함께 모여 규칙적으로 예배를 드리고 삶을 나누며 서로 돕는 것이 매우 중요하다 할 수 있습니다. 그곳에서 하나님께서는 우리의 우울을 걷어내고 마음속 깊은 곳까지 사랑의 빛을 비추어주실 것입니다. 끝으로 바울이 사랑하는 청년 디모데와 성도들에게 한 말씀을 전하며 글을 마치고자 합니다.

"청년의 정욕을 피하고 주를 깨끗한 마음으로 부르는 자들과 함께 의와 믿음과 사랑과 화평을 따르라"(딤후 2:22). 아멘.

나눔을 위한 질문

1. 요즘 당신을 가장 곤란하게(혹은 우울하게) 하는 일이 있다면 무엇인가요?

2. 나는 나에 대하여, 타인에 대하여, 세상에 대하여 어떤 느낌을 가장 자주 느끼나요? 성경은 나에 대하여, 타인에 대하여, 세상에 대하여 어떻게 이야기 하나요? 차이가 있다면 어디에서 비롯된 것인지 이야기해 봅시다.

3. 교회 공동체 안에서 외롭거나 공허하거나 속상하거나 낙심했을 때 위로를 받은 경험이 있다면 함께 나누어 보고 도움이 필요한 친구들에게 어떻게 도움을 줄 수 있을지 생각해 봅시다.

중독

갈망에서 자유로

정원기 목사(성산한빛교회)
정원기 목사는 교회학교 현장에서 다음세대를 세우는 사역자이다. 고려신학대학원에서 '청소년 교육목회'를 강의하며, 고신대학교에서 '전생애 교육목회 모델'을 연구하는 Ph.D. Candidate로서, 교육목회의 방향성과 실천을 깊이 탐구하고 있다. 신앙과 교육이 만나는 자리에서 교회와 가정, 다음세대를 잇는 교육목회의 길을 열어가고 있다.

들어가면서

우리는 지금 '중독 사회' 속에 살아가고 있습니다. 스마트폰, 인터넷, 게임, 알코올, 약물, 도박, 포르노 등 중독은 단순한 개인의 일탈이 아니라 사회 구조적 문제이자 영적 위기의 한 단면입니다. 이 보이지 않는 사슬은 청소년과 청년들의 삶을 얽매며, 신체적·정서적·영적 건강을 해치고 신앙 성장과 삶의 방향성을 흔들어 놓고 있습니다.

현대사회는 중독을 부추기는 환경을 제공합니다. 심리학에서는 '즉각적 보상 시스템'(Instant Gratification System)을 통해 인간이 본능적으로 단기적인 즐거움을 추구한다고 설명합니다. 오늘날

소비문화는 이를 자극하며 불안과 스트레스를 해소하는 수단으로 중독적 행동을 조장합니다. 소셜 미디어는 끊임없이 새로운 콘텐츠를 제공하며 도파민 시스템을 자극합니다. '한 번만 더'라는 생각으로 스크롤을 내리다 보면 어느새 몇 시간이 지나고 중요한 일들은 뒤로 밀려납니다.

또래 집단의 영향도 무시할 수 없습니다. 피에르 부르디외는 인간이 소속된 환경과 관계 속에서 정체성을 형성한다고 보았습니다. 청소년들은 친구 관계 속에서 인정받고자 하며 또래가 음주, 게임, 소셜 미디어를 긍정적으로 평가하면 쉽게 동조하게 됩니다. 결국 중독은 개인의 문제가 아니라 사회 구조와 가치관 속에서 강화되는 문제입니다.

가정 내 정서적 결핍과 영적 양육의 부족도 중독의 주요 원인입니다. 존 볼비(John Bowlby)의 애착 이론에 따르면 부모와의 안정적 관계가 결여되면 아이들은 정서적 안정감을 외부에서 찾으려 합니다. 부모의 무관심이나 과도한 통제는 청소년의 영적 공허로 이어집니다. 이들은 하나님과의 관계보다 세상의 자극적인 즐거움에 더 쉽게 끌립니다. 특히 발달 중인 청소년기의 뇌는 충동 조절 능력이 약하고 보상에 민감해 게임, 소셜 미디어, 마약 등에 더 쉽게 노출됩니다. 이는 '보상 지연 능력'(Delayed Gratification)의 미숙으로 설명됩니다.

중독은 사회적 문제를 넘어 영적 문제입니다. 성경은 하나님과의 관계가 단절되면 인간이 세상의 것에 의존하게 된다고 말합니다(롬 6:16). 중독은 단순한 습관이 아니라 영적 갈증을 잘못된 방식으로 해소하려는 시도이며 결국 하나님이 아닌 세상의 유혹에 기대게 만듭니다. 신앙에서 멀어진 청년은 세속적 즐거움에서 가치를 찾으려 하며 이는 더 깊은 공허와 절망으로 이어집니다. 빅터 프랭클은 "의미를 잃은 인간은 쾌락이나 권력에 탐닉한다"라고 했습니다. 중독은 결국 하나님이 주시는 삶의 의미를 상실한 영혼이 방황하는 모습입니다. 그러나 중독은 하나님의 은혜 안에서 극복 가능합니다. 가정, 교회, 신앙 공동체가 함께 협력할 때 회복의 길은 열립니다. 가정은 영적 양육과 정서적 지지를, 교회는 회복과 치유의 장이 되어야 하며 또래 집단은 건강한 신앙 문화를 통해 서로를 격려해야 합니다.

이 글은 기독교적 관점에서 중독 문제를 분석하고, 청소년과 청년들을 중독에서 자유롭게 하는 실질적인 대안을 모색하려 합니다. 하나님의 은혜와 사랑 안에서 회복되도록 가정과 교회, 공동체가 어떻게 함께 동역할 수 있는지를 살펴보고자 합니다.

중독 : 청소년과 청년들의 도전과 우리의 역할

중독은 단순히 개인의 잘못된 선택에서 비롯된 문제가 아닙니다.

중독은 청소년과 청년들의 삶에 깊숙이 영향을 미치며 점차 더 파괴적인 방향으로 이끌어갑니다. 우리는 중독의 본질을 이해하고 그 해결책을 모색해야 합니다.

스마트폰은 현대사회에서 필수품처럼 여겨지지만 과도한 사용은 심각한 문제를 초래합니다. 청소년과 청년들이 하루 종일 스마트폰 화면에 몰두하는 모습은 흔한 풍경이 됐습니다. 하지만 스마트폰이 없을 때 불안을 느끼거나 중요한 일보다 스마트폰을 우선시한다면 이는 중독의 신호일 수 있습니다. 스마트폰 중독은 수면 부족, 학업 성취 저하, 대인 관계 단절과 같은 부정적인 결과를 초래합니다. 하나님께서 주신 시간과 관계가 스마트폰에 의해 가로막힌다면 이는 영적 성장에도 장애물이 될 수 있습니다.

인터넷은 우리의 삶을 편리하게 만들었지만 동시에 끝없는 유혹을 제공합니다. 정보 검색, 소셜 미디어 탐색, 온라인 쇼핑에 몰두하는 시간이 많아질수록 현실과의 단절은 더욱 깊어집니다. 특히 인터넷은 부적절한 콘텐츠에 쉽게 노출될 위험이 있으며 이는 청소년들의 영적·도덕적 가치관을 흔들어 놓을 수 있습니다. 하나님께서 원하시는 거룩한 삶과 멀어지는 것은 순간적인 선택에서 시작됩니다.

게임은 청소년들에게 재미와 성취감을 제공합니다. 그러나 현실보다 가상의 세계에서 더 큰 만족을 느끼게 될 때 게임은 삶을 잠식하는 요소가 됩니다. 지나친 몰입은 학업과 직업을 소홀히 하게 만들고 가족 및 신앙 공동체와의 관계에서도 멀어지게 합니다. 하나님께서 주신 삶의 의미와 목적은 현실에서 발견되어야 합니다. 하지만 게임 중독은 가상의 성취감으로 현실을 대체하게 만들며 결국 참된 기쁨을 빼앗아 갑니다.

알코올은 종종 스트레스 해소나 사회적 연결의 수단으로 시작되지만 중독으로 이어질 위험이 큽니다. 과도한 음주는 신체적 건강을 해칠 뿐만 아니라 가족과의 관계를 약화시키고 신앙의 중심에서도 멀어지게 합니다. 알코올에 의존할수록 죄책감과 무력감에 빠지며 하나님과의 관계가 점점 더 멀어질 수 있습니다. 성경은 우리에게 술이 아닌 성령으로 충만한 삶을 살라고 말씀하십니다(엡 5:18).

약물 중독은 신체적, 정신적, 영적으로 깊은 상처를 남깁니다. 약물은 순간적인 도피를 제공할 수 있지만 그 대가는 매우 치명적입니다. 약물 사용은 뇌의 화학적 균형을 파괴하고 법적 문제와 가정 내 갈등을 일으키며 결국 하나님께서 주신 몸과 마음을 망가뜨립니다. 이는 우리 삶을 하나님의 뜻에서 멀어지게 하는 대표적인 함정입니다.

도박은 '이번에는 성공할 것'이라는 잘못된 희망을 심어주며 결국 파멸로 이끌어갑니다. 돈을 잃는 것보다 더 큰 문제는 도박이 사람의 심리를 조종하고 삶의 방향성을 흐트러뜨린다는 점입니다. 도박 중독자들은 종종 죄책감과 절망 속에 살며 하나님께서 주시는 평안을 잃어버립니다. 성경은 불확실한 재물에 의지하기보다 하나님을 신뢰하는 삶을 살라고 가르칩니다.

포르노 중독은 성적 만족감을 제공하는 것처럼 보이지만 오히려 인간관계를 왜곡하고 영적인 건강을 심각하게 해칩니다. 포르노는 성에 대한 잘못된 인식을 심어주며 건강한 관계 형성을 어렵게 만듭니다. 이는 하나님의 형상대로 창조된 우리의 몸과 마음을 더럽히는 것이며 결국 신앙과의 거리도 멀어지게 합니다(고전 6:19~20).

이 밖에도 우리는 다양한 중독에 노출되어 있습니다. 소셜 미디어 중독은 끊임없는 비교를 통해 자존감을 떨어뜨리고 쇼핑 중독은 순간적인 만족감을 주지만 경제적 문제를 초래합니다. 카페인 중독은 생산성을 높이는 것처럼 보이지만 장기적으로는 의존성을 강화하고 건강을 해칠 수 있습니다. 이 모든 중독은 하나님께서 우리에게 주신 자유와 평안을 빼앗아가는 요소들입니다.

중독은 단순한 나쁜 습관이 아니라 우리의 삶을 하나님으로부터 멀어지게 하는 요소가 될 수 있습니다. 그러나 하나님의 은혜 안에서 우리는 중독을 극복할 수 있습니다. 신앙 공동체, 가정, 개인의 노력이 함께할 때 중독의 사슬은 끊어질 수 있습니다. 하나님께서는 우리가 자유롭기를 원하시며 중독에서 벗어나 온전한 삶을 살아가도록 도와주십니다. "모든 것이 내게 가하나 다 유익한 것이 아니요 모든 것이 내게 가하나 내가 무엇에든지 얽매이지 아니하리라"(고전

6:12). 하나님께서 주신 참된 자유를 누리며 중독을 이겨내는 삶을 살아가야 합니다.

중독의 뿌리와 원인 : 청소년과 청년들의 도전

1. 기독교 청소년과 청년이 중독에 빠지게 되는 이유

중독은 단순한 습관이 아닙니다. 이는 청소년과 청년들의 삶을 점차 잠식하며 신앙과 인격 형성에 영향을 미치는 복합적인 문제입니다. 그렇다면 왜 이들은 중독에 빠질까요? 이를 이해하기 위해서는 단순한 행동이 아닌 더 깊은 사회적·심리적·영적 요인을 살펴야 합니다.

현대사회는 중독을 부추기는 구조를 갖고 있습니다. 광고와 미디어는 '더 많이, 더 빠르게'라는 메시지를 강조하며 끊임없는 소비를 유도합니다. 청소년들은 이러한 문화 속에서 충족되지 않으면 실패한 것처럼 느끼고 순간적인 위안을 위해 중독적 행동을 선택하기 쉽습니다. 소셜 미디어도 중독을 조장합니다. 겉으로는 또래와의 연결을 강화하는 듯 보이지만 실상은 비교와 경쟁을 부추깁니다. 더 많은 '좋아요'를 받기 위해 시간을 허비하고 현실의 관계와 신앙생활은 점차 소홀해집니다. 가정의 역할도 큽니다. 부모가 자녀에게 충분한 관심을 기울이지 않거나 신앙을 강압적으로 전달하면 청소년들은 정서적 공허감을 느낍니다. 그 공허함을 채우기 위해 세상의 자극적인 즐거움에 의지하게 됩니다. 반면 신앙을 삶으로 살아내고 자녀와 열린 소통을 나누는 부모 밑에서 자란 아이들은 영적으로 더 건강하게 자랄 수 있습니다.

또한 청소년기의 뇌는 아직 발달 중입니다. 특히 충동 조절과 의사 결정을 담당하는 전두엽이 미성숙한 상태입니다. 이로 인해 스마트폰, 게임, 도박, 약물 등 즉각적인 보상을 제공하는 자극에 쉽게 빠지고 그 행동이 반복되면서 중독의 패턴이 형성됩니다. 하지만 문제의 근원은 단지 심리적·사회적 요인에 머무르지 않습니다. 성경은 하나님과의 관계가 끊어졌을 때 인간은 본능적으로 세상의 것들에 의존하게 된다고 경고합니다(롬 6:16). 중독은 잘못된 방식으로 영적 갈증을 해소하려는 시도이며 하나님이 아닌 세상의 즐거움에 기대게 만드는 것입니다.

청소년과 청년들이 중독에 빠지는 것은 단지 의지 부족 때문이 아닙니다. 이는 현대사회의 구조, 가정의 영적 환경, 인간 내면의 갈증이 얽힌 복합적 문제입니다. 따라서 단순한 행동 교정이 아닌 신앙 공동체가 함께 영적 회복을 돕는 과정이 필요합니다.

2. 중독으로 인한 청소년과 청년들의 신앙적, 사회적 문제

중독은 단순히 개인의 문제가 아니라 신앙과 사회적 삶의 기반을 흔드는 심각한 결과를 초래합니다. 가장 먼저 손상되는 것은 신앙입니다. 중독 행동이 반복될수록 청소년들은 죄책감을 느끼고 하나님과 멀어지게 됩니다. 기도와 예배가 부담스럽게 느껴지고 영적 활동보다는 게임이나 SNS에서의 성취와 자극을 더 중요하게 여기게 됩니다. 이런 패턴이 지속되면 영적 성장은 정체되고 신앙 공동체와의 연결도 끊어질 수 있습니다. 사회적 관계도 파괴됩니다. 중독은 가족, 친구, 공동체와의 관계를 약화시키고, 게임 중독은 학업 저하를, 도박은 경제적 문제를, 약물이나 알코올은 신체와 정신 건강에 해를 끼치며, 때로는 법적 문제까지 동반합니다. 결국 중독은 청소년과 청년을 사회에서 고립시키고 신앙의 울타리 밖으로 밀어냅니다.

중독이 심화되면 정체성 상실과 영적 침체로 이어집니다. 하나님께서 창조하신 존귀한 존재라는 인식이 흐려지면서 자기 비난과 무력감에 빠지고 더 깊은 중독으로 빠지는 악순환이 계속됩니다.

3. 우리의 책임과 희망의 메시지

중독 문제는 개인의 의지만으로 해결하기 어렵습니다. 청소년과 청년들이 자유로워지기 위해서는 가정, 교회, 또래 공동체의 지지와 하나님의 은혜가 반드시 필요합니다. 중독은 깊은 영적 갈등의 산물이지만 하나님은 회복의 길을 열어주십니다. 예수님은 우리를 자유롭게 하시기 위해 오셨고 죄의 속박에서 벗어나도록 도우십니다(요 8:36). 공동체가 중독의 원인을 이해하고 함께 해결하려 할 때 청년들은 하나님 안에서 새로운 삶을 시작할 수 있습니다. 우리에게는 다음세대를 돕는 사명이 있습니다. 그들이 하나님의 사랑 안에서 자유와 기쁨을 누릴 수 있도록 가정과 교회, 신앙 공동체가 협력하여 중독을 예방하고 회복의 길을 안내해야 합니다. 그럴 때 청소년과 청년들은 하나님 안에서 건강하고 의미 있는 삶을 살아갈 수 있습니다.

중독에 대한 예방과 치유

중독은 단순한 습관이 아니라 신체적·정서적·영적 결핍에서 비롯된 복합적인 현상입니다. 청소년과 청년들뿐 아니라 이들을 사랑하는 가정과 신앙 공동체에도 깊은 고민을 안깁니다. 중독을 극복하기 위해서는 개인, 가정, 교회가 각각의 책임을 다하며 협력해야 합니다.

1) 개인의 역할 : 스스로 변화하려는 의지와 노력
중독 극복의 출발점은 개인의 변화에 대한 의지입니다. 아무리

가족이나 교회, 상담 기관이 돕고자 해도 당사자가 변화의 필요성을 인식하지 못하거나 원하지 않으면 회복은 어렵습니다. 중독에서 벗어나는 첫걸음은 내가 지금 이 상태에서 자유로워지기를 원한다는 자각과 결단입니다. 그러나 이러한 결단은 감정적 충동이나 순간적인 후회에 그쳐서는 안 됩니다. 결심은 반드시 구체적인 실천으로 이어져야 합니다. 이를 위해 필요한 것이 세 가지입니다. 자기 인식, 실제적 대처 전략 그리고 신앙을 통한 회복 과정입니다.

많은 이들이 자신의 중독 상태를 심각하게 여기지 않거나 스스로 통제할 수 있다고 착각합니다. 그러나 중독은 삶을 서서히 파괴합니다. 자신의 행동을 객관적으로 점검해 보십시오. '이 행동을 하지 않으면 불안한가?', '신앙과 인간관계에 해를 끼치고 있는가?' 이러한 질문에 '예'라고 답한다면 변화가 필요합니다.

중독을 억지로 끊는 시도는 대부분 실패로 돌아갑니다. 왜냐하면 중독은 '단순히 하지 않는 것'만으로 해결되지 않기 때문입니다. 기존 중독을 대체할 수 있는 건강한 습관이 함께 자리 잡아야 합니다. 운동, 예술 활동, 독서, 봉사, 기도, 성경 묵상 같은 행동들은 단지 시간을 채우는 것이 아니라 내면의 공허함을 거룩한 방식으로 채우는 도구가 됩니다. 여기서 신앙의 회복은 핵심입니다. 중독은 하나님과 멀어진 상태에서 자주 시작됩니다. 하나님의 임재 안에 머무르지 못할 때 인간은 본능적으로 세상의 것들에 의지합니다. 기도는 나의 연약함을 인정하고 하나님의 은혜에 기대는 고백입니다. 말씀은 무너진 삶의 기준을 다시 세우는 능력입니다. 예배는 하나님의 존재 앞에 나를 재정렬하는 시간입니다. 이 세 가지는 중독의 습관을 깨뜨리는 강력한 영적 무기입니다.

신앙생활은 단지 회개와 다짐으로 끝나는 것이 아니라 하나님 안에서 새로운 정체성을 발견하는 여정입니다. '나는 중독에 갇힌 사람이 아니라 하나님의 자녀다'라는 정체성을 다시 붙드는 것이 회복의 핵심입니다. 하나님께서는 실패한 우리를 정죄하지 않으시고 '다시 시작하자'라고 말씀하십니다. 이것이 은혜입니다. 하지만 중독은 여전히 혼자 감당하기에는 버거운 싸움입니다. 그렇기 때문에 공동체의 지지와 동행이 필요합니다. 회복을 경험한 이들의 간증, 멘토와의 나눔, 정기적인 상담과 기도 모임은 개인이 중독의 유혹 앞에서 무너지지 않도록 붙드는 안전망이 됩니다. 중독은 나만의 싸움이 아니라 함께 싸워야 이기는 싸움입니다.

부끄러움과 수치심으로 인해 혼자 끙끙 앓고 있는 사람들에게 전하고 싶은 메시지가 있습니다. '하나님은 당신의 약함을 책망하시는 분이 아니라 그 약함 가운데 역사하시는 분입니다.' 자신의 문제를 드러내는 것이 두려울 수 있지만 그것이 회복의 시작입니다. 결국 중독 문제를 해결하는 열쇠는 개인의 결단과 지속적인 실천에 있습니다. 하지만 그 모든 과정 속에서 하나님의 은혜와 도우심을 구하는 것이 가장 중요합니다. 중독은 단순한 습관의 문제가 아니라 영적인 싸움이기 때문입니다. 그러나 하나님은 이미 우리에게 약속하셨습니다. "그리스도께서 우리를 자유롭게 하려고 자유를 주셨으니, 그러므로 굳건하게 서서 다시는 종의 멍에를 메지 말라"(갈 5:1). 하나님을 신뢰하고 결단할 때 우리는 온전한 자유를 누릴 수 있습니다.

2) 가정의 역할 : 사랑과 신앙으로 만드는 치유의 환경

가정은 청소년과 청년들이 처음으로 신앙을 배우고 가치관을 형성하며 정서적 안정을 경험하는 가장 중요한 공간입니다. 중독 문제를 예방하고 치유하는 과정에서 부모와 가족의 역할은 단순한 보조자가 아닌 회복을 주도하는 리더십의 자리에 있습니다. 가정은 단지 중독을 방지하는 울타리가 아니라 하나님 안에서 온전한 회복을 경험하는 치유의 공동체가 되어야 합니다. 그러나 많은 부모들이 자녀의 중독 문제를 발견했을 때 당황하거나 강압적인 방식으로 문제를 해결하려고 합니다. 이것은 오히려 자녀와의 신뢰를 약화시키고 대화를 단절시키는 원인이 됩니다. 부모는 통제보다 공감, 판단보다 이해의 태도를 가져야 합니다.

중독 문제를 겪고 있는 자녀에게 부모가 가장 먼저 해야 할 일은 마음 깊은 공감과 경청입니다. '왜 이러니?'보다는 '요즘 마음이 많

이 힘들었니?', '아빠(엄마)는 네가 괜찮기를 바라고 있어'라는 따뜻한 언어가 아이의 닫힌 마음을 여는 열쇠가 됩니다. 특히 부모가 먼저 자신의 약함과 연약함을 솔직하게 나누면 자녀도 마음을 열고 자신의 상태를 털어놓을 수 있게 됩니다. 회복의 첫걸음은 안전한 분위기에서 시작됩니다.

가정은 또한 신앙교육과 영적 본보기를 통해 정서적 회복을 이끄는 공간이 되어야 합니다. 부모가 자신의 삶 속에서 기도와 말씀으로 문제를 해결하고 예배를 소중히 여기는 모습을 보여줄 때 자녀는 신앙을 실천 가능한 삶의 방식으로 받아들이게 됩니다. 단순한 훈계보다는 삶으로 가르치는 것이 더 강력합니다. 그러나 때로는 부모와 가족의 노력만으로 해결하기 어려운 한계도 있습니다. 이럴 땐 기독교 상담소, 가족 치료 프로그램, 교회의 멘토링 시스템과 같은 전문적 자원을 적극적으로 활용해야 합니다. 예를 들어 '가족 회복 프로그램'을 통해 부모와 자녀가 서로의 입장을 이해하고 갈등을 풀어갈 수 있는 방법을 배우는 것은 매우 효과적입니다. 부모가 모든 것을 혼자 감당하려는 태도는 오히려 부담이 될 수 있으며 건강한 공동체와 함께하는 회복의 여정이 더 안전하고 지속적인 결과를 가져옵니다.

나아가 부모는 단지 '행동 교정자'가 아니라 하나님의 사랑을 전하는 사명자입니다. 자녀가 중독의 늪에 빠졌을 때 실망하거나 포기하기보다 더욱 간절한 기도와 변함없는 사랑으로 감싸야 합니다. 자녀가 부모의 신앙과 눈물의 기도를 통해 하나님께 돌아오는 순간을 경험할 때 중독은 단지 문제에서 회복의 기회로 전환됩니다. 결국 가정은 자녀가 중독의 굴레에서 벗어나도록 돕는 가장 강력한 기반이 되어야 합니다. 부모는 자녀를 사랑으로 감싸고 신앙적으로 이끌며 정서적 안정을 제공해야 합니다. 중독 문제는 단순한 행동 교정이 아니라 마음과 영혼의 변화를 필요로 합니다. 부모가 인내하며 끊임없이 하나님의 사랑을 보여줄 때 자녀는 하나님의 은혜로 참된 자유를 경험할 수 있습니다. "또 아비들아 너희 자녀를 노엽게 하지 말고 오직 주의 교훈과 훈계로 양육하라"(엡 6:4). 하나님께서 가정을 통해 자녀를 변화시키시는 은혜의 통로로 사용하실 것을 믿고 부모는 먼저 사랑과 신앙의 본보기가 되어야 합니다.

3) 교회의 역할 : 회복 공동체로서의 사명 감당

중독 문제는 단순히 개인의 의지나 가정의 노력만으로 해결하기 어려운 경우가 많습니다. 특히 청소년과 청년들이 중독에 빠지게 되면 신앙과의 거리도 멀어지고 하나님과의 관계가 약화되면서 회복이 더욱 어려워지는 악순환에 빠질 수 있습니다. 이럴 때 교회는 중요한 역할을 감당해야 합니다. 가정이 제공하지 못하는 신앙적 지지와 치유 프로그램을 마련함으로써 청소년과 청년들이 다시 하나님과의 관계를 회복하고 건강한 신앙 공동체 안에서 살아갈 수 있도록 돕는 것이 교회의 사명입니다.

교회는 단지 진리를 선포하는 곳만이 아니라 깨어진 영혼이 안식하고 재건되는 치유의 공간이 되어야 합니다. 단지 도덕적 기준을 강조하기보다 회복과 용서의 복음이 선포되는 공동체가 되어야 합니다. 중독에 빠진 이들이 판단과 정죄가 아닌 하나님의 품처럼 따뜻한 포용을 경험할 수 있어야 합니다. 교회는 단순한 프로그램보다 그런 사람들을 품는 태도와 문화를 먼저 준비해야 합니다. 이들이 실패와 수치 속에 숨지 않도록 복음의 안전지대가 되어주는 것이 교회의 첫 번째 사명입니다.

중독 문제를 해결하는 과정에서 신앙 기반 회복 프로그램을 운영하는 것은 매우 효과적인 방법입니다. 중독의 본질을 단순한 습관의 문제가 아니라 영적인 문제로 바라보며 하나님의 은혜를 통해 회복할 수 있도록 돕는 접근 방식이 필요합니다. 대표적인 신앙 기반 회복 프로그램 중 하나인 'Celebrate Recovery'는 중독의 원인을 성경적 관점에서 이해하고 하나님의 능력을 통해 회복을 경험하도록 돕는 프로그램입니다. 이 프로그램의 핵심은 개인이 자신의 연약함을 인정하고 자신의 삶을 하나님께 맡기며 변화의 길을 걷도록 돕는 것입니다. 참가자들은 매주 모임을 가지며 중독 문제를 나누고 기도하며 함께 회복의 과정을 걸어갑니다. 중독은 혼자 극복하기 어렵지만 같은 문제를 경험한 사람들과 함께 하나님의 말씀 안에서 변화의 과정을 걸어갈 때 더 큰 힘을 얻을 수 있습니다. 교회는 이러한 회복 프로그램을 운영함으로써 청소년과 청년들이 중독의 굴레에서 벗어나 하나님 안에서 자유를 경험할 수 있도록 적극적으로 지원해야 합니다.

교회는 단지 진리를 선포하는 곳만이 아니라 깨어진 영혼이 안식하고 재건되는 치유의 공간이 되어야 합니다. 단지 도덕적 기준을 강조하기보다 회복과 용서의 복음이 선포되는 공동체가 되어야 합니다. 중독에 빠진 이들이 판단과 정죄가 아닌 하나님의 품처럼 따뜻한 포용을 경험할 수 있어야 합니다. 교회는 단순한 프로그램보다 그런 사람들을 품는 태도와 문화를 먼저 준비해야 합니다. 이들이 실패와 수치 속에 숨지 않도록 복음의 안전지대가 되어주는 것이 교회의 첫 번째 사명입니다.

말씀은 회초리가 아니라 회복의 길을 밝히는 빛이 되어야 하며 예배는 죄책감을 더하는 자리가 아니라 하나님의 용서와 회복을 깊이 체험하는 은혜의 자리가 되어야 합니다. 교회는 실패한 이들을 두려움 없이 맞아들이는 열린 공동체로써 하나님 아버지의 마음을 이 땅 위에 드러내야 합니다. 중독 문제로 인해 상처 입은 청년들이 다시 교회를 찾을 수 있다면 그것은 교회가 참된 복음을 실천하는 살아 있는 증거가 될 것입니다.

나가면서

중독은 오늘날 청소년과 청년들의 삶을 심각하게 위협하는 문제로 신앙적, 사회적, 정서적 도전에 직면하게 만듭니다. 중독의 원인은 단순히 개인적인 선택의 결과가 아니라 소비문화, 가정 내 정서적 결핍, 또래 집단의 부정적 영향 그리고 신앙적 기반의 약화 등 복합적인 요인에서 기인합니다. 이는 영적 성장과 신앙적 관계를 단절시키며 죄책감과 자기 비난으로 영적 침체를 초래합니다. 그러나 하나님께서는 중독 가운데서도 치유와 회복을 약속하셨습니다.

가정은 중독 문제 해결의 첫 출발점입니다. 부모는 자녀에게 신앙적 본보기가 되어야 하며 정서적 소통과 영적 양육을 통해 자녀들이 하나님 안에서 정체성을 찾도록 돕는 역할을 감당해야 합니다. 교회는 치유와 회복의 공동체로, 예배와 말씀, 기도 모임 그리고 'Celebrate Recovery'와 같은 신앙 기반 회복 프로그램을 통해 청소년들이 중독에서 벗어날 수 있도록 도와야 합니다. 또한 또래 집단은 청소년들이 신앙적 소속감을 느끼고 건강한 관계 속에서 긍정적인 영향을 주고받을 수 있는 환경을 조성해야 합니다. 소그룹 활동과 리더십 훈련을 통해 또래 집단은 중독 예방과 회복의 실질적인 도구로 작용할 수 있습니다.

중독 문제의 해결은 단순히 중독적 행동을 멈추는 데 그치지 않습니다. 하나님의 은혜 안에서 새로운 정체성을 발견하고 거룩한 습관을 형성하며 하나님과의 관계를 회복하는 것이 진정한 회복의 길입니다. 가정, 교회, 또래 집단이 협력하여 하나님의 은혜와 사랑을 중심으로 다음세대를 세워갈 때 청소년과 청년들은 중독의 굴레에서 벗어나 자유와 기쁨을 누리며 살아갈 수 있습니다. 하나님의 은혜는 모든 중독의 속박을 끊는 유일한 해답이며 우리는 그분의 사랑으로 변화된 삶을 증거하는 도구로 부름받았습니다.

"그리스도께서 우리를 자유롭게 하려고 자유를 주셨으니 그러므로 굳건하게 서서 다시는 종의 멍에를 메지 말라"(갈 5:1).

나눔을 위한 질문

1. 청소년과 청년들에게 가장 심각한 중독은 무엇이며 그 이유는 무엇인가요?

2. 신앙은 중독 문제를 극복하는 데 어떤 역할을 할 수 있나요?

3. 가정에서 중독 문제를 예방하기 위한 실질적인 방법은 무엇인가요?

4. 교회 공동체는 청소년 중독 문제를 해결하기 위해 어떤 구체적인 프로그램을 실행할 수 있을까요?

돈

그리스도인과 투자

손협 장로(서울신광교회)
서울신광교회(고신)의 시무장로이다. 국민연금공단 기금운용본부에서 자산배분 업무를 맡고 있으며, 이전에는 한국투자신탁운용, 삼성자산운용에서 국내주식 펀드매니저과 애널리스트로 일했다.

들어가면서

저는 돈이라는 주제로 집필을 부탁받았을 때 즉답을 할 수가 없었습니다. 투자업에 꽤 오래 종사해 왔으니 독자들 특히 청년들에게 주식투자, 코인투자, 부동산투자 등에 대해 선배 크리스천으로서 조언을 해줄 수 있지 않겠느냐는 것이었습니다. 글쓰기를 망설인 이유는 첫째, 돈이라는 주제가 교회 안에서 매우 논쟁적이고 예민한 주제라 잘 풀어내기가 어렵고, 둘째, 투자에 대한 조언이라면 투자 현인들의 주옥같은 책들이 많을뿐더러 요즘에는 접근이 편한 유튜브를 통해서도 꽤 전문성 있는 콘텐츠들을 쉽게 접할 수 있어서 굳이 나까지 무엇인가를 덧붙일 필요가 있을까 하는 것이었습니다. 그래서 저는 가볍게 수필처럼 평소에 생각해오던 몇 가지 짧은 생각들을 나열해 보기로 했습니다. 성경은 부(富)를 긍정적으로 보는지 부정적으로 보는지, 돈은 어떻게 벌고 어떻게 써야 할지, 그리스도인이 투자를 해도 되는지, 보통의 사람들은 왜 자주 투자에 실패하는지, 균형 있고 합리적인 투자는 어떤 것인지에 대해서 여러분과 나누어 보고자 합니다.

이 글은 크게 두 부분으로 되어 있습니다. 첫 번째 부분에서는 부(富), 재산에 대한 성경의 말씀들을 살펴보고 그리스도인으로서 돈을 다루는 올바른 원칙들에 대해 생각해 보겠습니다. 두 번째 부분에서는 투자에서 우리가 자주 하는 실수들을 살펴보고 균형 있는 투자를 위한 몇 가지 조언들을 써보고자 합니다.

1. 그리스도인과 돈

1) 성경은 부(富)를 긍정적으로 보는가? 부정적으로 보는가?

돈이라는 주제가 교회 안에서 매우 논쟁적이고 예민한 주제가 되는 이유는 성경에는 부(富)에 대해 긍정적 서술과 부정적 서술이 공존하고 있기 때문입니다.

먼저 부와 풍요를 긍정적으로 서술하는 부분들을 살펴봅시다.

시내산 언약에서 이스라엘이 순종하면 받게 될 복의 목록에는 물질적 풍요가 포함되어 있었습니다. "여호와께서 네게 주리라고 네 조상들에게 맹세하신 땅에서 네게 복을 주사 네 몸의 소생과 가축의 새끼와 토지의 소산을 많게 하시며 여호와께서 너를 위하여 하늘의 아름다운 보고를 여시사 네 땅에 때를 따라 비를 내리시고 네 손으로 하는 모든 일에 복을 주시리니 네가 많은 민족에게 꾸어줄지라도 너는 꾸지 아니할 것이요"(신 28:11~12).

족장들, 욥, 솔로몬의 물질적 풍요 역시 긍정적으로 서술합니다. "아브람에게 가축과 은과 금이 풍부하였더라"(창 13:2), "이삭이 그 땅에서 농사하여 그 해에 백 배나 얻었고 여호와께서 복을 주시므로 그 사람이 창대하고 왕성하여 마침내 거부가 되어"(창 26:12~13). "여호와께서 욥의 말년에 욥에게 처음보다 더 복을 주시니 그가 양만 사천과…"(욥 42:12), "솔로몬 왕의 재산과 지혜가 세상의 그 어느 왕보다 큰지라"(왕상 10:23).

잠언에서는 게으른 자는 가난해지고 성실한 자는 부하게 된다고 말하면서 재산을 부지런히 관리하고 부의 향상을 위해 노력하라고 말합니다. "좀더 자자, 좀더 졸자, 손을 모으고 좀더 누워 있자 하면 네 빈궁이 강도 같이 오며 네 곤핍이 군사 같이 이르리라"(잠 6:10~11), "손이 부지런한 자는 부하게 되느니라"(잠 10:4), "네 양떼의 형편을 부지런히 살피며, 네 소떼에 마음을 두라"(잠 27:23)

반면 부를 추구하는 것을 경계하고 돈을 죄와 깊이 연결 짓는 말씀들 역시 매우 흔하게 찾아볼 수 있습니다. "너희가 하나님과 재물을 겸하여 섬기지 못하느니라"(마 6:24), "낙타가 바늘귀로 들어가는 것이 부자가 하나님의 나라에 들어가는 것보다 쉬우니라 하시니"(마 19:24), "부하려 하는 자들은 시험과 올무와 여러 가지 어리석고 해로운 욕심에 떨어지나니 곧 사람으로 파멸과 멸망에 빠지게 하는 것이라 돈을 사랑함이 일만 악의 뿌리가 되나니 이것을 탐내는 자들은 미혹을 받아 믿음에서 떠나 많은 근심으로써 자기를 찔렀도다"(딤전 6:9~10).

성경의 한편에서는 부는 하나님 축복의 결과이고 부의 향상을 위해 부지런하고 성실하게 사는 것을 긍정하지만 다른 한편에서는 부는 우상숭배로 나아가는 길이고 죄를 짓게 하는 원천이며 예수님의 참된 제자가 되는 것을 방해하는 걸림돌이 된다고 말합니다. 우리는 이 두 가르침을 모두 버리지 말고 내적으로 통합하고 수용해야 합니다. 돈의 강력한 부작용에 대해 충분히 경계하면서도 하나님이 주시는 풍요를 누리고 관리하고 선용하는 길을 찾아야 하는 것입니다.

2) 돈을 다루기 위한 원칙들(리처드 포스터 '돈, 섹스, 권력'의 내용을 참고하여)

(1) 돈의 강력한 부작용을 경계하라

부에 대한 추구와 돈에 대한 사랑은 우상숭배와 동일시됩니다. 과거 이스라엘 백성들이 섬겼던 바알은 풍요의 신이었습니다. 현대의 자본주의를 살아가는 우리에게 돈은 하나님의 자리를 대치하는 강력한 우상입니다. 돈은 우리에게 편안함을 주고 우리에게 자유를 제공하며 우리에게 힘을 제공해 줍니다. 따라서 돈은 우리의 사랑과 헌신을 요구하는 마치 인격적 신처럼 보이기도 합니다. 하지만 우리 그리스도인들은 돈은 거짓되고 헛된 우상임을 간파하고 오직 하나님 한 분께만 사랑과 헌신을 드리고 그분만 섬겨야 할 것입니다. 돈은 편안함과 편리함은 줄 수 있어도 평안함은 줄 수 없습니다. 돈은 인류의 궁극적이고 치명적 문제인 죄와 죽음의 문제에서 우리를 자유케 할 수 없습니다. 돈은 전능하지도 않으며, 영원하지도 않습니다. 십계명의 8계명 "도둑질하지 말라"와 10계명 "네 이웃의 집을 탐내지 말라"에서 알 수 있듯 재물에 대한 잘못된 태도와 추구는 우리와 하나님과의 관계를 무너뜨리는 죄의 목록이 됩니다. 우리는 돈을 관리하고 다루는 방법을 익히기에 앞서 돈이 가진 강력한 부작용을 깊이 인지하고 강하게 경계해야 할 것입니다.

(2) 모든 소유권은 하나님께 있고 우리는 청지기임을 인식하라

성경은 모든 것이 하나님의 소유라고 선언한다. "온 천하에 있는 것이 다 내것이니라"(욥 41:11), "땅과 거기 충만한 것이 여호와의

것이로다"(시 24:1).

모든 것이 하나님의 소유라는 개념은 곧바로 우리는 청지기라는 의식으로 연결됩니다. 우리는 주인이 아니고 하나님의 것을 관리하는 청지기라는 의식입니다. 하나님은 소유에 대해 절대적 권리를 가지시고 우리는 상대적 권리 제한적 권리만 갖는다고 인식하는 것입니다. 이렇게 되면 우리는 지나친 소유욕과 탐심으로부터 한결 자유로워질 수 있습니다. 달란트 비유에서 알 수 있듯이 주인이신 하나님께서는 우리에게 각각 다르게 맡겨주셨습니다. 하나님이 어떤 사람에게는 다른 사람보다 많은 것을 주시기도 합니다. 하나님이 정하신 우리의 처지를 겸손하고 감사는 마음으로 받아들이는 것이 우리의 의무이고 이것이 10번째 계명이 말하는 "네 이웃의 집을 탐내지 말지니라" 하신 계명의 요구라고 할 수 있습니다.

(3) 주라(구제와 헌금)

돈이 우리에게 안녕과 안전을 보장해 준다는 생각이 강할수록 우리는 돈을 다른 이에게 대가 없이 내어주는 것에 대해 대단한 공포를 느끼게 됩니다. 그래서 우리가 돈을 섬기지 않고 하나님을 섬기는 것을 증명하는 그리고 믿음을 강화하는 강력한 수단이 구제와 헌금이 되는 것입니다. 우리가 돈을 대가 없이 내어 줄 때 우리는 우리의 안전과 생명, 자기 자신의 일부를 내어줍니다. 이렇게 함으로써 우리의 생명과 안전을 지켜주시는 분이 하나님 한 분이시고, 내게 주신 모든 소유의 절대적 소유권이 하나님께 있다는 것을 실천적으로 고백할 수 있습니다.

소득의 일정 비율을 헌금과 구제에 미리 할당하고 실천하는 것이 성경적입니다. 이사야서는 참된 경건을 공의 실천과 구제로 연결 짓습니다. "내가 기뻐하는 금식은 흉악의 결박을 풀어 주며 멍에의 줄을 끌러 주며 압제 당하는 자를 자유하게 하며 모든 멍에를 꺾는 것이 아니겠느냐 또 주린 자에게 네 양식을 나누어 주며 유리하는 빈민을 집에 들이며 헐벗은 자를 보면 입히며 또 네 골육을 피하여 스스로 숨지 아니하는 것이 아니겠느냐"(사 58:6~7).

(4) 관리하고 선용하라

우리는 부와 외적 지위의 향상을 위해 노력할 수 있습니다. 성경은 우리가 하나님이 주신 재능을 부지런히 사용해야 될 것을 가르치고 있습니다. 우리는 우리의 재능과 기회를 효과적으로 사용해야 할 의무가 있습니다. 올바로 훈련받은 그래서 돈에 소유되지 않으면서 어떻게 돈을 통제하고 하나님 나라를 위해 선용할 것인지를 생각하고 실천하는 그리스도인들이 많아져야 합니다. 바나바는 그의 재산을 처분하여 궁핍했던 초대교회를 도왔습니다. 자주 장사 루디아는 자신의 집을 집회처로 헌신하여 빌립보교회의 토대를 이루었습니다. 우리는 하나님의 영광을 위해 돈을 관리하고 사용하도록 부르심을 받았습니다.

2. 투자에 대한 6가지 단상(斷想)

선한 청지기로서 우리에게 주신 재능과 기회를 효과적으로 사용해야 한다는 점에서 균형 있는 저축과 투자는 그리스도인이 힘써야 할 생활방식 중의 하나라고 할 수 있겠습니다. 저는 꽤 오래 투자업에 종사해 오면서 대중들이 투자에 대해 자주 범하는 오류와 오해를 경험하게 됐습니다. 그리고 이러한 오류와 오해들은 인간의 불완전함, 더 나아가 성경에서 모든 악의 뿌리라 말하는 탐심 그리고 탐심과 동전의 양면이라 할 수 있는 염려와 걱정에서 비롯된다는 것을 깨닫게 됐습니다. 이제 투자에 대해 그동안 느꼈던 몇 가지 짧은 생각들을 나열해 보겠습니다.

1) 탐욕과 공포

투자의 대상이 주식이건, 부동산이건, 채권이건 가장 기본적인 투자 원칙은 '싸게 사서 비싸게 파는 것'일 것입니다. 그러나 군중들은 반대로 가격이 비쌀 때 낙관하고 기회를 놓칠까봐 조급해하며 가격을 따지지 않고 성급히 매수합니다. 역으로 가격이 쌀 때 비관하고 돈을 잃을까 두려워하고 그래서 자산을 매도하는 경향이 있습니다.

모든 자산 버블(bubble)은 얼마간의 진실로부터 시작됩니다. "인터넷이 시장을 바꿀 것이다"라는 사실이 닷컴버블을 만들었습니다. "금리는 낮고, 집에 대한 수요는 많고, 고도의 금융기법들이 주택담보대출의 부도위험을 분산해 줄 것이다"라는 사실이 글로벌 금융위기를 촉발한 모기지(mortgage) 버블을 만들었습니다. 이런 작은 진실들을 바탕으로 자산 가격이 오르기 시작합니다. 가격이 좀 더 오르면 관심이 없던 대중들도 관심을 갖기 시작합니다. 여기저기서 쉽게 돈을 벌었다는 무용담들이 들립니다. 쉽게 돈을 벌 수 있을 거라는 기대에 사람들은 흥분하고 가격이 적정한지는 점차 생각하지 않게 되며 기회를 놓칠까 봐 조급해하며 매수 대열에 동참합니다. 가격이 오를수록 사람들의 생각은 확신으로 바뀌고 현재의 좋은 상황이 영원히 계속될 것 같은 편안함을 느낍니다. 탐욕이 세상을 휩쓰는 것입니다.

반대로 버블이 어떠한 이유로 꺼지면서 불황과 신용경색이 발생하고 신용도가 낮은 개인과 회사들이 파산하기 시작하면 사람들은 염려와 걱정을 넘어 극도의 공포 패닉(panic)에 빠집니다. 어떤 이들은 재산을 잃을지도 모른다는 공포에 가격을 불문하고 자산을 정리하고 어떤 이는 부도를 피하기 위한 유동성을 마련하기 위해 가격이 터무니없이 낮음을 알면서도 울며 겨자 먹기로 자산을 매각합니다. 하지만 현명한 투자자라면 반대로 생각할 수 있어야 합니다. 어떤 자산이 최절정의 인기가 있을 때는 모든 좋은 점들이 가격에 반영되어 있을 수 있고 이때가 오히려 위험이 가장 큰 구간일 수 있습니다. 반대로 모두가 무관심하고 무수한 안 될 이유들을 나열할 때가 투자에서 가장 안전한 구간이 될 수 있는 것입니다.

2) 사이클(Cycle)

자산 가격은 경기 혹은 이익을 반영합니다. 그런데 이 경기 혹은 이익은 사이클을 가지고 움직이는 속성이 있습니다. 한 방향으로만 움직이지 않고 커졌다가 작아지고 상승하다 하락한다는 것입니다. 그러나 대중들 심지어 지식인들이나 저명한 지도자들조차도 이것을 잘 이해하지 못하는 경우가 많다는 사실을 알게 됐습니다.

사람들은 현상의 원인을 찾고자 노력합니다. 그리고 이렇게 찾은 합리적 이유들로 세상을 설명하고 이해합니다. 그리고 미래에도 이런 원인과 이유들이 계속 작동하여 현재의 추세가 지속될 것으로 믿습니다. 그러나 이러한 관점은 건전한 투자에 매우 위험합니다.

경기와 이익에 사이클이 존재하는 이유는 인간이 감정적이고 일관되지 못하며 불완전하기 때문입니다. 상황에 과민 반응하거나 미온적으로 반응한 결과인 경우가 많습니다. 예를 들어 A기업이 판매가 급증하고 제품 가격이 오르고 이익률이 상승하면 기업은 재고를 늘리고 생산설비를 늘리고 직원을 더 채용하고자 합니다. 하지만 우호적 환경은 기업가를 낙관하게 만들고 필요 이상의 재고 확충과 투자확대를 결정하게 만듭니다. 더군다나 재고 확보 투자확대에는 시간이 걸립니다. 그 사이 호황의 열기는 식어 정상화되고 어느새 기업은 과다재고, 과잉투자, 부채부담을 갖게 됩니다. 불황 때는 반대로 과소재고, 과소투자를 하게 됩니다.

은행들도 이런 사이클을 만드는데 한몫합니다. 호황기에 기업대출을 늘리고 부동산 가격이 오를 때 주택담보대출이 급증합니다. 차입자의 신용도 평가에 관대해지고 담보 비율을 완화합니다. 하지만 불황기에는 반대로 대출을 줄이고 신용도나 낮은 대출들을 회수하고 엄격한 신용정책을 펼칩니다. 이것이 신용사이클 부채사이클을 만듭니다. 앞서 말한 기업의 재고사이클, 투자사이클, 고용사이클, 금융기관의 신용사이클이 자산 가격의 낙관과 비관, 탐욕과 공포를 증폭시킵니다.

3) 가치

따라서 우리는 적정가격에 대한 기준을 가지고 있어야 합니다. 가치에 대한 확고한 기준이 있어야 지나치게 높은 가격에서 열광하지 않고 지나치게 낮은 가격에서 비관하지 않음으로서 대중의 흔한 투자 실패를 피할 수 있습니다. 가치는 그 자산이 창출하는 현금흐름에 대해 적정한 배수를 줌으로써 산정할 수 있습니다. 주식은 자유현금흐름(기업활동을 통해 창출되는 현금흐름 중 주주에게 귀속될 수 있는 부분), 채권과 저축은 이자, 부동산은 임대료를 점검해야 합니다. 또한 자산이 만들어내는 현금흐름에 비해 너무 높거나 낮은 배수로 가격이 형성되어 있지 않은지도 점검해야 합니다. 여기에 더해 불황기에 가격 하방을 형성해줄 순현금 보유액과 순자산가치 등도 살펴야 합니다. 뭔가 복잡하고 전문적이고 어려워 보일 수 있으나 관심을 가지고 찾아보면 생각보다 쉽고 투명하게 이러한 정보들을 얻을 수 있고 계산해 볼 수도 있습니다. PER(주당 순이익과 주가의 비율), EV/EBITDA(이자, 세금, 감가상각을 빼기 전 순이익과 회사가치의 비율), 신용 스프레드(회사채와 국채 사이의 금리 차이), CAP Rate(부동산의 순임대수익과 가격 간의 비율) 등이 대표적으로 살펴야 할 지표들입니다.

4) 코인, 미국주식, 부동산

이제 다소 예민한 주제에 대해 이야기해 보겠습니다. 코로나 이후 최근까지 우리는 가상자산, 부동산투자, 미국 테크주식 붐을 겪었습니다. 가상자산 투자자는 1,500만 명, 미국주식 투자자도 700만 명을 넘어섰습니다. 주택거래의 40%를 2030세대가 점유했다는 뉴스도 있습니다. 앞서 말씀드린 바와 같이 이들 자산의 붐에는 그럴만한 합리적 이유 즉 작은 진실들이 있는 것은 사실입니다. 이들 자산들에 대한 개인적 소회를 몇 가지 적습니다.

첫째, 가상자산은 가치평가를 하기가 매우 어려운 것 같습니다. 자산으로부터 창출되는 현금흐름이 없고 따라서 적정가격 기준을 계산할 근거가 없기 때문입니다. '단순히 금의 지위를 대체한다. 그러니 금의 시가총액 대비 몇 %를 차지할 것이다' 같은 가치평가 방식은 개인적으로 인정하기 어렵습니다. 가치를 산정하기 어려우니 투자하기도 어렵습니다.

둘째, 미국주식은 혁신 기업이 많고 주주가치를 가장 존중하는 시장이라는 면에서 우월한 투자처라는 점을 부정하지 않습니다. 하지만 최절정의 인기는 높은 가격을 형성하여 투자의 위험을 높일 수 있습니다. 좋은 펀더멘털을 가진 자산과 좋은 투자 대상은 다를 수 있습니다. 또한 고려해야 할 점은 환율입니다. 원화대비 달러화 가치가 높을 때 미국 자산을 매입하면 장기적으로 외환변동에 따른 손실위험에도 노출될 수 있으니 주의해야 합니다.

셋째, 부동산은 보통의 2030세대들은 대출을 통해 구매하는 자산인데 임대료 대신 대출이자를 내고 집값 변동에 대한 위험과 수익을 지는 것으로 이해할 수 있습니다. 보통 임대료 수준이 가계소득의 15~25% 수준에서 형성되고 있고 이 수준은 안정적으로 유지되어 왔습니다. 따라서 대출로 주택매입 자금을 조달하는 경우에도 이자 비용이 소득의 15~25% 수준을 넘지 않도록 하는 것이 중요하다고 생각됩니다.

5) 노동/사업소득, 금융소득(이자/배당/임대료, 자본차익)

우리가 얻는 소득은 크게 3가지 경로를 통해 획득됩니다. 첫째, 노동소득 혹은 사업소득입니다. 사업자에게 피고용자로 고용되어 노동소득을 얻거나, 자영업이나 사업체를 운영하여 사업소득을 얻는 경우입니다. 둘째, 투자를 통해 얻는 수익 중 현금흐름으로 얻는 소득입니다. 저축이나 채권투자를 통해 이자소득을 얻을 수 있고, 주식투자를 통해 배당을 받을 수도 있으며, 부동산투자를 통해 임대료를 얻는 경우입니다. 마지막으로 투자한 자산의 가격이 상승하여 얻게 되는 자본차익이 있습니다.

우리는 이 세 가지 소득 원천을 확보하고 소득원을 다변화해야 합니다. 그리고 우선순위를 둬야 합니다. 가장 우선해야 할 것은 노동/사업소득입니다. 가장 믿을 수 있는 소득 원천이고, 자기 개발을 통해 향상 시킬 여지가 높은 소득 원천입니다. 그다음은 안정적 현금흐름을 만들어 주는 현금흐름 소득입니다. 저축뿐 아니라 주식이나 부동산을 투자할 때에도 자본차익에 대한 기대보다는 자산을 가짐으로써 창출되는 배당, 임대료 등 현금흐름을 우선 고려할 필요가 있습니다. 이 두 가지 안정적 수익 원천을 확보한 이후에야 자본차익에 대한 위험을 적극적으로 지면서 투자의 규모를 늘려가는 것이 바람직합니다. 한 가지 안타까운 것은 일부 직장인 중에서 직장생활에 충실하지 않고 코인이나 주식 시세창을 근무시간에 켜놓고 증권매매에 열을 올리는 경우들이 있다는 것입니다. 그리고 직장에서 대화 할 때에도 업무에 관한 것보다 투자에 관한 이야기에 열을 올리는 경우도 있습니다. 이는 매우 어리석은 행동입니다. 먼저 직장생활에 충실하고 직장에서의 나의 가치를 어떻게 올릴 것인가를 위해 노력하는 것이 확률적으로도 장기적으로도 더 현명한 자원 배분이 될 것입니다.

6) 수익에 대한 눈높이

우리는 주변의 무용담들에 자주 현혹됩니다. 알트코인에 투자하여 수백억 자산가가 됐다는 인물들, 아파트를 수십 채 갭투자 하여 수백억 차익을 남겼다는 인물들, 100배가 오른 테슬라, 앤비디아, 아마존 주식투자 이야기 등. 하지만 우리는 투자를 할 때 현실적이고 합리적인 기대치를 가져야 합니다.

주식과 부동산을 예를 들어 설명해 보겠습니다.

먼저 주식은 두 개의 수익원천이 있습니다. 배당수익과 시세차익입니다. 배당수익률은 국내주식 평균이 약 2% 수준이고 회사마다 차이가 있습니다. 문제는 시세차익인데 주가 상승의 원천은 이익의 증가입니다. 평균적인 기업이 장기적으로 성장하는 속도는 명목 GDP 성장률 정도라고 할 수 있습니다. 명목GDP 성장률은 한국은행의 물가 상승률 목표 2%와 한국의 실질잠재성장율 약 2%를 고려할 때 약 4% 수준입니다. 종합하면 우리가 평균적인 주식투자를 통해 얻고자 하는 총수익률은 배당수익률 2%와 주가상승 4% 정도인 것입니다.

부동산은 어떨까요? 부동산 가치의 원천은 임대료입니다. 임대료는 임차인이 소득에서 감내할 수 있는 비중이 있기 때문에 결국 임차인의 소득과 관련이 있습니다. 따라서 주식과 비슷하게 임대료 수익률은 수도권 아파트 평균 2%에 시세차익은 임차인의 소득 상승률(이 역시 앞서 주식과 같이 장기적으로 명목GDP성장률 수준이라고 할 수 있습니다) 4% 정도라고 할 수 있습니다. 부동산에서 추가로 고려해야 할 것은 임대료를 유지하기 위해 정기적 수선비 지출이 필요하고 보유세 등의 세금 부담이 있기 때문에 약 1% 정도의 기대수익률 차감이 필요 합니다. 합리적으로 생각하면 우리가 듣던 무용담들보다는 장기적인 평균수익률의 눈높이가 꽤 낮다는 점을 알 수 있습니다.

나가면서

기도, 예배 같은 종교 행위들은 더 중요하고 영적인 행위이며 돈을 벌고 투자하는 행위들은 덜 중요하고 세속적인 행위라고 말할 수 없습니다. 이런 이분법적 사고는 개혁주의와 거리가 멉니다. "그런즉 너희는 먹든지 마시든지 무엇을 하든지 다 하나님의 영광을 위하여 하라"(고전 10:31). 성경은 일상의 모든 행위들이 '종교적. 영적 중대사'라고 말하고 있습니다. 우리의 경제생활을 통해서도 큰 영광을 받으실 하나님을 찬양합니다.

나눔을 위한 질문

1. 부에 대한 긍정적인 말씀과 부정적인 말씀 사이에서 우리는 어떻게 균형을 잡을 수 있습니까?

2. 돈을 적절히 사용하는 실천 방안을 나누어 봅시다.

3. 6가지 투자 조언을 읽고 느낀 점을 나누어 봅시다.

4. 나의 직장 생활과 투자 생활에서 성공하기 위한 실천 목록에는 어떤 것이 있을까요?

직업

왕이신 하나님의 부르심을 따라

채충원 목사(서울 두레교회)
성균관대학교 행정학과(행정학사, 행정학 석사), 샌프란시스코신학교(M.Div.), 버클리연합신학대학원(GTU MABL), 고려신학대학원(M.Div.)을 졸업하고, 샌프란시스코신학교 목회학 박사과정(DAPS)을 수료했다. 한 아내(정성지)의 남편, 삼형제(정윤 해윤 지윤)의 아빠로서 가정과 교회를 건강하게 세우는 교육과 행정에 관심이 많으며, 가정의힘 교육위원으로 섬기고 있다.

들어가면서

'나는 SOLO'라는 TV 프로그램이 있습니다. 결혼 상대를 찾는 솔로의 만남을 돕는 프로그램입니다. 첫날에는 남녀 솔로들이 '영수', '정숙' 같은 예명을 부여받고 첫인상이 마음에 드는 사람을 선택합니다. 그런데 다음 날 자기소개 시간이 되면 종종 놀라운 반전이 일어납니다. 그 반전의 주요 원인은 직업입니다. 물론 외모, 생활지역, 나이, 자녀 계획 등도 중요한 고려사항이지만 직업은 어떤 사람의 사회 경제적인 배경, 가치관과 삶의 목적을 잘 드러내 준다고 생각하는 것 같습니다.

그런데 직업이 어떤 사람을 잘 이해할 수 있게 도와주기도 하지만 때로는 그 사람의 본모습을 제대로 파악하지 못하게 방해할 수도 있습니다. 그래서 저는 어떤 사람을 만날 때 직업을 묻지 않는 편입니다. 대학원에 다닐 때는 저도 시골에서 제법 인기 있는 신랑감이었습니다. 그래서 딸을 주겠다는 분들도 종종 있었습니다. 그런데 군 복무를 마치고 선교단체 간사를 하게 되자 중매 제안이 완전히 사라졌습니다. 그러면서 결혼은 할 수 있겠느냐고 친절하게 걱정해주는 사람들도 생겼습니다. 하지만 그때 지금의 아내를 만났고 지금까지 세 아들 키우며 24년 동안 잘 살아왔습니다.

그리고 직업을 잘 묻지 않는 또 다른 이유는 한 사람의 직업이 얼마든지 변할 수 있다고 생각하기 때문입니다. 제가 대학을 졸업한 후로 신학교에 입학하기 전까지 경험한 직업 중에서 급여를 받으며 1년 이상 지속한 직업은 총 여섯 가지입니다. 대학부설연구소 교육조교, 해외봉사단원(한국어 교사), 학원 강사, 빌딩 관리, 선교회 법인 행정, 학원 설립 및 운영. 그리고 급여를 받고 한 일은 아니지만 통일(기도)운동, (베트남) 사랑의 집짓기, 러시아어를 사용하는 이주민들을 위한 사역도 했습니다.

이렇게 별로 인기 없는 직업을 전전하다가 동년배 친구들보다 좀 늦은 나이에 목회를 시작한 제게 이 책의 기획자께서 '직업'에 관한 원고를 부탁하셨습니다. 처음에는 기획자께서 사람을 잘못 보셨다고 생각했습니다. 4차 산업혁명 시대의 치열한 현실 속에서 취업을 준비하고 있는 분들, 하루하루 직장 생활을 힘겹게 견디며 언제든지 이직과 퇴직을 꿈꾸고 있는 2030 청년들에게 저 같은 21년 차 목회자의 철 지난 이야기가 혹시 '명절 잔소리' 같이 들리지는 않을까 걱정스러웠기 때문입니다. 그러나 그리 내세울 것은 없지만 현재 20대 초반인 제 아들들에게 아빠의 소박한 인생 이야기를 들려준다는 생각으로 몇 글자 적어 보았습니다.

1. 직업이 아니라 소명(calling)을 붙드세요

가끔 직업과 소명을 혼동하는 청년들이 있습니다. 하나님께서 원하시는 '바로 그 직업'이 있다고 믿습니다. 그래서 바로 그 직업을 찾기 위해 기도하며 고민합니다, 삶의 모든 순간에 하나님의 뜻을 알기 위해 기도하는 모습은 정말 귀한 모습입니다. 그렇지만 어떤 직업이 소명과 반드시 일치해야 한다고 생각할 필요는 없다고 생각합니다. 예를 들어 그 직업을 얻지 못하면 하나님의 뜻에 순종하지 못한 것일까요? 그 직업을 얻게 되더라도 혹시 중간에 그만두면 하나님의 뜻을 거역하는 것입니까? 만일 그 직업의 영역에서 좋은 성과를 내지 못하면 하나님의 소명을 잘 분별하지 못해서 벌 받은 것일까요? 직업이 단순히 생계를 위한 수단이 아니라 하나님의 부르심을 따르고 섭리를 실현하는 중요한 도구인 것은 분명합니다. 그러나 비록 직업이 소명과 연결되어 있을지라도 직업은 하나님 나라의 백성으로서 소명을 이루는 과정에서의 수단이라는 것을 기억하면 좋겠습니다.

저는 소명을 '하나님의 백성을 향한 왕이신 하나님의 부르심'이라고 생각합니다. 이런 관점에서 보면 직업은 왕이신 하나님의 부르심 즉 소명을 이루는 수단입니다. 하나님의 소명에는 성도를 향한 보편적인 부르심이 있고(딤후 1:9), 각 사람에게 주신 은사에 따라 성도 개인을 직업이나 삶의 영역에서 하나님의 영광을 위해 부르시는 개별적인 부르심이 있습니다. 하나님은 우리에게 은사를 주신 것과 우리를 부르신 것을 후회하지 않으십니다(롬 11:29). 그래서 후회하지 않으시는 하나님의 소명은 변하지 않습니다. 그러나 직업은 얼마든지 변할 수 있습니다.

제가 대학교에 다닐 때 부모님께서 제 장래에 관해 걱정을 많이 하셨습니다. 대학에 입학한 후 행정고시반에서 공부하던 아들이 갑자기 고시공부를 중단하고 선교를 하겠다고 했기 때문입니다. 하루는 아버지께서 "도대체 뭘 하려고 하느냐?"고 물으셨습니다. 그래서 저는 제 계획을 신나게 말씀드렸습니다. 그런데 또 물으셨습니다. "그래서 도대체 뭘 하려고 하는데?" 그때 저는 깨달았습니다. 아버지는 제가 목표로 하는 구체적인 직업명을 듣고 싶으셨던 것이었습니다. 그러나 저는 삶의 방향에 관해서만 뜬구름 잡는 것 같은 이야기를 계속하고 있었으니 얼마나 답답하셨을까요. 결국 아버지께서 이렇게 말씀하셨습니다. "미친놈, 넌 종점이 어딘지 모르는 버스를 타고 가는 것 같구나!"

아버지 말씀이 옳았습니다. 저는 종점이 분명해 보이는 버스, 많은 사람이 타고 있던 버스에서 내려서 사람들이 별로 타려고 하지 않더라도 하나님께서 운전하시는 버스, 하나님 나라 버스로 환승하고 있었습니다. 아직 가보지 않은 곳이라서 비록 종점이 어디인지 명쾌하게 설명할 수는 없었지만 저 자신은 모험으로 사는 인생의 기쁨을 조금씩 맛보면서도 동시에 벼랑 끝에 서야 하는 현실 속에서 몸부림치고 있었습니다. 저는 지금도 그때 버스를 갈아탄 것을 매우 잘한 일이라고 생각합니다. 그리고 아버지께서도 지금은 아주 잘했다고 하십니다. 그래서 직업을 생각할 때는 하나님의 부르심에 귀를 기울이는 것이 중요합니다. 그리고 직장에 들어간 후에도 기도와 말씀을 통해 하나님의 부르심에 귀 기울이면서 한걸음씩 인도하심을 따라가야 합니다. 그러면 직장을 옮기거나 퇴직하게 되더라도 하나님의 새로운 부르심을 경험하게 될 것입니다.

2. 죄짓는 일이 아니라면 자유롭게 도전해보세요

그렇다면 어떻게 하나님의 부르심을 분별할 수 있을까요? 당신이 어떤 직업을 선택하는 것이 하나님의 뜻일까요? 기도와 말씀을 통해 분별할 수 있겠지만 막상 기도하며 성경을 읽어봐도 하나님의 부르심을 이해하는 것은 생각만큼 쉬운 것이 아닙니다. 그래서 종종 진로나 직업에 관한 결정을 앞두고 하나님의 뜻을 분별하고 싶다며 제게 상담을 요청하는 청년이 있습니다. 그러나 목사는 무당이 아닙니다. 직장 이동에 관한 결정이 하나님의 뜻에 맞는지 맞지 않는지를 알아보기 위해 점을 보는 것처럼 대신 기도해주는 사람도 아닙니다. 혹시 목사가 동의해주면 하나님의 뜻이라고 생각하고 싶은 마음이 있을 수도 있겠지만 결국 여러분의 인생을 향한 하나님의 부르심은 여러분이 분별해야 합니다. 우리 모두 하나님 앞에서 홀로 서야 하는 단독자가 아니겠습니까?

그래서 직업 관련 상담을 할 때, 저는 먼저 당사자의 이야기를 들어봅니다. 그리고 만일 그 청년의 정신 상태가 건전하고 그 생각이 헛되거나 황당해 보이지 않으며 타인이나 사회에 해를 끼치려는 의도가 아니라는 확신이 들면 대개는 자유롭게 뭐라도 해보라고 말합니다. 특히 하나님을 사랑하고 이웃을 사랑하기 위해 결심한 일이라면 담대하게 도전해보라고 응원하며 격려합니다. 왜냐하면 어느 직업 자체가 완벽하게 선하고 귀한 것은 없고 만일 하나님을 사랑하며 이웃을 사랑하는 마음으로 진로와 직업을 선택한다면 하나님께서 모든 것을 합력하여 선을 이루어주시고 그의 삶을 이끄셔서 주님의 형상을 본받게 하실 것을 믿기 때문입니다(롬 8:28~29).

세 아들 중 첫째가 초등학교를 졸업할 때까지는 목사가 되고 싶다는 말을 종종 했습니다. 그래서 저는 그때마다 다시 잘 생각해보라고 했습니다. 목사가 될 수도 있지만 선교사가 될 수도 있고 하나님 나라를 위해 할 수 있는 일은 많으니까 먼저 하나님께서 어떤 재능을 주셨는지, 하나님의 부르심이 있는지를 천천히 알아가면 좋겠다고 했습니다. 그런데 그 아들이 군대에 가서 군종병을 하게 됐습니다. 그래서 '신학대학원에 간다고 할 수도 있겠구나'라고 생각했는데 말년 휴가 나와서 이렇게 말하더군요. "아빠, 목회는 못 할 것 같아요. 정말 어려워요. 감정노동이 너무 심해요."

막내는 중3 때 공부가 너무 힘들다며 갑자기 동물보호사가 되고 싶다고 했습니다. 그래서 유기동물 보호소 봉사를 알아봐 주었습니다. 그런데 자원봉사 일정이 잘 맞지 않아서 그 대신 고양이 한 마리를 입양해 주었습니다. 막내가 고양이를 지금도 너무 사랑하지만 돌보는 것은 주로 엄마의 몫이 됐습니다. 그래서 이제는 동물보호사 한다는 말을 안 합니다. 그래서 저는 세 아들이 어떤 직업과 진로에 관해서 새롭게 이야기하더라도 전혀 놀라지 않습니다. 그것이 죄짓는 일이 아니라면 뭐라도 마음껏 해보라고 합니다. 그리고 그 일을 경험해볼 수 있는 프로그램과 장소를 알아봅니다. 그런 기회를 제공하는 것도 부모와 선배의 역할이라고 생각합니다.

3. 직장이 복을 주는 것이 아니라, 당신 때문에 직장이 복을 받습니다

제게 추천서를 부탁하거나 면접 준비와 자기소개서 작성을 위해 조언을 구하는 청년들이 가끔 있습니다. 그들과 대화를 나누다 보면 때로는 자신감이 부족하다는 것을 느낄 때가 있습니다. 물론 자신감이 넘치는 청년이라면 애당초 제게 도움을 요청하지도 않았겠습니다만 취업 일선에 있어서 그런지 매우 불안해하는데 특히 그 회사가 자기를 뽑아야 하는 이유에 대해 말해보라고 하면 자신감이 떨어집니다. 그럴 때 저는 이런 말을 해줍니다. "여러 회사에 합격해도 어차피 한 곳만 갈 거잖아요? 당당하세요. 당신을 뽑는 회사는 복 받는 거라고 생각하세요."

그렇다면 왜 그 청년을 뽑는 것이 복이 될까요? 그 청년이 만일 하나님과 동행하며 일하면 하나님께서 그곳에 복을 주시기 때문입니다. 하나님은 아브라함이 큰 민족을 이루고 세상에 복이 되게 하시겠다고 약속하셨습니다. 그리고 요셉이 애굽 바로 왕의 친위대장 보디발의 집에서 종이 되었지만 여호와께서 그와 함께 하시고 요셉을 위하여 그 애굽 사람의 집에 복을 내리셨습니다(창 39:5). 따라서 직장이나 사람들로부터 복을 받으려고 애쓰기보다는 직장과 주변 사람들에게 하나님께서 복 주시기를 바라며 당당하게 일하기를 바랍니다. 받을 생각을 하면 이기적인 사람이라고 욕을 먹기 쉽고 때로는 추한 모습을 보일 수도 있습니다. 그러나 우리 주님은 주는 것이 받는 것보다 복이 있다(행 20:35)고 친히 말씀하셨습니다. 봉사하며 주는 삶을 살면 당당하게 됩니다. 공부해서 남 주는 사람, 기술과 실력으로 타인과 이웃을 성공시키는 사람은 오히려 재물보다 더 큰 행복을 누리게 됩니다. 사람들도 그런 사람을 좋아합니다. 그래서 직장은 옮기더라도 좋은 평판과 좋은 사람들을 얻습니다. 사람들은 그런 사람을 기억하며 추천합니다. 그러니 어찌 복을 받지 않겠습니까?

4. 차카니즘에 빠지면 호구가 되기 쉽습니다

'차카니즘'은 과도히 착하게 행동하거나 착한 행동을 강요하는 분위기를 비판할 때 쓰이는 말이라고 합니다. 차카니즘의 특징 중의 하나는 선행을 해야 한다는 강박을 가지면서 동시에 자신이 착한 행동을 한다는 도덕적인 우월감을 가지며 그렇게 행동하지 않는 타인을 비판하는 것이라고 합니다. 예를 들어 기독교인이기 때문에 회사에서 손해를 보거나 억울한 일을 당하더라도 무조건 참아야 한다고 생각하거나 그렇게 행동하지 않는 사람들 사이에서 자신이 고난을 받고 있다고 생각한다면 혹시 차카니즘의 병에 걸린 것은 아닌지 진단해볼 필요가 있습니다.

차카니즘에 빠지면 호구가 되기 딱 좋습니다. 손해를 보면서도 거절하지 못하고 쉽게 속거나 이용을 당하기 쉽습니다. 보통 직장인들은 착한 척하는 기독교인들을 매우 싫어한다고 합니다. 착한 행동을 하는 것 같지만 도덕적 우월감을 가지고 선행을 타인에게 강요하기도 합니다. 그런 사람이 심지어 교회에 같이 가자고 하면 그들은 정말 싫어합니다. 어떤 사람은 교회에 가줄 것 같이 말하면서 이런저런 부탁을 하다가 결국 안 가는 경우도 많습니다.

그러나 직장은 착한 일을 하러 가는 곳이 아닙니다. 선교하러 가는 곳도 아닙니다. 일하러 갑니다. 일단 일을 열심히 해야 합니다. 근무 시간에 성경 읽고, 교회 청년부 형제 자매들을 심방하고, 교회 모임을 준비하면 안 됩니다. 직장에서는 맡은 일에 최선을 다하면서 동료에게 피해를 주지 말고, 동료를 인격적으로 존중하고 배려할 때, 그 후에 전도가 됩니다.

5. 직장 내 갑질은 오래 참거나 피할 일이 아닙니다

직장에서 힘든 일이 많지만 그중에서도 가장 힘든 것 중의 하나는 직장에서 갑질을 당할 때가 아닌가 생각합니다. 직장에서 상대적으로 우위에 있는 사람이나 사람들의 말과 행동에 의해 육체적, 정신적 폭력을 당하거나 따돌림을 당할 때가 있습니다. 업무를 가장한 부당한 지시를 받을 때도 있지요. 그러다 보면 심한 스트레스를 받고 증상이 몸으로 나타날 때가 있습니다. 자존감에 심한 상처를 받아서 출근하기 싫어지고 사람 만나는 것을 피하게 되기도 합니다. 제가 어느 직장에 다닐 때 제가 교회 다닌다는 이유로 부당한 업무 지시를 받고 언어폭력을 당한 적이 있습니다. 그 당시에는 그런 일이 흔했기 때문에 제가 참아야 한다고 생각했습니다.

그러나 만일 당신이 직장 내 갑질을 겪게 된다면 기억하세요. 당신은 그 사람들이 함부로 무시해도 될 만큼 하찮은 존재가 아닙니다. 당신은 하나님의 귀한 자녀입니다. 베드로는 힘든 삶을 살던 신자들에게 그들이 비록 '흩어진 나그네'(벧전 1:1) 같지만 하나님 보시기에는 택하심을 받은 사람, 왕 같은 제사장, 하나님 나라의 거룩한 백성이라고 했습니다(벧전 2:9). 그래서 하나님께서 은혜로 여러 은사를 주셨기 때문에 선한 청지기같이 서로 봉사해야 하지만(벧전 4:10) 자존감이 무너질 정도로 회사와 사람의 갑질을 참을 필요는 없습니다. 그것은 그들이 죄를 짓게 하는 것입니다. 따라서 직장 내 갑질은 옳지 않다는 것을 지혜롭게 정당한 방식으로 알리고 직장의 문화를 바꾸어 나가는 것이 또 다른 피해자를 예방하고, 그 사람들이 더 이상 죄를 짓지 않도록 돕는 길이라고 생각합니다.

6. 직장을 넘어 더 넓은 세계를 바라보세요

직장에서 일할 때 돈을 버는 것 외에는 보람과 만족을 느끼지 못하는 사람들이 많다고 합니다. 그래서 경제적으로는 큰 어려움이 없지만 하나님의 부르심이 무엇인지 알지 못하고 일에 보람을 느끼지 못해서 언제까지 그 일을 해야 하는지 고민하는 사람들이 있습니다.

그러나 돈을 버는 생업 즉 직업은 다른 일을 하기 위한 수단이 될 수도 있습니다. 돈을 버는 것 외에 보람이나 만족을 얻지 못하더라도 직업을 통해 얻은 수입으로 가족과 이웃의 경제적 필요를 채울 수 있습니다. 가난한 이웃을 도울 수도 있고 하나님 나라 복음 사역을 지원할 수도 있습니다. 그리고 유급 직업의 영역에서 습득한 기술, 지식 등의 자원으로 직접 지역 단체에서 봉사하거나 하나님 나라 복음 전파를 위해 섬길 수 있습니다. 예를 들어 교사 단체에 가입하여 학교 교육의 변화를 위해 힘을 모으는 것, 지역 봉사 단체를 돕는 직장 내 사회공헌 프로그램을 기획하고 참여하는 것, 의료계 종사자들과 함께 국내외 지역에 가서 의료 봉사를 하는 것, 가난하고 소외된 사람들의 권익 보호를 위한 단체에 가입하여 활동가로 봉사하는 것 등을 생각해볼 수 있겠습니다.

따라서 직업의 영역 밖에서도 하나님의 부르심을 찾아가는 노력을 계속해야 합니다. 하나님 나라를 확장하는 보람 있는 사역에 동참하고 그 사역을 지원하다 보면 자신의 직업 활동을 더 의미 있게 생각하게 됩니다. 직장은 아무리 좋아도 정년과 은퇴가 있지만 생명 있는 동안에는 소명이 있습니다. 하나님의 부르심에 귀 기울이며 직장 밖의 세계로도 나아갈 수 있어야 하겠습니다.

7. 은퇴 이후를 미리 준비하세요

'파이어(FIRE) 족' 즉 빨리 은퇴하고 싶어 하는 사람들이 갈수록 늘어나고 있습니다. 어떤 이들은 한창 일해야 할 나이에 은퇴하고 싶어 하는 것을 못마땅하게 생각할 수도 있겠습니다만 저는 그들의 마음이 이해됩니다. 먹고 살기 위해서 정신적 육체적 고통을 참아가며 돈을 버는 직장 생활을 하루빨리 그만두고 자유를 얻고 싶어 하는 것은 오히려 지혜로운 것이라고 할 수 있습니다. 처음 직장 생활을 시작할 때는 직업이나 직장이 뿌듯하고 우리의 자존감을 세워주기도 하지만 직장 생활을 해본 분들은 아시듯이 세상의 그 어떤 직업도 우리를 만족시켜 주지 못하며 은퇴 이후의 삶을 준비할 시간이나 경제적인 여유가 있는 사람도 그리 많지 않습니다.

십여 년 전부터 제 주변에 은퇴하시는 분들이 많아졌는데 특히 목회자의 경우에는 노후에 힘들게 지내시는 분들이 적지 않습니다. 어떤 분은 제게 이렇게 말씀하셨습니다. "채 목사, 경제적인 자유가 없으니 목사가 비참하더라." 어디 목사뿐이겠습니까? 평균 기대 수명이 80세가 넘는 상황에서 2030 청년들은 백세 시대를 살아갈 텐데 과연 언제까지 직장 생활을 할 수 있겠습니까? 결혼이 갈수록 늦어지기 때문에 자녀를 시집·장가 보내기 전에 은퇴할 가능성이 크지 않겠습니까? 그런 면에서 보면 직장 생활을 시작할 때 은퇴 이후를 준비하는 것이 매우 지혜로운 것이라고 생각합니다.

그런데 은퇴하고 몇 년이 지난 분들에게는 은퇴 위기가 온다고 합니다. '한창 일해야 할 시간에 직장에 가지 않고 집에 있으니 기분이 이상하다. 은퇴 후 처음엔 정말 행복했는데, 여행이나 취미 생활도 1년 정도 지나니 시들해졌다. 은퇴하면 더 행복해질 것 같았는데, 갈수록 무기력하다.' 일을 열심히 하셨던 분들이 무력감을 상대적으로 더 느낀다고 합니다. 따라서 은퇴를 하더라도 일만 열심히 하다가 은퇴하지 말고 직장 생활할 동안에 은퇴 이후를 잘 준비해야 합니다.

그래서 저는 은퇴 준비를 위해 세 가지를 꼭 부탁하고 싶습니다. 첫째는 경제적인 자유이고, 둘째는 은퇴 이후에도 함께 할 사람들입니다, 셋째는 은퇴 이후에도 응답해야 할 소명을 발견하는 것입니다.

경제적인 자유에 대해서는 더 말씀드릴 필요가 없을 것입니다. 노후에 경제력이 없으면 자유가 없습니다. 그래서 불필요한 소비는 줄이고, 저축과 투자를 통해 지혜롭게 노후 자금을 준비할 줄 알아야 합니다.

둘째는 은퇴 이후까지 함께 할 사람들과 좋은 관계를 유지해야 합니다. 그중 가장 중요한 사람은 배우자입니다. 저는 농담 반 진담 반으로 제 아내가 제 노후대책이라고 말합니다. 제가 은퇴하면 아내가 돈을 벌어 줄 것을 기대한다는 말이 아닙니다. 배우자는 은퇴 이후에도 함께 오랜 시간을 보내야 할 인생의 동반자입니다. 열심히 직장 생활하다가 은퇴하신 분들 중에서 은퇴 후에 부부간의 갈등을 호소하는 분들이 많습니다. 남편은 아내와 함께 취미 생활도 하고 싶고 여행도 하고 싶은데 아내는 남편과 함께 뭔가를 하는 것에 익숙하지 않고 심지어 피곤하다고 합니다.

한번은 제가 아는 성도가 먼 지방으로 발령을 받아서 주말 부부를 하게 되었다는 소식을 듣고 제가 그 아내에게 "힘들지 않으시냐"고 물었습니다. 그랬더니 그분이 무슨 뚱딴지같은 소리냐고 하면서 너무 행복해서 친구들을 불러서 매일 잔치를 하고 있다고 했습니다.

그때부터 저는 아내와 함께 하는 시간을 더 많이 가지려고 노력하게 됐습니다. 그리고 직장 생활한다는 핑계로 자녀에게 소홀한 것은 매우 어리석은 것입니다. 아무리 경제적인 자유가 있어도 은퇴 후에도 함께 할 가족과 친구가 없다면 그 인생이 행복할 수 있겠습니까?

마지막으로 은퇴 이후에도 할 일이 있어야 합니다. 만일 당신이 경제적인 자유가 있고, 함께 할 사람들이 많고, 직장에 다니지 않아도 하나님의 부르심 즉 소명을 발견했다면 빨리 은퇴해도 됩니다. 오히려 빨리 은퇴해서 당신의 은사와 재능으로 하나님 나라와 이웃을 위해 더욱 힘 있게 봉사하며 보람 있는 삶을 살기 바랍니다. 그러나 일과 직업이 삶의 목적이었던 사람에게 은퇴는 일의 끝을 의미합니다. 그러면 돈이 있어도 아침에 눈을 뜨고 싶은 이유가 없어진다고 합니다. 마치 인생의 종점에 다다른 버스에서 하차한 후에 어느 버스를 타야 할지 몰라서 정류장에 우두커니 앉아만 있는 사람과 같습니다. 삶의 목적을 잃어버리면 은퇴가 지옥이 될 수 있습니다. 그러나 하나님의 부르심에 순종하기 위한 일이 있는 사람에게 은퇴는 새로운 출발을 의미합니다.

나가면서 : 일이 있다는 것은 은혜입니다

'에누마 엘리시'라는 고대 바빌로니아의 창조 설화가 있습니다. 창세기의 인간 창조와 유사한 점이 있지만 에누마 엘리시와 창세기의 인간 창조 목적은 전혀 다릅니다. 에누마 엘리시에서 인간을 창조한 목적은 신들이 하던 고된 일을 인간이 대신하게 하고 신들은 자유로이 신전에서 대접받으며 존재하게 하기 위함이었다고 합니다. 그러나 창세기에서 인간을 하나님의 형상으로 창조하신 목적은 함께 교제하시고 하나님 나라 역사에 동참케 하시기 위함이었습니다. 그래서 하나님께서 우리에게 일을 주신 것은 은혜입니다.

그래서 예수님께서도 수고하고 무거운 짐 진 자들을 부르시면서 쉬게 해주시겠다고 하셨지만 일을 하지 않게 하시겠다고 하신 것은 아닙니다. 주님의 멍에를 메고 주님과 함께 일하면 우리의 마음이 쉼을 얻을 것이라고 약속하셨습니다(마 11:28~30). 따라서 주님의 부르심을 따라 주님의 일을 한다는 것을 깨달을 때, 일할 수 있는 것이 참 은혜라는 것을 점점 더 깨닫게 됩니다.

취업하기 전에는 취업만 하면 정말 좋겠다고 생각합니다. 그러나 막상 직장 생활을 하게 되면 감사하는 마음은 어느새 사라져버리고 무거운 스트레스가 인생을 짓누르기 시작합니다. 직장을 옮기면 좀 나아지는 것 같지만 해방감은 그리 오래가지 않습니다. 주님 앞에 나아가서 내 무거운 짐을 내려놓고 날마다 우리의 짐을 지시는 구원의 주님의 멍에를 함께 메며 주님의 부르심을 따라 순종할 때 진정한 안식과 평안을 경험합니다.

전도서를 보면 사람이 먹을 수 있고, 마실 수 있고, 하는 일에 만족을 누릴 수 있다면 그것이야말로 하나님이 주신 은총이라고 합니다(전 3:13). 그리고 자기가 하는 일을 즐거워하고 보람을 느끼는 것보다 더 좋은 것은 없다고 합니다(전 3:22). 직업과 일이 아무리 힘들더라도 직업은 하나님께서 주신 선물입니다. 하나님의 백성은 그 직업을 통해 왕이신 하나님의 부르심을 알아가며 함께 하게 하신 사람들과 더불어 교제하면서 그들에게 복이 되는 삶을 살아갑니다. 당신의 직업과 일을 통해 하나님을 사랑하며 이웃을 사랑하고, 은퇴 이후에도 사랑하는 가족과 친구들과 하나님 나라를 함께 세워가는 복된 삶을 살아가기를 축복합니다.

나눔을 위한 질문

1. 만일 당신에게 경제적인 자유를 누릴 수 있을 만큼 충분한 돈이 있고, 시간도 있고, 건강도 있다면 어떤 일을 하고 싶습니까?

2. 혹시 당신이 하고 싶었지만 가족이나 주변 사람들의 반대로 하지 못한 일이 있습니까? 만일 그런 일이 있었다면 어떤 일이었으며 그들이 반대한 이유는 무엇이었습니까?

3. 당신은 하나님께서 당신에게 주신 재능이나 은사가 무엇이라고 생각합니까? 또는 당신의 가족이나 지인들은 당신에게 어떤 재능이나 은사가 있는 것 같다고 말합니까?

4. 직접적으로나 간접적으로 직장 내 갑질을 경험한 적이 있습니까? 또는 직장 생활하다가 힘들었던 일이 있었다면 함께 나누어 봅시다.

5. 당신이 은퇴 이후에 꼭 해보고 싶은 일이 있다면 어떤 일입니까?

영적전쟁
무속소비사회

윤치원 목사(은혜중심교회)
고려신학대학원(M.Div.,Th.M.)을 졸업하고 은혜중심교회를 개척하여 담임하고 있다. 울산개혁신학포럼 총무와 월간고신 생명나무 기획위원, 설교자를 위한 복있는 사람 집필위원으로 다음세대와 교계를 섬기는 일에 힘을 쏟고 있다.

들어가면서

최근 몇 년 사이에 TV 예능프로그램과 유튜브에 무속 관련 콘텐츠와 무속인들이 자주 등장하고 있습니다. 2000년대 초반의 '무릎 팍 도사'와 현재 인기 예능프로그램 중의 하나인 '무엇이든 물어보살' 그리고 '신들린 연애'처럼 무속인들이 직접 출연하는 프로그램이 등장할 정도로 무속은 우리 삶에 가까이 다가왔습니다. 유튜브에선 무속인이 실시간으로 사연을 받아 점과 사주를 보는 장면이 대중에게 그대로 노출되고 있습니다. 과거에는 무속을 터부시하거나 금기시하는 분위기였는데 지금은 하나의 문화 트렌드가 되고 있습니다. 특히 2030세대들의 무속에 대한 관심이 폭증하고 있습니다. 한 예로 사주와 타로 등 운세를 비대면으로 확인할 수 있는 '네이버 엑스퍼트'에는 약 1만9,000개의 관련 상품이 게시돼 있는데 해당 상품 이용자의 80%가 2030 세대인 것으로 알려져 있습니다.

기독 청년들도 예외가 아닙니다. 기독교사회문제연구원이 2023년 11월 전국의 만 19~34세 개신교인 남녀 1,000명을 대상으로 실시한 '기독청년 인식조사'에 따르면 '점·사주·타로'를 접해 본 경험이 있다는 응답자가 45.4%로 나타났습니다. 26년간의 무속인 생활을 청산하고 하나님의 사람인 된 심선미 집사(부산 제2영도교회)는 한 매체와의 인터뷰에서 "과거 무속인 시절 찾아온 손님의 40%는 기독교인이었다"며 "청년이나 일반 성도부터 사모, 권사는 물론 항존직까지 다양한 직분이 분포해 있었다"라고 밝힌 적이 있습니다.

이렇게 무속에 대한 관심과 접촉이 폭발적으로 증가하는 이유가 무엇일까요? 크게 두 가지입니다.

첫째는 소셜 미디어의 발달입니다. 과거 무속인들과 역술인들은 잠재적 고객에게 직접적으로 다가갈 수 있는 방법이 없었습니다. '어디에 누가 용하다더라'라는 식의 입소문을 타고 홍보하는 식이었습니다. 그러나 소셜 미디어(유튜브, 틱톡, 페이스북, 인스타, 카카오톡 오픈 대화방, 각종 무속 관련 앱 등)를 통해 무속인과의 접촉이 쉬워지고 무속에 대한 진입장벽이 낮아졌습니다. 다양한 사주 어플이 많아서 출생 연월일시를 입력하면 오늘의 운세, 신년운세, 사주,

궁합 등을 즉각적으로 알 수 있습니다. 손가락만 움직이면 쉽게 무속과 접촉 할 수 있습니다.

둘째는 미래에 대한 두려움과 불안입니다. 무속을 찾는 대부분의 사람들은 현재가 불안하고 미래가 궁금한 사람들입니다. 2030세대들은 취업과 연애와 결혼 등 불확실한 미래에 대한 호기심과 불안한 마음을 달래줄 심리적 공간을 찾기 위해서 무속을 찾습니다. 무속소비사회시대를 살고 있는 기독 청년들은 급속이 증가하는 무속 현상에 대해 성경적으로 어떤 태도와 자세를 가져야 할까요?

1. 우상숭배

십계명은 구원받은 하나님의 백성들이 이 땅에서 어떻게 살아가야 하는지에 대한 삶의 법칙과 교훈입니다. 십계명은 구약시대에만 유효했던 말씀이 아니라 지금도 문자 그대로 유효한 하나님의 말씀입니다. 무속을 의지하는 것은 십계명의 제1계명인 "너는 나 외에는 다른 신들을 네게 있게 말지니라"를 어기는 것입니다(출 20:2; 신 5:7).

하이델베르크 요리문답
94문 : 제1계명에서 하나님께서 요구하시는 것은 무엇입니까?

답 : 내 영혼의 구원과 복이 매우 귀한 것이기 때문에 나는 온갖 우상숭배, 마술과 점치는 일과 미신, 성인이나 다른 피조물에게 기도하는 것을 피하고 멀리해야 합니다. (중략)

제1계명은 하나님 외에 다른 신을 섬기면 안 된다는 말이면서 동시에 하나님과 다른 신을 병행해서 섬기는 것을 금하는 말씀입니다. 하나님과 동등한 수준으로 어떤 존재를 믿고 의지하는 것을 금하는 것입니다. 십계명이 주어질 당시에 '하나님 외에 다른 신'이란 바알, 아스다롯, 아세라, 몰렉, 그모스와 같은 이방 민족들이 섬겼던 신들이었습니다. 다른 신이란 눈에 보이는 것 뿐만 아니라 눈에 보이지 않는 것도 포함합니다. 하나님보다 더 신뢰하거나 하나님과 나란히 두는 것 모두 제1계명이 금하는 '다른 신'입니다. 이런 의미에서 "너희가 하나님과 재물을 겸하여 섬기지 못하느니라"(마 6:24)에서 보듯이 재물이 다른 신이 될 수 있고 "탐심은 우상숭배니라"(골 3:5)는 말씀처럼 사람의 욕심이 다른 신이고 "그들의 신은 배(stomach)요"(빌 3:19)와 같이 '먹는 것'이 다른 신입니다.

하이델베르크 요리문답
95문 : 우상숭배란 무엇입니까?
답 : 우상숭배란 말씀으로 자신을 계신하신 유일하고 참되신

하나님 대신, 혹은 하나님과 나란히 다른 어떤 것을 신뢰하거나 고안하여 소유하는 것입니다.

　과학기술이 엄청나게 발전하는 시대에 사람들은 눈에 보이는 어떤 신상을 섬기지는 않지만 여전히 사람들은 자신의 당면한 문제를 해결해주고 자신의 소원을 성취해줄 신들을 찾고 있습니다. 시대는 변해도 타락하고 부패한 사람의 마음은 그대로입니다. 하나님께서 "자기를 위하여 새긴 우상을 만들지 말라"(출 20:2)라고 하신 것은 우리 안에 우상을 만들려는 욕구가 쉽게 생길 수 있음을 강조하기 위해서였습니다. 존 칼빈은 "우리의 마음은 우상을 만들어 내는 공장과 같아서 계속해서 우리의 관심과 사랑의 대상이 되는 새로운 것을 만들어 낸다"라고 말했습니다. 삶의 위기와 어려움이 찾아올 때 하나님을 더욱 찾고 의지해야 하는데 무속을 찾는 것은 우상숭배입니다. 구약성경 곳곳에서는 무속에 대한 엄정한 대처와 반응을 요구합니다. 다음과 같은 말씀들은 하나님이 얼마나 무속을 미워하고 싫어하시는지 보여줍니다.

**"너희는 신접한 자와 박수를 믿지 말며 그들을 추종하여 스스로 더럽히지 말라 나는 너희 하나님 여호와이니라"(레 19:31).
"남자나 여자가 접신하거나 박수무당이 되거든 반드시 죽일**

지니 곧 돌로 그를 치라 그들의 피가 자기들에게로 돌아가리라"(레 20:27).

"진언자나 신접자나 박수나 초혼자를 너희 가운데에 용납하지 말라"(신 18:11).

"5 사울이 블레셋 사람들의 군대를 보고 두려워서 그의 마음이 크게 떨린지라 6 사울이 여호와께 묻자오되 여호와께서 꿈으로도, 우림으로도, 선지자로도 그에게 대답하지 아니하시므로 7 사울이 그의 신하들에게 이르되 나를 위하여 신접한 여인을 찾으라 내가 그리로 가서 그에게 물으리라 하니 그의 신하들이 그에게 이르되 보소서 엔돌에 신접한 여인이 있나이다"(삼상 28:5~7).

이스라엘의 초대 왕인 사울은 다윗에 대한 시기와 질투, 반복적인 불순종으로 인해 하나님과의 교제가 단절되고 악한 영에 의해 사로잡힌 상태 가운데 있었습니다. 이러한 때에 블레셋 군대가 쳐들어왔고 사울은 두려움과 공포로 크게 떱니다. 하나님께 기도해도 하나님은 어떠한 방식으로도 응답하지 않으셨습니다. 사울은 자신의 죄를 회개할 생각은 하지 않고 이전에 신접한 자와 박수의 활동을 금한 것을 간과하고(삼상 28:3) 신하들에게 신접한 여인을 수소문하도록 지시합니다. 블레셋과 싸워 이길 수 있다면 하나님이 아니라도 다른 신이라도 찾겠다는 마음입니다. 사울의 예는 하나님을 떠난 사람이 어디까지 타락할 수 있는지 보여줍니다.

> "13 사울이 죽은 것은 여호와께 범죄하였기 때문이라 그가 여호와의 말씀을 지키지 아니하고 또 신접한 자에게 가르치기를 청하고 14 여호와께 묻지 아니하였으므로 여호와께서 그를 죽이시고 그 나라를 이새의 아들 다윗에게 넘겨 주셨더라"(대상 10:13~14).

사울 왕과 그의 자녀들의 불행한 결말은 사울 왕의 불순종과 하나님께 묻지 아니하고 신접한 자 즉 무당에게 물었기 때문입니다. 사울이 엔돌의 신접한 여인을 찾아 도움을 구하는 것이 어떤 의미인지를 몰랐을 리가 없습니다. 이전에 사울이 아말렉 족속에 대한 하나님의 명령을 순종하지 않았을 때 사무엘이 그 잘못을 지적하면서 이는 거역하는 것은 점치는 죄와 같다(삼상15:23)라고 말한 바가 있습니다. 사울의 안타까운 최후를 통해 우상숭배가 얼마나 무서운 죄임을 알 수 있습니다. 우상숭배는 반드시 하나님의 진노와 심판을 불러옵니다. 삶의 고비마다, 어려운 일과 사건이 있을 때 하나님을 찾고 의지하시기를 바랍니다.

2. 사탄의 간계

그리스도인들은 세상 사람들과는 다른 세계관을 가지고 살아가는 사람들입니다. 그리스도인들은 영적 존재를 믿는 사람들입니다. 먼저 우리가 믿는 창조주이신 하나님은 영(spirit)이십니다. 그리고 하나님이 창조하신 영적 존재인 천사가 있습니다. 천사는 도덕적 판단력과 높은 지능을 가지고 있지만 신체는 가지지 않은 존재입니다. 우리 시대의 많은 사람들은 눈에 보이지 않는 세계를 인정하지 않지만 천사의 존재는 눈에 보이지 않는 세계가 존재함을 우리에게 상기시켜줍니다. 천사는 직접 하나님께 찬송과 영광을 돌리며(사 6:2-3; 시 103:20), 구원받을 상속자들을 섬기고(히 2:14), 하나님의 뜻과 계획을 수행하는 일을 합니다.

반면에 사탄과 그의 졸개들인 귀신들은 타락한 천사입니다(벧후 2:4; 유 1:6). 사탄은 귀신들의 우두머리를 지칭하는 이름으로 '적'을 뜻하는 히브리어입니다. 신약도 구약의 용례를 따라 사탄이라는 이름을 사용합니다(마 4:10; 눅 10:18). 사탄을 지칭하는 또 다른 이름으로 신약에서는 '마귀'도 종종 사용됩니다. 귀신을 세상 사람들이 말하는 것처럼 죽은 사람의 영혼 또는 조상신, 알 수 없는 초월적인 존재라고 생각해서는 안 됩니다. 사탄은 타락한 천사이지만 하나님의 섭리 가운데 제한된 능력을 가지고 있습니다. 사탄의 존재와 활동에 대해 지나친 두려움을 가질 필요는 없지만 반대로 너무 안일하게 생각해서는 안 됩니다. 사탄과 귀신들은 하나님이 하시는 모든 일을 반대하며 그 일을 파괴하려고 애를 씁니다. 특히 구원받은 백성들을 유혹하고 시험하여 범죄하게 만들고 하나님을 떠나게 만드는 일을 합니다.

> "마귀의 간계를 능히 대적하기 위하여 하나님의 전신갑주를 입으라"(엡 6:11).
> "근신하라 깨어라 너희 대적 마귀가 우는 사자 같이 두루 다니며 삼킬 자를 찾나니"(벧전 5:8).

'간계'는 간사한 꾀라는 뜻입니다. 마귀는 속이는 자입니다. 마귀가 얼마나 영리한지 하와를 속여서 하나님이 금하신 선악과 열매를 먹게 했습니다. 심지어 예수님조차도 유혹하여 넘어뜨리려고 했습니다. 예수님까지 유혹하여 넘어지게 하려고 했던 마귀가 성도들을 그냥 내버려 둘까요?

오늘날 마귀에 대한 인식이 점점 희미해지고 구원받은 하나님의 자녀들을 공격한다는 사실과 그 전략에 대해서도 희미해지고 있습니다. 성경에 나오는 수많은 믿음의 사람들을 보십시오. 사탄이 얼마나 똑똑하고 영리한지, 각 사람들의 약점과 연약함을 교묘하게 파고들어 범죄하도록 배후에서 역사합니다. 무속은 성도들의 두려움과 불안한 마음을 이용하여 하나님을 떠나게 만드는 마귀의 고도 전략입니다. 무속은 마귀가 숨겨놓은 올무이자 덫입니다. 무속에 호기심을 가지고 빠져들면 마귀의 먹잇감이 됩니다.

예를 하나 들어보겠습니다. 취업이 안 돼서 고민인 취준생이 무당을 만납니다. 무속인들은 정확한 미래를 알려주지 않습니다. 콕 집어 언제, 어디서, 무엇을 해야 한다는 말은 하지 않습니다. '언제쯤 무슨 운이 들어오니 어떤 종류의 일을 해보는 게 좋겠다'라는 식의 조언이 대부분입니다. "지금은 취업 운이 없고 2~3년 뒤에 운이 있을 것"이라고 이야기합니다. 계속되는 취업의 실패를 자신의 불운과 능력 부족이라고 여기고 괴로워하던 취준생은 그것이 자기 때문이 아니라 시기의 문제였다고 생각하고 일시적인 마음의 평온을 찾을 수 있을 것입니다.

그런데 만약 이 취준생이 혹여나 질 나쁜 무당을 만나게 되면 어떻게 될까요? 이 취준생의 두려움과 불안을 이용하여 아무 효력이 없는 부적을 사게 하거나 비싼 돈을 들여 굿을 하여 오지 않을 미래를 기다리게 할 것입니다. 더 심하게는 취준생의 절박한 마음을 이용하여 억지로 신내림을 받게 할 수도 있습니다. 무속을 찾는 것이 당장의 불안을 줄이고 잠시 미래에 대한 통제감을 얻을 수 있을지는 모르지만 그 결과를 맹신하여 가산을 탕진하거나 중요한 시기에 꼭 준비하고 해야 하는 일을 놓칠 수 있습니다.

3. 무속에 물든 기독교를 분별하라

   기독교가 140년 전에 들어왔을 때 이미 한국인의 사고와 심성에는 수천 년 동안 샤머니즘적인 토양과 정서가 흐르고 있었습니다. 대부분의 학자들이 초기 한국교회의 폭발적 성장에 무속적인 영향이 있었다고 보고 있습니다. 하지만 그 폐해도 만만치 않습니다. 여전히 많은 기독교인들이 무속인을 찾고 있다는 통계가 나오고 있고 대중매체에 무속인들이 '기독교인 대환영, 비밀보장'과 같은 문구를 내고 광고하는 것을 볼 때 한국교회 안에 얼마나 많은 무속의 영향이 스며있는지 예측할 수 있습니다. 다음은 누구나 공감할 수 있는 기독교 안에 들어와 있는 무속의 영향들입니다.

1) 목사는 무당이 아니다
   무당은 우리나라의 토속 종교의 사제를 말합니다. 무속은 샤머니즘의 한 갈래로 한국에서 예로부터 오랫동안 이어져 온 토속 신앙을 말합니다. 샤먼은 샤머니즘의 사제로서 '하늘과 땅을 잇는 사람'이라는 뜻을 가지고 있습니다. 무당은 신과 인간의 중개자로서 신(?)의 도움을 받아 인간의 문제를 해결해주는 역할을 합니다. 우리 주위에 종종 목사를 무당처럼 생각하는 분들이 있습니다. 특별한 영력(?)이 있는 목사에게 상담 또는 안수기도를 받으면 인생의 모든 문제가 해결되는 것처럼 생각합니다. 목사로부터 신앙적인 도움을 받을 수는 있지만 목사가 무당처럼 신과 사람을 이어주는 영매가 아닙니다. 목사와 성도는 하나님 앞에서 동등하며 단지 직분(직무)상의 구분이 있을 뿐입니다. 목사는 교회의 직분자 중의 한 사람으로서 말씀의 사역자이자 영혼을 돌보는 사람입니다. 하나님과 성도의 중보자는 오직 예수 그리스도 한 분이시고 예수 그리스도를 믿는 모든 성도들은 다 왕같은 제사장입니다(벧전 2:9). 각 성도들이 예수 그리스도의 이름을 의지하고 하나님 앞으로 나아갈 수 있습니다(히 4:15~16). 과도한 목사 의존성을 버리고 예수 그리스도 안에서 주체성 있는 신앙생활을 해야 합니다.

2) 성경은 점치는 책이 아니다

국어사전에 '점(占)치다'는 "길흉과 화복을 판단하기 위하여 점괘를 내어 보다, 앞일을 내다보아 미리 판단하다"라는 뜻입니다. 어떤 분들은 성경을 점치는 책으로 오해하는 분들이 있습니다. 물론 성경은 하나님 인도의 교과서입니다. "주의 말씀은 내 발에 등이요 내 길에 빛이니이다"(시 119:105).

어떤 청년이 친구의 전도로 예수님을 영접하고 신앙생활을 하게 됐습니다. 교회 모임에 갔다가 하나님께서는 성경 말씀을 통해 우리 삶을 인도하신다는 말을 듣고 다음 날 아침에 일어나자마자 "하나님, 말씀으로 저의 삶을 인도하소서"라고 기도하고 눈을 감은채로 성경을 펼쳐서 손가락으로 아무 데나 찍었습니다. 눈을 떠보니 손가락으로 짚은 데가 마태복음 27장 5절 "유다가 은을 성소에 던져놓고 물러가서 스스로 목매어 죽은지라"였습니다. 깜짝 놀란 청년이 이게 아니다 싶어 다시 기도한 뒤에 성경을 펼치고 손가락으로 짚었는데, 누가복음 10장 37절 "가서 너도 이와 같이 하라"가 나온 것이 아니겠습니까? 너무 당황스럽고 떨리는 마음으로 다시 기도하고 성경을 펼치고 손가락으로 짚었습니다. 그러고 그는 혼절하고 맙니다. 요한복음 13장 27절 "네가 하는 일을 속히 하라"가 나왔기 때문입니다.

　물론 이 이야기는 사실이 아니고 꾸며낸 이야기입니다. 그러나 종종 이와 비슷한 이야기를 들어 본 적은 없으신지요? 성경은 한 부분, 한 토막이 아닌 문맥을 잘 살펴서 읽고 묵상하고 적용해야 합니다. 지금은 많이 사라졌지만 송구영신 때 가장 기대되는 순서가 '말씀뽑기'였습니다. '말씀뽑기'는 타로카드처럼 하나님의 말씀을 무속의 점괘로 보게 만드는 위험이 있습니다. 때로는 하나님께서 주권적으로 문맥과 상관없이 한 구절의 말씀을 통해 우리 삶에 큰 위로와 교훈을 주실 수 있습니다. 하지만 말씀의 전후 문맥과 상관없이 아전인수격으로 그리고 하나님 앞에서 자신의 삶에 대한 거룩한 성찰 없이 행운을 기대하는 마음으로 하나님의 말씀을 대하는 것은 옳지 않습니다.

3) 기도 응답이 잘 되는 장소와 시간이 있을까요?

무속은 성도들의 기도 생활에도 영향을 주고 있습니다. 기도 응답이 잘 되는 특별한 장소와 시간이 있을까요? 지금은 열기가 많이 식었지만 과거 한때 특정 산이나 기도원에서 기도하면 기도 응답이 잘 된다고 소문이 나서 사방에서 그곳으로 모여들었던 때가 있었습니다.

제가 부교역자 시절에 한 선배 목사님은 자신의 어머니 이야기를 하면서 "우리 엄마는 꼭 새벽 1시부터 4시 사이에 기도한다"라고 말씀하셨습니다. 제가 왜 그 시간에 기도하시냐고 물었더니 선배 목사님께서 "그 시간에 하늘 문이 열리고 기도 응답이 잘 된다고 생각하시는 것 같아"라고 말씀하신 기억이 납니다.

하나님은 특정한 공간과 장소에만 계신 분이 아니십니다. 하나님은 무소부재하시고 어디나 계시는 무한(광대)하신 하나님입니다. 하나님은 시간의 제약을 받지 않으십니다. 하나님은 영원하시기에 시간 안에서 뿐만 아니라 시간을 초월하여 역사하십니다.

산이나 기도원 또는 교회당에서 기도하는 이유는 기도 응답이 잘 되어서가 아니라 기도에 집중할 수 있는 분위기 잘 형성되어 있기 때문입니다. 집에서 기도하면 주위를 산만하게 하는 여러 가지 요소들 때문에 잘 집중이 되지 않습니다. 그러나 교회당에 가서 기도하면 집중이 잘 되고 오래 기도할 수 있습니다. 시간도 마찬가지입니다. 특정 시간대가 아니라 어느 시간에도 기도에도 하나님은 들으시고 응답하십니다. 그러나 사람이 연약하기에 시간을 정해놓지 않으면 하나님께 집중하여 기도하기 힘듭니다.

4) 헌금은 복채가 아니다

우리가 공적 예배 시간에 드리는 헌금은 하나님께서 베푸신 은혜에 대한 감사의 고백입니다. 하나님에 베푸신 번영의 수준과 형편에 따라 자원함으로, 기쁨으로 드리는 것입니다. 어떤 분들은 헌금을 마치 복채(卜償)처럼 생각하는 분들이 있습니다. 복채란 점을 쳐 준 값으로 점쟁이에게 주는 돈입니다. 복채를 많이 낸 만큼 하나님도 자신의 간절한 소원을 들어달라는 것입니다. 헌금을 복채처럼 여기는 것은 마치 하나님을 돈으로 조종할 수 있다고 생각하는 것입니다. 하나님은 우리가 드리는 헌금의 양과 수준에 따라 좌우되는 분이 아닙니다. 하나님은 알라딘 램프의 지니가 아닙니다. 하나님은 우리가 순종하고 섬겨야 할 분이지 우리의 욕망과 욕구대로 움직이는 분이 아니십니다.

나가면서

2024년에 개봉한 영화 '파묘'는 천만 관객을 동원하였고 한국 영화계에 새로운 이정표를 남기며 무속의 대중화에 기여하고 있습니다. 가죽 코트에 구두, 문신에 핸드폰을 갖춘 신세대 무당이 등장하고 한복에 컨버스 운동화를 신고 굿을 하는 장면은 힙함 그 자체였습니다.

무속은 이제 우리의 삶과 문화에 깊숙이 들어와 있습니다. "너희는 이 세대를 본받지 말고 오직 마음을 새롭게 함으로 변화를 받아 하나님의 선하시고 온전하신 뜻이 무엇인지 분별하도록 하라"(롬 12:2). 세상 사람들은 삶이 불안하고 미래가 두려울수록 무속을 의지합니다. 그러나 하나님의 자녀들은 더욱 더 하나님을 의지해야 합니다. 하나님은 미래를 보여주시지 않지만 우리의 삶을 신실하게 인도하십니다. 마음이 불안하고 미래가 두려울 때 선한목자 되신 우리 하나님 아버지를 더욱 의지하고 바라보는 기독 청년들이 되기를 바랍니다. 성경과 교리를 통해 하나님을 아는 지식을 키우고 악한 것들을 분별하며 믿음의 사람들로 세워지기를 간절히 소원합니다.

나눔을 위한 질문

1. 최근에 무속에 대한 관심과 접촉이 늘어나는 이유가 무엇일까요?

2. 성경과 교리의 관점에서 무속에 대한 평가는 무엇이며 어떤 태도를 취하여야 합니까?

3. 기독교 신앙에 스며들어 있는 무속의 영향들은 어떤 것들이 있으며 어떤 관점을 가져야 합니까?

4. 미래가 두렵고 불안할 때 어떻게 반응하고 대처해야 할까요?

동물

반려동물인가? 애완동물인가?

송영목 교수(고신대 신학과)
고신대 신학과(BA, M.Div.), 포쳅스트룸대학교(Th.M.), 요하네스버그대학교(Ph.D)에서 수학했다. 현재 고신대 신학과 교수로서 후학을 양성 중이다. 남아공 개혁교회 집사(1999년), 장로(2002년)를 역임했으며, 현재 부산범천교회 협동목사로 섬기고 있다.

들어가면서

인간중심주의에 대한 도전과 반대가 여기저기에서 일어납니다. 탈인간주의이자 동물 중심입니다. 구체적으로 말하면 강아지와 같은 소위 '반려동물' 중심입니다. 다시 말해 인간의 지배에서 해방된 동물 중심입니다. 이제 동물은 인간의 동료 피조물이자 반려 존재입니다. 그래서 '수제 펫푸드', '반려동물 서비스산업', '반려동물학과', '반려동물 장례식장', '펫로스증후군', '애견호텔', '반려동물 보유세'와 같은 말이 쉽게 회자됩니다.

동물권을 강하게 지지하고 동물해방을 주장하는 이들은 예수님의 성육신으로부터 종(種, species) 차별의 철폐를 주장합니다. 그리고 수많은 생물 종 가운데 창조주 하나님께서 하나의 인간 종만 돌보시는 것을 어불성설이라 봅니다. 하지만 인간은 자신의 필요를 채우려고 애완동물을 활용하기에 인간중심주의는 더 강화될 수 있습니다.

앤드류 린지, 피터 싱어 그리고 톰 리건으로 대변되는 동물권과 동물해방을 옹호하는 이들은 채식주의를 고수합니다. 이들은 동물도 쾌고감수성을 가지고 있다고 판단하여 동물이 당하는 고통에 민감합니다. 심지어 미국 성공회는 성찬에 개가 참여하도록 허용합니다. 국내외에서 반려동물 축복식과 장례예배도 시행합니다. 이런 혼돈의 시대에 성경의 동물, 문화명령과 동물, 목회적 적용을 차례로 살펴보지 않을 수 없습니다. 그리스도인의 모든 판단은 성경에 정초해야 하기 때문입니다.

1. 성경의 동물

1) 구약성경

하나님께서 동물을 창조하셨습니다(창 1:14). "창조주 하나님은 자신의 섭리와 부성적 위로를 베풀고자 사람을 창조하시기 전에 사람을 위하여 유용하고 이롭다고 생각하신 모든 것을 준비하셨습니다"('기독교강요' 1권 14장).

구약성경은 약 200종이나 되는 동물을 자주 언급합니다. 구약성경에 동물이 언급되지 않은 성경은 룻기뿐입니다. 따라서 조금 과장하면 구약성경의 매 장마다 동물이 언급됩니다. 흥미롭게도 구약성경에는 약 40종의 동물이 인명이나 지명으로 활용됩니다('동물신학', 47)[1]. 십계명 중 제4계명에 따르면 안식일에 인간이 쉬면 동물도 함께 쉬어야 합니다(출 20:10). 원수의 나귀가 짐을 싣고 가다가 넘어지면 건져내어야 할 정도로 하나님은 동물을 배려하십니다(출 23:4~5). 노아 당시의 대홍수 이후에 체결된 노아언약은 사람은 물론 모든 생물의 보존을 중심 내용으로 삼습니다(창 10:16). 창조주께서는 부정한 짐승인 들짐승과 까마귀까지도 먹이십니다(시 147:9). 인간의 타락 후에 육식이 허용됐습니다(창 9:3~4). 그러나 이런 허용은 사람에게 과도한 육식을 장려하지 않습니다. 대신 아마도 땅이 가시덤불과 엉겅퀴를 내는 고된 상황에서 이마에 땀을 흘려가며 노동할 때 필요한 단백질이나 영양분을 보충하도록 하나님께서 배려하신 허용으로 보입니다(창 3:18~19).

2) 신약성경

---

1) 본 글은 가정호·송영목·홍석진, '동물신학'(서울: 세움북스, 2024)의 'PART 1: 성경신학에서 본 동물신학'과 송영목, '그리스도 중심 공공선교신학'(서울: CLC, 2024)의 제3부 제9장 '애완동물의 부활과 장례식'을 인용하거나 참고했음을 밝힌다.

구약처럼 신약성경에도 다양한 동물이 나타납니다. 생선(마 7:10; 12:40; 막 8:7; 약 3:7)과 새(마 6:26; 10:29; 23:37; 눅 2:24; 12:24; 13:34; 고전 15:39; 계 12:14), 벌레/곤충(마 23:24; 막 1:6; 계 9:3), 그리고 기어다니는 파충류가 등장합니다(막 9:48; 눅 10:19; 행 10:12; 롬 3:13; 계 9:5; 16:13). 이런 세 종류의 동물을 제외한다면 다음과 같이 육상 동물은 다양하게 표현됩니다. '살아있는 존재'(히 13:11; 벧후 2:12; 계 4:6~9), 네발 가진 '가축'(요 4:12), 이동 수단으로서 가축(행 23:24), 이동 수단으로서 '동물'(마 21:5; 벧후 2:16), '수컷 새끼'(마 21:5), '짐승'(막 1:13; 행 10:12; 28:4; 약 3:7; 계 13:1, 11), '동물 떼'(마 8:30), '살아 있는 혼'(계 16:3), 그리고 양(마 9:36; 26:31; 눅 2:8; 10:3; 22:7; 계 5:12), 여우(눅 9:58), 늑대(요 10:12), 염소(마 25:32), 사자(벧전 5:8), 말(약 3:3), 나귀(마 18:6; 요 12:14~15), 낙타(마 19:24), 황소(요 2:14; 행 14:13; 고전 9:9), 염소(히 9:12; 11:37), 송아지(눅 15:23), 암송아지(히 9:13), 곰과 표범(계 13:2), 개(마 15:27; 눅 16:21; 계 22:15), 그리고 돼지(마 8:30; 벧후 2:22; '동물신학', 81-82).

아담의 타락과 그의 후손의 탐욕은 동식물을 파괴해 왔습니다. 피조물의 탄식 소리가 사도 바울 당시에 터져 나왔다면(롬 8:21) 1900년 이후 요즘은 얼마나 더 끔찍하겠습니까? 그런데 현대인은 강아지와 고양이의 탄식 소리만 선별적으로 듣는 것 같습니다. 석유

시추선이 고장이 나서 해양을 오염시켜서 고래와 같은 해양생물이 기름을 덮어쓴 채 내뱉는 탄식하는 소리도 들어야 하지 않을까요? 인간과 개 사이의 종차별이 철폐되어야 한다고 목소리를 높인다면 개를 다른 동물 위에 두는 새로운 종차별을 조장하게 됩니다.

세례 요한과 예수님 그리고 사도는 악인을 동물에 비유했습니다(마 3:7; 빌 3:2). 하지만 동물은 하나님의 보호 대상이라고 긍정적으로 묘사되기도 합니다(마 6:26). 요한계시록의 환상에 네 생물인 사자, 소, 사람, 독수리가 하나님을 찬양합니다(계 4:7~8). 이 생물들은 모든 생명체를 상징합니다. 이 환상을 사실적으로 이해하여 천상의 하늘에서는 사자와 소와 독수리가 하나님의 보좌 앞에서 찬송할 것이라고 생각해서는 안 됩니다. 사도 요한은 환상이라는 가상공간에서 일어난 일은 박해받던 수신자들을 위로하고 소망을 주기 위한 문학적 장치입니다. 요한은 예수님을 '어린양'과 '사자'라는 구약에 나타난 동물 은유와 상징을 활용하여 묘사합니다(계 5:5~6). 이처럼 기독론적 복음은 동물을 통하여 잘 전달됩니다.

동물해방론자는 예수님의 성육신으로부터 종차별주의를 철폐해야 한다고 주장합니다. 신이 사람이 되셔야만 했던 이유는 무엇인가? 하나님 아버지께서 구원하시기로 예정된 사람들을 죄와 사망의 지배에서 해방하기 위함입니다(롬 8:2-4). 예수님은 유대인으로 태어나셔서 구약 율법의 모든 요구를 충족하셨습니다.

3) 요약

하나님은 사람과 동식물을 창조하셨습니다. 사람은 자비로우신 하나님 대신 자연을 다스리는 청지기입니다. 사람은 독재자나 주인이 아닙니다. 여기서 인간이 수행하는 문화명령을 논해야 합니다.

2. 그리스도인의 문화명령 수행과 동물

1) 구약의 문화명령

사람에게만 있는 하나님의 형상은 사람이 다른 피조물을 보호하고 다스리는 데서 나타납니다(창 1:26). 문화명령을 수행하는 하나님의 형상을 가진 사람은 물론(창 1:28), 비인간 생물도 생육하고 번성하며 땅에 충만해야 합니다(창 1:22). 인간은 동물을 착취한 죄에 대해 반성 중입니다. 이런 반성을 일으킨 촉매제 중 하나는 수십 년 전에 인간 중심의 신학터에 폭탄을 던진 동물입니다. 적어도 경제 발전을 이룬 국가들에서 동물복지를 위한 제도와 법은 상당히 발전해 있습니다(예. 한국의 동물보호법[1991]; 영국의 동물보호법[1822년]). 전 세계적으로 동물복지 편차는 여전히 심합니다. 동물복지가 미진한 몇몇 이유로 재정의 여력과 인간 복지를 우선하는 정서, 인간의 '편향적 이타주의'와 '효율적 이기주의'가 작용한다고 볼 수 있습니다('그리스도 중심 공공선교신학', 498).

창세기 1장 26~28절의 문화명령은 타락한 세상과 생태를 하나님 보시기에 좋은 방향으로 회복하는 일입니다. 여기서 키워드는 변혁과 회복입니다. '우주적 회복'은 지구의 갱신을 가리키기에 회복에는 동식물도 포함됩니다. 동물은 우주적 회복의 대상이기에 동물복지는 당연히 중요합니다. 이사야서 11장이 그리는 샬롬을 특히 세대주의자나 몰몬교도가 문자적으로 해석하기를 선호하지만 문맥을 고려하면 장차 예수님께서 주시는 샬롬의 상태를 상징적으로 예언합니다. 이사야서를 문자적으로 해석하면 사자가 있다고 말하는 이사야 11장 6절과 사자가 존재하지 않을 것이라고 말하는 35장 9절은 서로 모순됩니다('그리스도 중심 공공선교신학', 496). 이사야 선지자의 예언에 따르면 세상이 갱신되면(사 65:17~19) 사자와 어린 양이 함께 눕게 되는 평화가 임할 것입니다(사 65:20~25). 이 예언은 문자적 해석이 아니라 상징적 해석을 요청하는데 평강의 왕이신 예수님께서 오셔서 깨어진 세상을 회복하실 것을 예고합니다.

그러면 그리스도인이 문화명령을 수행하는 방법은 무엇일까요? 동물에게 고통을 가하면서 이윤을 창출하려는 자본주의 업자들도 많습니다. 공장식 축산이 대표 사례입니다. 이는 문화명령을 올바로 수행하는 방법이 아닙니다. 코로나19를 촉발한 주요 원인도 동물 서식지조차 개발하려던 인간의 탐욕이었습니다.

2) 죽은 애완동물의 부활은 가능한가?

예수님께서 죽은 성도의 영혼과 함께 강림하시면 그 영혼은 죽은 성도의 육체와 결합하여 부활할 것입니다(살전 3:13; 4:14~17). 그리고 그들은 갱신된 지구에서 살 것입니다. 첫째 부활을 경험한 죽은 성도의 영혼이 가 있는 '낙원'에는 동물과 식물이 없습니다(눅 23:43; 계 20:6). 동물신학을 주창한 앤드류 린지는 사람에 의해 길들여짐으로써 자아와 인격성을 가진 동물이 부활할 수 있다는 루이스(C. S. Lewis)의 사변적 주장에 긍정합니다(비교. 겔 5:17과 14:15의 '사나운 짐승'). 하지만 '반려인'이 부활하면 '반려동물'도 부활한다는 (인간중심으로 보이는 부활) 주장은 예수님과 성도의 연합으로 인한 몸의 부활을 정면으로 거스르는 주장입니다(고전 15:52~53; '동물신학', 115). 예수님께서 재림하실 때 부활하려면 몸과 영혼이 결합해야 합니다. 하나님의 형상으로 창조된 사람만 몸과 영혼을 가지고 있기에 몸과 정신을 가지고 있는 짐승은 부활하지 않습니다(고전 15:44; 살전 4:14, 16; 계 20:13).

3) 요약

인간이 수행하는 문화사명에 동물은 중요한 대상입니다. 그런데 동물을 사람의 지위로 격상하는 이들은 동물의 부활과 장례식을 지지합니다. 동물을 사랑한다고 해서 성경이 허용하지 않는 것을 '예배'라는 이름을 부여하여 시행할 수 없습니다.

3. 목회적 적용

1) 올바른 용어 정립의 필요

'반려'(伴侶)에 해당하는 그리스어 단어들(메토코스, 필로스, 헤테로스, 코이노노스)은 사람에게만 해당하므로 동물에게 적용하기에 부적절합니다. 별다른 문제의식 없이 사용되는 '반려동물'이라는 표현에 현대 생물학의 모퉁잇돌인 진화론이 똬리를 틀고 있지는 않는가요? 언론매체들도 선호하는 표현인 '반려동물'에 동물과 인간의 차이를 축소하는 것을 넘어 대등하게 두려는 진화론적 뉘앙스가 느껴집니다('그리스도 중심 공공선교신학', 491). 이에 덧붙여 고려해야 할 다른 호칭도 있습니다. "이 세대가 동물들에게 '엄마', '아빠', '언니', '오빠' 이런 인성이 깃든 호칭을 사용하여 애써 친밀감을 표현하려는 이유는 인간관계에서 오는 소외와 외로움, 더 친밀해지고 싶은 애틋한 감정을 갈망하는 심리적인 투사가 스며든 것이 아닐까 합니다"('동물신학', 167). 하지만 성경은 동물에게 이런 호칭을 일상적으로 부여하지 않습니다(비교. 삼하 12:3).

2) 사람과 동물 중에 누가 우선인가?

세상에서 고통당하는 존재를 고찰할 때 전체를 아우르는 총체성이나 통전성도 중요하고 이에 못지않게 우선성(priority)도 중요합니다. 하나님은 고아와 과부와 나그네와 장애인은 물론 구덩이에 빠진 가축에도 큰 관심을 가지고 계십니다(신 27:18-19; 시 146:8~9; 잠 31:8; 마 12:11). 구약성경에서 히브리어 '게르'라 불리는 외국인 이주민도 약자입니다. 고통당하는 사람 곧 약자에게 우선성을 두면서 동물이라는 또 다른 약자를 배제한다면 통전적 이해는 약화됩니다. 그러므로 사람에게 우선권을 두면서도 동물을 아우르며 이해해야 할 것입니다('그리스도 중심 공공선교신학', 504). 지금도 전 세계에 절대빈곤에서 고통당하는 이들이 많습니다. 얼마든지 치료할 수 있는 설사와 같은 질병으로 사망하는 어린이도 생각보다 많습니다. 존귀한 사람을 제쳐둔 채 동물복지에 막대한 경비를 지출하는 것을 바람직하다고 말할 수 있을까요?

3) 장로교 표준문서에 나타난 장례식

장로교회의 표준문서 중 하나인 웨스트민스터 예배모범(1644) "XIII. 죽은 자의 매장에 관하여"에는 '장례식' 혹은 '장례 예배'라는 용어가 나타나지 않으며 단지 '죽은 자의 매장'이라 부름으로써 교회의 예식이 아니라고 밝혔습니다. 하물며 동물의 사체를 (소각) 처리하는 행위를 '장례 예배'라 부를 수는 없습니다('동물신학', 132).

장례식은 사자를 위하지 않고 유족을 위합니다. 이런 차원에서 볼 때 애완동물을 떠나보내는 사람을 위로하는 차원에서 동물장례식을 거행할 수 있다고 보는 교인이 적지 않습니다. 하지만 성경에서 동물장례식을 위한 모델이나 권면이 나타나지 않는다는 사실을 기억해야 합니다.

4) 동물신학을 넘어 생태신학으로 확장함

그리스도인은 동물신학에 영향을 미치고 있는 진화론과 왜곡된 시대정신을 성경의 원리로 비판해야 합니다. 동물을 넘어 더 넓은 생태계를 연구할 경우도 이 원칙은 적용되어야 마땅합니다. 고대 그리스 철학의 영향으로 지금도 어른거리는 '영육 이원론'은 사람이건 동물의 육체와 물질을 하찮게 대합니다. '통제되지 않은 자본주의'는 지구와 동식물 그리고 자원을 착취하여 인간의 탐욕을 채웁니다('동물신학', 158).

오늘날 환경이 파괴되고 생태계가 교란을 겪고 있습니다. 타락한 인간은 오랫동안 친환경적으로 개발하기보다 자연을 착취해 왔습니다. 성경은 통전적이고 총체적인 구원을 가르칩니다. 구원의 대상은 사람의 영혼, 몸 그리고 여러 관계를 아우릅니다. 이 구원의 다른 이름은 회복입니다. 예수님께서 교회와 만유의 머리로서 부활하셨을 때 만유는 회복되기 시작되었을 것이며 주님의 재림 때에 새로운 하늘과 땅이 완성될 것입니다(행 3:21; 계 21:1; '기독교강요' 3권 25장). 이런 총체적 갱신과 회복에 동물도 포함됩니다. 승천하신 예수님은 만유를 지금 새롭게 만드시고 계십니다(계 21:5). 이런 현재 진행 중인 세상 갱신 사역에 성도가 적극 참여해야 합니다. 이런 성경적 갱신과 회복에서 생태신학(ecotheology)이 도출됩니다.

생태계가 오염되어 문제가 된 1960년대부터 생태신학이 발전하고 있습니다. 그런데 최근 논의 중인 '생태중심주의'(ecocentrism)는 생태계 안에서 이루어져야 할 복지와 전체 '자연공동체'의 관심을 비롯하여 사람과 비인간 동물들의 미래 이익을 인정하고 각 개체와 종(種), 그리고 생태계 전체의 공간과 생명체의 내재적 가치를 인정합니다. 그런데 생태중심주의자들이 사용하는 '자연공동체'라는 표현은 다소 어색합니다. 왜냐하면 인간이 생태계 안에서 다른 피조물과 더불어 살고 있는 것은 사실이지만 그렇다고 인격적 교류가 이루어지는 '공동체'라는 표현을 사용하는 것은 무리로 보입니다. 사람과 애완견 간에 인격적 교류가 이루어진다고 보는 이들은 '자연공동체'를 불편함 없이 사용할 것입니다. 덧붙여 사람과 식물 간의 인격적 교류도 가능하지 않습니다.

세상 갱신의 중심에 사람이 있지 동물이 있는 것은 아닙니다. 예수님이 성부의 완전한 형상이시기에(골 1:15), 그리스도에게 속한 중생한 사람은 참 경건, 의, 순수함 그리고 지성 가운데 하나님의 형상을 회복하여 닮아갑니다(엡 4:24; 벧후 1:4~7; '기독교강요' 1권 15장).

5) 성도의 교제를 강화해야

독거노인과 1인 가구가 늘어나다 보니 애완동물을 키우는 사람도 증가한 듯합니다. 외로움을 해소하기 위함입니다. 우울증을 힘들게 이겨나가는 사람도 강아지를 키워 정신 건강이 호전되기를 기대합니다. 이런저런 이유로 애완동물을 키웁니다. 외로움과 우울증을 극복하는데 어느 정도 도움을 줍니다. 그러면 사도신경에도 나타나는 성도의 교제는 어떤가요? 예수님을 중심으로 그리스도의 몸을 구성하는 지체 간의 사랑의 교제 말입니다. 진리의 복음 안에서 사랑의 교제를 나눈다면 동물이 주는 위로보다 더 효과가 있을 것입니다.

6) 요약 : 몇 가지 목회적 질문

강아지를 데리고 주일 예배에 참석하려는 교인을 어떻게 지도해야 할까요? 동물 때문에 예배에 집중하지 못하거나 다른 교인이 불편해하거나 방해받지 않도록 목회자는 회중을 지도해야 합니다. 가축이 아플 경우, 가축 주인인 교인이 목회자에게 기도를 부탁하면 어떻게 해야 할까요? 목회자는 교인의 재산이 안전하도록 기도할 수 있습니다. '동물축복식'은 어떤가요? 이는 주로 성공회 사제가 동물의 머리에 물을 뿌리며 복을 비는 기도를 하는 의식입니다. 동물을 위해 기도하는 것은 문제가 안 됩니다. 하지만 동물에게 안수하거나 복을 비는 것은 다른 차원입니다.

애완동물의 장례식을 목회자에게 요청하면 어떻게 대응할까요? 그리스도인의 장례식에 부활의 소망이 중심에 자리 잡고 있습니다. 그런데 영혼이 없는 동물은 부활할 수 없습니다. 다만 펫로스증후군을 겪을 수 있기에 애완동물을 키우던 교인을 위해 기도하며 위로할 수 있습니다. 그러나 동물장례식은 불가능합니다. 참고로 동물신학자들 가운데 동물에게 종교성이 있다고 주장하는 이들이 적지 않습니다. 칼빈은 야생동물과 나무 그리고 돌과 같은 무생물도 자신들의 허무함을 의식하고 마지막 부활의 날에 하나님의 자녀들과 함께 그것으로부터 자유롭게 풀려날 것을 고대한다고 보았습니다(롬 8:19-22; '기독교강요' 3권 9장). 하지만 무생물은 자신의 허무를 의식할 수 없을 뿐 아니라 자유를 고대할 수도 없으며 종교성을 갖고 있지 않습니다.

나가면서

지금까지 많은 동물 종(species)이 소멸해 왔습니다. 그런데 요즘

뜨끔한 광고 문구가 나타났습니다. 지금 소멸 중인 종은 다름 아니라 한국 인간 종이라는 경고입니다. 지구 가열화가 악화일로에 있는 오늘날 좁은 범주에 속하는 동물신학에 열중하기보다 이보다 더 넓은 연구 주제를 다루는 생태신학을 정립하고 실천하는 것이 더 긴급하고 중요하지 않을까요? 초기 교회를 위협했던 이단 영지주의자들은 물질을 악하다고 보았습니다. 이런 영지주의적 경향이 맘몬주의와 결탁하여 교회 안에 똬리를 틀게 되면 기독교조차 난개발과 파괴를 일삼을 수 있습니다.

하나님께서 창조하신 피조물은 원래 선했습니다. 그러나 타락한 인간이 생태계를 파괴했습니다. 그러나 마지막 아담이신 그리스도께서는 만유를 회복하십니다. 그리스도인은 동물을 동물의 원래 위치로 되돌려야 합니다. 동물을 키우는데 별 관심이 없는 그리스도인은 애완동물을 의존하는 교인을 보면서 업신여기지 말아야 합니다. 애완동물이 복음이나 구원받은 성도보다 더 중요하지 않기에 비본질적인 문제인 아디아포라로 인해 그리스도의 몸이 찢기지 않도록 주의를 기울여야 합니다.

나눔을 위한 질문

1. '애완동물'과 '반려동물' 중에서 어느 것이 성경적 표현입니까?

2. 펫로스증후군을 어떻게 예방하고 극복할 수 있습니까?

3. 환경의 청지기인 사람은 동물을 대상으로 '문화명령'을 어떻게 수행해야 합니까?

4. 그리스도인은 동물권과 동물복지를 어느 정도 허용할 수 있습니까?

3부
너와 나

동성애
세계관 전쟁과 크리스천의 소명

이춘성 목사(한국기독교윤리연구원 선임연구위원)
20-30대 대부분을 한국 라브리(L'Abri) 간사와 국제 라브리 회원으로 공동체를 찾은 손님들을 대접하는 환대 사역과 기독교 세계관을 가르쳤다. 고신대에서 '포스트모던 환대 윤리 사상에 대한 비판적 분석과 기독교 환대에 대한 기독교 윤리학적 연구'로 기독교 윤리학 박사(Ph. D.)를 했으며, 현재 분당우리교회 협동목사, 한국기독교윤리연구원(한기윤) 선임연구위원으로 섬기고 있다. '그리스도 중심 성경 읽기 1, 2, 3권'(ivp), '회복하는 교회'(생명의 말씀사)를 공저했다.

들어가면서 : 2024 파리올림픽 개막식 논란

지난 2024년 8월 열린 프랑스 올림픽 개막식은 전 세계에 큰 충격을 안겨 주었습니다. 기존의 스타디움 중심 개막식에서 벗어나 파리 도심 전체를 무대로 활용하는 파격적인 퍼포먼스도 화제가 되었지만 그보다 더 논란이 된 것은 퍼포먼스에 포함된 이해하기 어려운 장면들이었습니다. 특히 레오나르도 다빈치의 최후의 만찬을 연상시키는 연출은 로마 가톨릭과 개신교를 포함한 전 세계 기독교인들에게 충격을 넘어 분노를 불러일으켰습니다. 예수의 자리에 몸집이 큰 여성이 앉아 있었고 그 주변에는 트랜스젠더와 동성애자로 보이는 인물들이 제자들의 자리를 차지한 채 만찬을 즐기고 있었습니다.

게다가 테이블 한가운데에는 풍요와 포도주의 신인 그리스 신화 속 디오니소스가 비스듬히 기대어 누워 있었습니다.

이 장면이 논란이 되자 이를 기획한 연출자는 "올림프스의 신들과 디오니소스 축제를 패러디한 것"이라고 해명했지만 이를 곧이곧대로 받아들이는 사람은 많지 않았습니다. 설령 기획자의 주장을 받아들인다 해도, 해당 연출이 최후의 만찬과 디오니소스 축제를 뒤섞음으로써 기독교의 성(性) 개념을 조롱하고 왜곡하려 했다는 비판을 피하기는 어려웠습니다. 논란이 확산되자 이러한 기획을 허용한 안 이달고(Anne Hidalgo) 파리시장은 불만을 드러내며 다음과 같이 발언했습니다.

> "반동파와 극우주의자 그리고 만인의 만인에 대한 투쟁 속에 우리를 가두려는 자들은 꺼져라(fuck)! 파리는 모든 자유의 도시이며, LGBTQI+ (동성애자, 양성애자, 성전환자 등을 포함한 성소수자) 공동체의 피난처이자 모든 사람이 함께 어울려 살아가는 곳이다."

올림픽 개막식은 전 세계 모든 연령층이 함께 즐기는 축제입니다. 그렇기에 특정 종교, 정치적 입장, 사상을 노골적으로 옹호하기보다 인류가 공유하는 보편적 가치와 평화의 메시지를 담는 것이 일반적입니다. 그러나 이번 올림픽 개막식은 특정한 사상을 강조하는 동시에 이를 반대하는 사람들에게 혐오감을 불러일으킬 수 있는 방식으로 진행되었다는 비판을 피하기 어려웠습니다. 파리의 엘리트 계층이 지향하는 가치를 개막식을 통해 노골적으로 드러냈으며 반대 의견을 가진 사람들을 '혐오와 증오를 표출하는 자'로 몰아갔다는 지적도 이어졌습니다. 정작 자신들은 '톨레랑스'(tolérance, 관용)를 표방하면서도 다른 가치관을 가진 이들에게는 이를 강요하고 배척하는 이중적 태도를 보였다는 것입니다.

1. 현대 윤리의 기준, '관용'

파리올림픽 개막식의 기획자들은 '톨레랑스'(관용), 자신들의 선택을 정당화했습니다. 이 '관용'이라는 개념은 오랜 역사적 맥락 속에서 형성됐습니다. 특히 서유럽 사회에서 관용은 16세기 종교개혁 이후 로마 가톨릭과 개신교를 받아들인 국가들이 기독교를 앞세워 권력을 확장하려는 정치적 충돌이 지속되던 시대적 배경 속에서 등장했습니다. 이러한 갈등은 100년 전쟁을 비롯한 수많은 종교 전쟁으로 이어졌고 유럽 사회는 결국 사회 통합을 위한 새로운 철학적·정치적 논의가 필요했습니다. 이러한 시대적 요구에 따라 영국의 정치가이자 사상가인 존 로크(John Locke)는 1689년 통치론(Two

Treatises of Government)을 발표해 그의 정치적인 이상과 윤리를 제안했습니다.

이 책은 절대군주제를 옹호했던 로버트 필머 경(Sir Robert Filmer)의 주장에 반박하기 위해 집필된 것으로 로크는 왕이 하나님의 대리자가 아니라 시민과의 '사회 계약'에 의해 정당성을 부여받는 통치자라고 주장했습니다.

그는 이러한 주장의 근거를 '자연상태'에서 찾았습니다. 즉 국가 간의 관계뿐만 아니라 통치자와 시민 사이의 관계에도 적용될 수 있는 중재 원리를 제시하면서 인간 사회가 형성되기 이전의 자연적 무정부 상태 즉 '자연상태'를 그의 주장의 논리적 기초로 삼았던 것입니다. 로크에 따르면 인간은 자연상태에서부터 자유와 평등 그리고 상호 이익을 중시하는 존재였으며 따라서 사회가 발전한 후에도 이러한 원칙은 존중되어야 한다고 했습니다. 그는 자연상태에 대한 이해를 다음과 같이 설명합니다.

> "인간 안에 있는 신의 목소리인 이성은 인간이 자기 존재를 지켜야 한다는 자연의(본성의) 성향을 추구하는 것이 창조자의 의지를 따르는 것임을 가르치고 확신시키지 않을 수 없었다."

그의 주장에 따르면 로크는 성경이 아닌 이성을 특별한 계시의 수준으로 격상시켰습니다. 그는 성경이나 율법보다도 '자기 존재를 지켜야 한다는 자연의 성향'을 더욱 높은 차원의 윤리이자 신적인 명령으로 간주하며 이것이야말로 창조자의 의지라고 주장했습니다. 이를 통해 종교적 교리 해석의 차이로 인해 끊임없이 이어지던 종교 전쟁의 시대에 새로운 윤리 체계를 제시했던 것입니다.

이러한 로크의 윤리는 각 개인이 자신의 존재를 지키기 위한 도덕적 기준을 스스로 마련할 수 있으며 사회 구성원들이 서로의 존재를 존중하고 보호하는 방향으로 합의하는 것이 윤리의 본질이라는 주장입니다. 이 주장은 당시에는 받아들이기 힘든 것이었지만 이후 사회가 인본주의화 되면서 로크의 주장은 자연스럽게 당연한 원리로 자리 잡게 됩니다.

결국 이 사상은 근대 즉 모더니즘의 대표적인 특징인 '다원성'과 '다양성'의 존중이라는 다원주의의 기초가 됐습니다. 이후 이를 이어받아서 칸트(Immanuel Kant)는 다원주의와 모더니즘의 윤리를 '관용'이라는 개념으로 정리했습니다. 칸트의 관용 개념은 그의 저서 '영원한 평화를 위하여, 철학적 기획'에서 언급된 '우호' 개념으로 이해할 수 있습니다. 칸트는 세계 시민이 따라야 할 법으로 보편적 우호 조건을 제시하는데 그 핵심은 상대가 나에게 신체적 위협을 가하지 않고 평화적으로 행동하는 한 그들의 거주와 점유를 제한할 수 없다는 것입니다. 달리 표현하자면 쌍방이 계약을 통해 합의했다면 개인의 자유를 제한해서는 안 된다는 것입니다.

이렇게 근대 사회는 세계 시민이 공유할 수 있는 보편적 윤리를 찾고자 하였고 결국 그 방향성은 개인과 개인의 상호 계약을 존중하고 개인의 자유를 보장하는 방향으로 나아가게 됩니다. 즉 누구나 따라야 할 보편적 원칙보다는 개인 간의 합의가 더 중요한 윤리적 원칙으로 자리 잡게 되었다는 것입니다.

현대 윤리학의 대표적인 학자로 꼽히는 알리스데이어 매킨타이어(Alasdair MacIntyre)는 이러한 근대적 윤리 체계를 감정에 기초한 유동적인 윤리 즉 정의주의(情意主義, emotivism)라고 규정하며 다음과 같이 설명합니다.

> "정의주의는 모든 가치평가적 판단, 더 정확히 말해 모든 도덕적 판단은 선호의 표현들, 태도 및 감정의 표현들과 다를 바 없다는 학설이다."

2. '취향'의 시대

앞서 살펴보았듯이 이 시대의 진리 개념 중 가장 보수적인 영역이라 할 수 있는 도덕과 윤리마저도 이제는 개인의 감정과 상호 계약에 기초한 영역으로 변화하고 있습니다. 물론 살인의 옳고 그름을 개인의 취향과 정서적 결정에 따라 판단하는 극단적인 시대까지는 아닐지 모르지만 생명의 영역에서도 이러한 변화의 징후가 점점 뚜렷해지고 있습니다.

예를 들어 스위스에서는 개인이 안락사를 원할 경우 특정 조건을 충족하면 의사의 도움을 받아 자살할 수 있습니다. 그 조건은 '사망에 이를 수밖에 없는 말기 질환을 앓고 있을 경우', '견딜 수 없을 정도의 장애가 있는 경우', 또는 '참을 수 없고 억제할 수 없는 고통이 지속되는 경우'입니다. 이는 타인에게 직접적인 피해를 주지 않는다면 죽음을 선택하는 것이 고통 속에서 살아가는 것보다 더 큰 이익이라는 '상호 이익의 원리'에 근거한 근대적 윤리에 근거합니다. 또한 이상적인 사회라면 개인의 이러한 선택을 존중하고 관용해야 한다는 논리가 뒤따릅니다. 다행히 생명의 영역에서 이러한 관용적 흐름이 아직까지 보편적으로 자리 잡지는 않았지만 서구 사회를 중심으로 안락사에 대한 관용적 태도는 점차 확산되고 있으며 이는 우리나라도 예외가 아닙니다.

반면 이미 관용적 윤리가 주류가 된 영역도 있습니다. 대표적인 예가 '성 윤리'의 변화입니다. 칼 트루먼(Carl Trueman)은 이를 'LGBTQ+ 운동'으로 정의하며 이러한 흐름이 단기간에 이루어진 것이 아니라 오랜 시간 서구 사회의 사상과 문화 속에서 점진적으로 형성되어 왔다고 설명합니다. 그는 성혁명이 루소에서 시작되어 낭

만주의자들을 거쳐 프로이트 그리고 이후의 신좌파 사상에까지 영향을 미친 철학적 개념과 경향에서 비롯되었다고 분석합니다.

3. '성혁명'의 시대

칼 트루먼(Carl Trueman)이 언급한 '성혁명'이란 무엇일까요? 이 개념을 이해하기 위해서는 먼저 '성혁명'이라는 용어의 기원을 살펴볼 필요가 있습니다. 성혁명의 대표적인 사상가로는 오스트리아 출신의 정신과 의사이자 마르크스주의자였던 빌헬름 라이히(Wilhelm Reich, 1897~1957)가 있습니다. 그는 정신분석학의 창시자인 프로이트(Sigmund Freud, 1856~1939)의 제자로서 프로이트가 주장한 성욕과 정신병의 직접적인 관계성을 그대로 인정하고 따랐습니다. 프로이트는 인간의 무의식을 구성하는 핵심 요소가 성욕이며 정신 질환의 대부분은 무의식에서 비롯된다고 보았습니다. 그의 이론에 따르면 정신 질환은 성적 욕구가 충족되지 않거나 억압되거나 혹은 중독 상태가 되는 것과 관련이 있습니다.

또한 철저한 마르크스주의자였던 라이히는 프로이트의 성욕 이론을 공산주의 혁명에도 적용해야 한다고 주장했습니다. 그는 단순한 계급 투쟁과 경제적 해방만으로는 혁명이 완성될 수 없다고 보았습니다. 귀족과 상류층은 경제적 권력뿐만 아니라 이를 바탕으로 성적 권력까지 독점하고 있으며 반면 노동자 계급은 극심한 노동으로 인해 성적 욕구를 해소할 기회조차 갖지 못한다는 것입니다. 이러한 억압이 지속되면 결국 노동자들의 정신 건강이 심각한 위기에 처하게 되며, 이는 혁명의 걸림돌이 될 수밖에 없다고 보았습니다.

이를 위해 그는 자신의 저서 '성혁명'(Die Sexualitätim Kulturkampf)에서 노동자 계급의 성 해방을 위한 이상적인 지침을 제시합니다. 이러한 그의 사상은 오늘날 학교의 보건 교육과 성 교육을 통해 현실화되고 있으며 심지어 기독교인들 사이에서도 자연스럽게 받아들여지는 부분이 많습니다.

다음은 라이히가 주장한 성혁명의 목표를 전남대학교 유수종 교수가 2008년 진보평론에서 여섯 가지로 요약한 내용입니다.

1) 모든 사람에게 피임약을 무료로 배급하여 임신 걱정 없이 성생활을 즐길 수 있도록 한다.
2) 모든 여성에게 낙태의 자유를 보장한다.
3) 기혼과 미혼의 법적 구분을 폐지하여 미혼자도 자유롭게 성생활을 할 수 있도록 한다.
4) 이혼의 자유를 보장하여 개인이 섹스를 통한 오르가즘을 추구할 권리를 인정한다.
5) 충분한 성 교육을 제공하여 성병 없는 안전한 성생활을 보

장한다.

6) 성범죄자를 처벌하기보다는 치료를 우선하여, 그들의 오르가즘을 보장함으로써 성범죄를 예방하고 치료한다.

이처럼 성문화를 포함한 사회 전반의 다양한 문화 영역에서 억압받고 있는 인민을 해방시키는 것이야말로 공산주의 혁명의 완성이라고 보았던 라이히의 주장과 같은 사상을 '문화적 마르크시즘'(Cultural Marxism)이라고 합니다.

4. 교회와 성경을 위협하는 신좌파 문화 전쟁

이후에 문화적 마르크시즘(신좌파 문화 운동)은 대학가를 중심으로 문학, 정치, 경제, 법률, 철학, 신학, 의학, 과학 등 다양한 영역으로 확산됐습니다. 그 결과 신좌파의 문화·세계관 운동은 반기독교적인 경향을 띠게 되었으며 신학계에서조차 기존의 교리 체계와 기독교 윤리를 부정하는 방향으로 나아가는 것이 진정한 예수의 가르침이라고 가르치기 시작했습니다. 특히 성경을 단순한 인간의 책으로 격하시키는 문학 비평 이론이 적용되면서 기독교 신앙의 근본적 토대마저 흔들리게 된 것입니다.

그리고 이러한 흐름의 최전선에는 남성과 여성이라는 기존의 성

개념을 파괴하고 해체하려는 움직임이 자리하고 있었습니다. 그 결과 성경의 가정은 '억압적인 가부장제'로 왜곡되었고 교회마저도 성경이 제시하는 가족에 대한 관점을 부정하는 비극적인 결과를 초래하게 됐습니다. 결국 이러한 성경 해석을 수용한 미국의 주류 교회는 2014년 PCUSA(미국장로교의 주류 교단) 제221회 총회에서 '한 남자와 한 여자의 결혼'이라는 기존의 정의를 '두 사람 사이의 서약'(commitment between two people)이라는 포괄적인 개념으로 해석함으로써 동성 결혼을 교회 내에서 합법화했습니다. 이는 미국 연방대법원의 동성 결혼 합법화 판결(2015년 6월 26일)보다 앞선 결정이었습니다.

신좌파의 문화 운동에 영향을 받은 성경 해석은 성경을 해체하고 재구성하는 방식을 통해 전통적인 해석을 해체하며 새로운 의미를 도출하려 한다는 것입니다. 그 대표적인 예로 예일대 신학부 신약학 교수였으며 미국 장로교(PCUSA)의 동성애자 목사 안수 결정에 신학적 영향을 미친 레티 러셀(Letty M. Russell)의 룻기 해석을 들 수 있습니다.

룻기는 모압 여인 룻이 시어머니 나오미를 극진히 섬기고 그로 인해 보아스의 환대를 받아 다윗의 조상이 되는 이야기입니다(룻기 1장). 그러나 러셀은 이 이야기를 억압받는 여성의 시각인 여성주의적 관점에서 해석하는 것이 옳다고 주장했습니다. 그녀는 룻의 섬김을 가부장적이고 억압적인 문화 속에서 여성이 착취당하는 식민지적 상황에서 비롯된 수동적인 행동이라고 주장했습니다. 따라서 성경에서 이러한 억압적 요소를 제거해야만 본래의 의미를 올바로 발견할 수 있다는 것입니다. 이러한 러셀의 주장에 따라서 야마구찌 사토꼬는 룻에 대해서 상상할 수 없는 괴이한 주장을 펼칩니다. "룻은 지금의 성 개념으로 볼 때 이성애와 동성애를 넘어선 양성애 자"라는 것입니다.

이것이 과연 억압받는 여성이 원하는 성경 해석일지 심각한 의문을 제기하지 않을 수 없습니다. 오히려 이 시대의 엘리트 교육을 받은 자들의 교만이 낳은 문화적 괴변이라고 해야 하지 않을까요? 이러한 해석 방식은 성경의 텍스트를 선별적으로 재구성하는 것에 불과합니다. 이는 성경의 특정 부분을 인간의 관점에서 비판하고 재조합하여 시대적 흐름에 맞춘 논리적이고 일관된 내용을 찾아내려는 인간 중심적 해석이라는 것입니다.

5. 세계관 전쟁 : 동성애자로 태어나는 사람은 없다

약 20년 전 필자가 강원도 양양의 라브리 공동체(L'Abri Felloship)에서 일할 때 두 명의 기독교인 청년이 찾아왔습니다. 이들은 모두 서울대학교 대학원에 재학 중이었으며 그중 한 명은 영국

정경대(LSE)에서 석사 학위를 받은 청년이었습니다. 이들이 지내는 동안 하루는 이들과 동성애에 대한 열띤 토론을 벌이게 됐습니다.

당시 이들의 주된 주장은 '선천적으로 동성애자로 태어난 사람은 인정해 주어야 하지 않겠느냐?'는 것이었습니다. 그들은 동성애가 선택의 문제가 아니라면 이를 억압하는 것은 곧 하나님이 사랑이라는 사실을 부정하는 것과 다름없다고 주장했습니다. 또한 동성애가 선천적이라는 주장의 근거로 1980~90년대 이루어진 동성애 유전자 연구를 제시했습니다. 당시 서구 사회에서 동성애는 선천적이라는 주장이 널리 받아들여지고 있었습니다.

그러나 이러한 주장은 시간이 지나면서 점차 힘을 잃었고 오히려 다른 관점이 부상하고 있었습니다. 그 변화의 중심에는 대표적인 페미니즘 철학자인 주디스 버틀러(Judith Butler)의 1990년 저서 '젠더 트러블'(Gender Trouble: Feminism and the Subversion of Identity)이 있었습니다. 버틀러는 이 책에서 젠더(성)는 선천적인 것과 무관하며 개인의 성적 취향과 선택의 문제라고 주장했습니다. 즉 젠더란 마치 옷을 갈아입듯 자신이 원하는 방식으로 표현할 수 있는 일종의 패션과 같다는 것입니다. 따라서 동성애가 선천적이라는 것을 입증하려는 유전자 연구 자체가 무의미하다는 최신 논리가 등장했던 것입니다.

이러한 흐름을 반영하듯 2019년 영국 바이오뱅크(UK Biobank)

와 미국 유전자 검사 기업 23andMe Inc.가 제공한 약 48만 명의 DNA 샘플과 생활습관 조사 자료를 분석한 브로드 연구소(Broad Institute) 정신의학연구센터의 연구 결과가 사이언스(Science, 2019년 8월 29일)에 공개됐습니다.

이 연구에 따르면 동성애 유전자의 존재는 유의미하지 않다는 것입니다. 쉽게 말해 이전 연구들과 달리 대규모 유전자 은행을 활용한 가장 광범위한 연구에서도 동성애 유전자는 존재하지 않았다는 것입니다. 하지만 흥미로운 것은 이 연구 결과는 동성애 지지 진영을 혼란스럽게 만들지는 못했습니다. 그 이유는 1990년대 이후 동성애 논의가 의학과 과학의 문제가 아니라 세계관과 신념의 문제로 변화했기 때문입니다.

나가면서 : 새로운 시각과 접근이 필요하다

결론적으로 이제 동성애(LGBTQ+) 문제에 대해 새로운 시각과 접근이 필요한 시대로 접어들었다는 것입니다. 오늘날 교회 안에 들어온 동성애 친화적인 문화와 관점, 성도들의 무관심은 단순히 외부적인 변화 때문만은 아닙니다. 이는 성경적 세계관에 기초한 성윤리와 가족에 대한 관점을 가르치지 않았으며 가르침에 따라 살지 않고 다음세대에 본이 되지 못한 기성세대의 책임이 큽니다. 우리는 지금

각종 세계관이 충돌하는 세계관 전쟁 중에 있다는 점을 심각하게 인식해야 힙니다.

오래전 '다원주의 사회에서의 복음'(The Gospel in a Pluralist Society)을 쓴 레슬리 뉴비긴(Lesslie Newbigin)은 인도에서 수십 년간 선교사로 사역한 후 고국인 영국으로 돌아와 큰 충격에 빠졌습니다. 젊은 시절 자신을 파송했던 교회는 초라한 모습으로 변해 있었고, 더 이상 사람들에게 매력적이지 않았습니다. 예수님의 복음은 힘을 잃고 영국의 국가 행사에서 단순한 종교적 장식물로 전락해 있었습니다.

그러나 뉴비긴은 이 현상이 복음 자체의 무능력 때문이라고 절대로 생각하지 않았습니다. 그는 그 원인이 성경과 복음을 단순한 이성적 지식으로만 연구하고 추구했던 근대 신학과 합리주의적 사고방식에 있다고 보았습니다. 삶에서 실천되지 않는 지식, 공허한 신학적 지식이야말로 비인격적인 신앙의 종말을 초래했다는 것입니다. 그리고 그는 이러한 신앙이 결국 교회를 무기력하게 만들었다고 진단했습니다.

뉴비긴은 복음의 인격성을 강조하며 기독교 신앙은 단순한 개념이 아니라 삶으로 살아내야 하는 '인격적인 지식'이라고 주장했습니다. 그가 이러한 확신을 가질 수 있었던 것은 그가 다원주의가 팽배한 인도의 힌두교 문화 속에서 오랫동안 복음을 전해왔던 경험 때문이었습니다. 뉴비긴은 교회를 향해 각자의 믿음을 단순한 사상으로 논쟁하는 것이 아니라 실제 삶으로 살아낼 수 있는 '참된 지식'인지 겨루어 보자고 도전했습니다. 우리 기독교인이 성경이 진리임을 믿는다면 이를 살아내는 확신과 용기를 가져야 한다는 것입니다.

오늘날 우리는 성을 개인의 취향과 선택의 문제로 바라보며 역사상 유례없는 형태의 이상한 가족 형태를 만들어 내고 있으며 이를 사회적으로 인정해 달라고 요구하는 것이 권리라고 주장하는 시대를 살고 있습니다. 그러나 크리스천의 소명은 변하지 않았습니다. 한 남자와 한 여자가 만나 가정을 이루고 그 사랑 속에서 태어난 자녀들과 함께 세상의 고난과 어려움을 신실하게 극복해 나가는 것, 이것이 하나님께서 주신 가족을 통해 인간이 추구할 수 있는 본연의 기쁨이자 행복이라는 것입니다. 우리는 이 사실을 세상에 선포해야 합니다. 여자와 남자가 서로를 사랑하고 이들이 아이를 낳고 기르는 행복 이것이야말로 크리스천만이 아닌 하나님의 형상으로 창조된 모든 인간이 누려야 할 참된 기쁨과 행복이기 때문입니다.

나눔을 위한 질문

1. 파리올림픽 개막식의 논란을 둘러싸고 '관용'이라는 가치가 타인의 신념을 부정하거나 조롱하는 형태로 변질될 수 있다는 주장에 대해 어떻게 생각하나요?

2. 라이히(Wilhelm Reich)의 '성 해방' 이론이나 프로이트주의는 서구 사회의 성문화에 큰 영향을 미쳤습니다. 교회나 기독교 공동체 안에서는 어떤 방식으로 이 흐름을 이해하고 대화 혹은 대안을 제시할 수 있을까요?

3. 당신은 '세계관 전쟁'이라는 개념에 얼마나 공감하고 있는가요? 공감한다면 실제로 어떤 부분에서 이 세계관 충돌을 체감하고 있는지 각자의 경험을 나눠 주세요.

4. 교회 공동체에서 동성애(LGBTQ+) 이슈를 대할 때 '진리'와 '사랑'을 균형 있게 담아낼 수 있는 태도와 언어는 무엇일까요?

5. 가정 혹은 교회 내에서의 교육을 통해 청년들과 다음세대에게 성경적 성윤리와 가족관을 어떻게 효과적으로 가르칠 수 있을까요? 실제 사례나 적용 가능한 방법을 제시해 보세요.

연애와 결혼
3포 시대 청년으로 살기

심성현 목사(남천안장로교회)
고려신학대학원(M.Div.)을 졸업하고, 동대학원 설교학(Th.M.) 수료 후 광교장로교회로부터 분립개척한 남천안장로교회를 섬기고 있다. 한 아내(이선)의 남편, 삼남매(지민, 지언, 지음)의 아빠로, 성도들과 함께 울고 웃으며 교회를 세우는 즐거움을 만끽하고 있다.

들어가면서

하나님의 부르심 안에서 인생의 여정을 생각할 때, 연애와 결혼은 단순한 감정적 경험이나 통과의례가 아닌 우리의 신앙과 소명이 실제로 드러나는 영역입니다. 하지만 적지 않은 믿음의 청년들이 자신의 연애와 결혼을 신앙과 통합하는 일에 어려움을 느끼고 있습니다.

우리는 미혼이든 기혼이든 궁극적으로 예수 그리스도의 영광을 위해 부르심을 받았습니다. 구원은 단지 생명을 얻는 사건이 아니라 삶의 목적이 완전히 바뀌는 사건입니다. 이러한 관점에서 연애와 결혼 역시 우리의 믿음의 내용과 분리될 수 없습니다.

세상의 연애 문화는 주로 개인의 행복과 만족을 최우선으로 합니다. 상대가 나에게 '무엇을 해줄 수 있는가'에 초점을 맞추고 나의 결핍을 채워줄 대상으로 상대를 바라보는 경향이 있습니다. 하지만 크리스천의 연애는 서로를 통해 그리스도의 사랑을 더 깊이 이해하고, 서로의 신앙 성장을 돕는 과정이 되어야 합니다. 그러나 이러한 이상과 현실 사이에는 종종 간극이 생깁니다. 우리는 연애 관계에서도 하나님 보다 자신의 안락함과 만족, 욕구를 우선적으로 추구하는 경우가 많기 때문입니다.

바울의 말처럼 미혼의 시간은 결혼 이후에 비해 "흐트러짐 없이 주를 섬기기" 위한 특별한 기회이지만 세상과 크게 다르지 않은 연애를 추구함으로 자신과 상대의 인격과 몸에 돌이킬 수 없는 상처를 내기도 합니다.

세상은 여러분들이 어떤 연애를 하는지, 어떤 삶을 살아가는지 애정어린 관심을 쏟지 않습니다. 하지만 하나님은 여러분의 영혼과 삶에 큰 관심이 있으십니다. 우리에게 일상을 주신 하나님께서는 여러분에게 선물로 주신 일상도 진정으로 복 되기를 바라십니다. 우리의 연애와 결혼이라는 영역도 그렇습니다. 세상은 자유로운 연애를 추구하고 이혼과 재혼, 삼혼과 사혼을 대수롭게 않게 생각하지만 하나님은 우리의 연애와 결혼이 거룩하고 아름답기를 바라십니다.

1. 연애를 꼭 해야 하나요?

우리는 인생의 여정에서 기쁨과 분노, 슬픔과 즐거움의 감정을 느끼고 경험합니다. 하나님께서 우리에게 선물로 주신 모든 감정의 스펙트럼을 풍성하게 경험할 수 있는 관계가 연애입니다. 연애는 단순히 감정적 교류를 넘어 나를 성장하고 성숙하게 만들어주는 여정이기도 합니다. 연애 관계 속에서 우리는 설렘의 떨림부터 깊은 상실감까지, 인간이 느낄 수 있는 모든 감정의 깊이와 넓이를 경험할 수 있습니다. 처음 마주하는 설렘, 기다림의 떨림, 만남의 기쁨, 이해받지 못한 자는 좌절감 그리고 때로는 갈등에서 오는 분노까지. 이런 감정들은 단순히 스쳐 지나가는 것이 아니라 우리의 내면을 더 깊이 이해하게 하는 거울이 됩니다. "사랑은 오래 참고 사랑은 온유하며…"라는 말씀처럼, 연애는 성경에서 말하는 참된 사랑의 본질을 배우는 훈련의 장이 될 수 있습니다.

혼자 있을 때는 잘 보이지 않던 이기심, 조급함, 불안정하고 미숙한 모습들이 연애 관계 속에서 드러나기 마련입니다. 연애를 통해 우리는 서로의 가치관, 생활 습관, 문제를 해결하는 방식, 재정을 사용하는 모습 등도 확인합니다. 나도 알지 못했던 숨겨진 자신의 모습을 직면하는 일이나, 이전에는 알지 못했던 상대의 약점을 확인하는 일이 때로는 고통스럽습니다. 그러나 우리는 이러한 과정을 통해 성장하고 성숙하게 됩니다. 연애는 단순한 감정의 교류나 즐거움을 넘어서 평생의 동반자를 찾는 여정이기도 합니다. 철이 철을 날카롭게 하듯이, 우리는 관계 속에서 다듬어져 갑니다. 연애가 나의 성장과 성숙만을 위한 수단은 아니지만 연애를 하면서 자연스럽게 찾아오는 인격적 변화는 하나님께서 우리에게 허락하신 귀중한 선물입니다.

2. 어디서 짝을 찾아야 하나요?

성경에는 남녀가 서로 만나는 이야기가 많이 등장합니다. 하나님께서 친히 아담의 갈비뼈로 하와를 지으시고 그에게 데려오신 창세기의 첫 만남이 있고, 아브라함이 충직한 종을 보내 메소포타미아에서 아들 이삭의 평생 배우자 리브가를 찾아오게 한 섭리적 만남도 있습니다. 또한 야곱이 우물가에서 라헬의 아름다움에 첫눈에 반해 그녀를 위해 십사 년을 기꺼이 봉사하며 적극적으로 헌신과 구애를 펼친 사랑 이야기도 있습니다. 만남의 방식은 다르지만 한 가지 공통점은 모두 한 신앙을 향한다는 점입니다.

오늘날 연애의 대상을 찾게 되는 곳은 주로 학교, 동아리, 소모임, 동호회, 직장 등입니다. 클럽이나 길거리, 소개팅이나 맞선 자리에서 만나기도 합니다. 그중에서도 우리는 교회를 생각하지 않을 수 없습니다.

한 지역교회를 섬기는 목사는 교회 내 연애를 예찬하며 다음과 같은 이유를 들었습니다.

"첫째, 자연스러운 만남이 가능하다. 1년에 주일만 52회, 수련회 및 행사까지 포함하면 70일에서 100일 동안 청춘 남녀가 얼굴을 맞댈 수 있는 곳이 교회이다. 소개팅 자리에서 두세 시간으로 상대를 파악하는 것에 비해 이성의 성격, 성향, 태도, 신앙 등을 종합적으로 확인하고 판단할 수 있는 장소로 교회만 한 곳이 없다."

매우 공감이 되는 말입니다. 또 다른 이유도 덧붙입니다.

"교회에서 연애하면 같은 영성을 공유할 수 있다. 교회를 다니더라도 교단에 따라 신앙의 색채는 천차만별로 달라진다. 장로교회의 경우 말씀 중심의 삶과 예배를 지향하지만 순복음이나 감리교단은 분위기가 뜨겁고 방언으로 기도하고 적극적이고 열정적이다. 장로교회와 분위기가 다르다. 심지어 같은 교단이라 하더라도 교회의 전통과 목사의 목회철학과 방향에 따라 신앙적인 모습이 차이가 있다."

역시 공감이 되는 말입니다. 바울은 "우리가 다 하나님의 아들을 믿는 것과 아는 일에 하나가 되어 온전한 사람을 이루어 그리스도의 장성한 분량이 충만한 데까지 이르는" 것이 우리에게 주어진 소명이라고 말합니다.

연애는 한 몸을 이룰 동반자를 찾는 과정이기도 합니다. 크리스천은 성격이 맞고 취향이 비슷해서 한 몸 되는 것이 아닌 한 믿음, 한 말씀, 한 신앙고백으로 하나됩니다. 내가 속한 교회를 중심으로 연애 대상을 찾되 가까운 지역교회, 넓게는 기독교 데이팅 앱도 활용할 수 있을 것입니다.

3. 선을 지키며 서로에게 좋은 친구가 되어라

하나님께서는 우리의 육체적, 정서적 온전함을 위해 결혼이라는 언약의 테두리 안에서 성관계를 누리도록 설계하셨습니다. 바울은 "만일 절제할 수 없거든 결혼하라 정욕이 불타는 것보다 결혼하는 것이 나으리라" 권면합니다. 결혼 관계 안에서만 성적 욕구를 해소하도록 말합니다. 히브리서 13장 4절에서는 더 직접적으로 "모든 사람은 결혼을 귀히 여기고 침소를 더럽히지 않게 하라 음행하는 자들과 간음하는 자들을 하나님이 심판하시리라"고 경고합니다.

결혼의 거룩함을 지키고, 결혼 외의 모든 성적 관계가 하나님의 심판 아래 있음을 분명히 합니다. 구약의 율법에서는 젊은 남녀가 혼전 성관계를 한 경우, 남성은 여성의 아버지에게 지참금을 주고 그녀와 속히 결혼하도록 명합니다. 결혼 관계 밖에서 성관계가 더는 이어지지 않도록 말입니다.

아시다시피 연애의 큰 위험 중 하나는 결혼이라는 언약을 맺기 전에 마음을 넘어 몸까지 내어주는 것입니다. 이는 단순한 실수가 아닌 심각한 위험이 될 수 있습니다. 실제로 많은 남녀가 연애 후 깊고 오래가는 상처를 안고 살아갑니다. 평생 함께하겠다는 언약적 약속 없이 일시적인 감정과 육체적 친밀감만을 추구하는 연애는 당장은 좋을지 모르지만 결국 한쪽이 착취당하는 결과를 낳기 쉽습니다.

혼전 성관계는 마치 결혼한 것과 같은 착각을 불러일으키지만 실제로 관계 안에서 두 사람의 사랑의 온도는 동일하지 않을 때가 많습니다. 한쪽은 결혼까지 생각하는 반면 다른 한쪽은 새로운 파트너를 찾아 나설 생각을 할 수도 있습니다. 이런 경우 더 사랑하는 쪽이 덜 사랑하는 쪽에게 정서적, 육체적으로 착취당하게 되고 마지막에는 큰 상처만 남는 이별을 경험하게 됩니다. 나아가 혼전 성관계로 인해 임신한 경우 적잖은 크리스천 청년들은 낙태의 유혹에 직면합니다. 간음의 죄를 숨기고자 살인의 죄를 짓는 자리까지 떨어지기도 합니다. 선을 지키며 연애 상대에게 좋은 친구가 되시기를 바랍니다.

크리스천의 연애는 예수 그리스도께서 교회를 위해 보이신 사랑을 배우고 연습하는 시기이기도 합니다. "그리스도께서 교회를 사랑하신 것처럼 서로 사랑하라"는 가르침은 연애 관계에도 적용됩니다. 자기 자신보다 상대방의 유익을 먼저 생각하고 서로의 순결과 거룩함을 지키는 관계가 바람직합니다. "하나님의 뜻은 이것이니 너희의 거룩함이라… 각각 거룩함과 존귀함으로 자기 아내 대할 줄을 알고"라는 원칙을 세우고 연애 단계에서부터 실천할 수 있기를 소망합니다. 우리의 연애가 세상의 자기중심적 필요를 채우는 연애와 달리 하나님의 영광이 드러나길 소원합니다.

4. 결혼, 계약이 아니라 언약

우리는 계약에 익숙한 시대를 살고 있습니다. 작게는 휴대폰, TV, 인터넷, 보험으로 시작해서 자동차, 집, 직장에 이르기까지 우리의 삶은 수많은 계약으로 둘러싸여 있습니다. 손익을 따져보고 더 이익이 나는 쪽으로 새로운 계약을 맺는 것에 익숙합니다. 계약을 파기할 경우 위약금을 물기도 하지만 위약금을 지불하더라도 더 좋은 조건을 제시하는 곳이 있다면 이전 계약을 깨트리는 것을 크게 어려워하지 않습니다.

현대를 살아가는 우리는 '내가 무엇을 얻을 수 있는가?'에 아주 익숙합니다. 이런 환경 속에서 살아가다 보니 결혼마저 계약처럼 생각합니다. 나의 배우자가 나를 행복하게 해준다면, 돈을 잘 벌어다 준다면, 건강하다면, 결혼관계를 유지하지만 그 반대의 경우라면 결혼관계를 얼마든지 깰 수 있다고 생각하기도 합니다. 부부 문제로 고민 상담글이 인터넷 상에 올라오면 "그렇게 살 바에 이혼하겠다"라는 댓글들이 줄을 잇습니다. 파혼도, 이혼도 너무 쉬운 세상이 됐습니다. "당신이 행복하지 않다면 언제든 갈라서라"는 계약적인 생각이 오늘날 많은 이들의 결혼관인 듯합니다.

성경이 말하는 결혼은 계약이 아니라 언약입니다. 결혼은 인간이 고안한 것이 아니라 하나님이 직접 세우신 제도입니다. 첫 사람 아담과 하와는 하나님 앞에서 부부가 됩니다. 예수님께서도 혼인에 대해 말씀하시기를 "이제 둘이 아니요 한 몸이니 그러므로 하나님이 짝지어 주신 것을 사람이 나누지 못할지니라"고 말씀하십니다. 세상은 하나님을 제외한 채 결혼을 말하지만 우리는 결혼이 하나님 앞에서 이루어지는 거룩한 언약식으로 봅니다.

언약은 '내가 무엇을 얻을 것인가?' 보다 '나는 무엇을 줄 수 있는가?'에 초점을 맞춥니다. '이 사람이 나를 행복하게 해주는가?' 보다 '내가 어떻게 이 사람을 사랑하고 섬길 수 있는가?'를 묻습니다. 갈등의 상황이 찾아올 때 '과연 공정한가?'를 묻는 것이 계약이라면 언약은 '어떻게 화해하고 관계를 회복할 수 있는가?'를 고민합니다. 언약은 감정이나 상황에 좌우되지 않는 견고한 의지적인 결단입니다.

2~30대 여러분은 앞으로 수많은 변화를 경험하게 될 것입니다. 직업이 바뀌고 외모가 변하고 건강 상태도 달라질 수 있습니다. 만약 결혼을 계약으로 생각한다면 이러한 변화는 언제든 이혼의 사유가 될 것입니다. 하지만 언약은 "좋을 때나 나쁠 때나, 부유할 때나 가난할 때나, 병들 때나 건강할 때나" 가정을 지킬 수 있도록 우리를 묶어주는 견고한 토대입니다.

거룩한 혼인 예식을 올리는 2030 크리스천 청년들이 결혼을 계약으로 생각하는 문화적 흐름에 역행하여 언약적 결혼을 용기 있게 선택한다면 앞으로 우리의 가정은 얼마나 아름답게 세워지겠습니까? 결혼은 계약이 아니라 언약입니다.

5. 복종과 사랑

바울은 에베소서 5장에서 아내와 남편들을 향한 중요한 교훈을 가르칩니다. "아내들이여 자기 남편에게 복종하기를 주께 하듯 하라 이는 남편이 아내의 머리 됨이 그리스도께서 교회의 머리 됨과 같음이니 그가 바로 몸의 구주시니라 그러므로 교회가 그리스도에게 하듯 아내들도 범사에 자기 남편에게 복종할지니라 남편들아 아내 사랑하기를 그리스도께서 교회를 사랑하시고 그 교회를 위하여 자신을 주심 같이 하라." 부부관계의 바이블입니다. 바울의 교훈을 압축하면 '복종'과 '사랑'이라는 두 단어가 남습니다.

여러분은 아내를 향해 복종하라는 교훈이 어떻게 다가옵니까? 극단적 페미니즘 사상을 가진 여성이 이 말씀을 접한다면 곧장 성경을 덮어버릴지도 모르겠습니다. 오늘날 남성들도 아내는 남편에게 '복종'하라는 말을 듣는 순간 그것은 구시대적인 윤리관이라 생각하며 불편한 마음을 가질 수도 있을 것입니다.

최근 지인의 결혼식에 참석했습니다. 혼인 서약의 순서가 왔을 때, 주례자는 아내에게 서약을 요구하면서 '복종'이라는 단어를 빼고 다른 단어로 대체했습니다. 신부와 하객들에게 불편함을 주지 않도록 나름의 배려를 한 것이겠지요. 분명 '복종'이라는 단어는 현대를 사는 우리에게 긴장을 유발합니다.

이런 현상은 우리에게 질문을 던집니다. 우리가 하나님의 말씀을 변하지 않는 계시로 받아들일 것인가, 아니면 시대와 문화에 삭제하거나 바꿀 수 있는 가변적인 말씀으로 볼 것인가 하는 것입니다. 우리 신앙고백은 하나님의 말씀을 영원한 계시로써 받아들입니다. 시대나 문화에 따라 변개할 수 있는 가변적인 것으로 보지 않습니다. 성경의 원저자가 하나님이심을 믿기에 무엇을 더하거나 빼려하지 않습니다.

"내가 너희에게 명령하는 이 모든 말을 너희는 지켜 행하고 그것에 가감하지 말지니라" 하셨습니다(신 12:32). 또 이르시기를 "내가 이 두루마리의 예언의 말씀을 듣는 모든 사람에게 증언하노니 만일 누구든지 이것들 외에 더하면 하나님이 이 두루마리에 기록된 재앙들을 그에게 더하실 것이요 만일 누구든지 이 두루마리의 예언의 말씀에서 제하여 버리면 하나님이 이 두루마리에 기록된 생명 나무와 및 거룩한 성에 참여함을 제하여 버리시리라" 하십니다(계 22:18~19).

우리의 생각이 어떠하든 성경의 저자이신 하나님은 하나님의 저작권을 매우 중요하게 생각하십니다. 따라서 '복종'이라는 단어도 유교문화나 혹은 과거 가부장적 사회에서나 통용되는 구시대적 윤리관을 반영하는 단어라고 섣부르게 판단해서는 안 될 것입니다.

한번 생각해보십시오. 하나님은 남자를 만드신 분이십니다. 그렇다면 남자를 가장 잘 아시는 분이 누구실까요? 하나님이십니다. 남자가 가장 남자다움을 경험하는 순간이 언제인가 묻는다면 아내로부터 존경을 받을 때라고 말씀드리고 싶습니다. 남편에 대한 아내의 존경이 '복종'이라는 태도로 드러남으로 말입니다. 마찬가지로 하나님은 여자를 만드신 분입니다. 그렇다면 여자를 가장 잘 아시는 분은 누구실까요? 역시 하나님이십니다. 여자가 가장 여자다움을 경험하는 순간이 언제인가 묻는다면 남편으로부터 교회를 사랑하신 주님같은 사랑을 받는 때라고 말씀드리고 싶습니다. 아내를 향한 남편의 태도가 '사랑'으로 드러남으로 말입니다. 남자와 여자를 창조하시고 가장 잘 아시는 하나님께서 남자사용법, 여자사용법을 서로를 향해 가르쳐주셨다고나 할까요!

바울은 아내와 남편의 모습이 그리스도와 교회의 모습을 보여주는 큰 비밀이라고 말합니다. 복종과 사랑이라는 언어는 남자와 여자를 만드시고 가정을 만드신 창조주 하나님이 택하신 단어입니다. 복종하는 아내와 사랑하는 남편의 모습을 통해 그리스도와 교회의 모습을 어두운 세상에 찬란히 드러내고자 하는 하나님의 지혜가 이 언어 속에 담겨있습니다.

아내 위에 군림하기 위해 복종을 요구하는 것이 아닙니다. 남편을 호구, 퐁퐁남으로 만들려고 사랑을 말하는 것이 아닙니다. 남편에게 존경을 보내십시오. 아내에게 사랑을 표현하십시오. 복종과 사랑은 가정의 질서를 세우고 가문을 든든하게 세울 것입니다.

6. 결혼의 목적, 생육하고 번성하기

하나님께서 아담과 하와를 혼인하게 하신 뒤 다음과 같이 말씀하셨습니다. "생육하고 번성하여 땅에 충만하라"(창 1:28). 첫 번째 명령은 단순한 제안이 아닌 축복의 형태로 주어진 하나님의 뜻이었습니다. 말라기 2장 15절에서는 "하나님이 남자와 여자를 하나되게 하신 이유가 경건한 자손을 얻고자 하심"이라고 말합니다. 이러한 말씀과 현실 사이의 간극은 오늘날 우리를 더욱 고민스럽게 합니다.

연애와 결혼과 출산을 포기하는 '3포', 취업도 내집마련도 포기하는 '5포', 건강과 외모 관리도 내려놓는 '7포', 인간관계와 희망마저 접는 '9포', 삶마저 포기하는 '10포'라는 말까지 들려오는 이때, 결혼의 목적이자 결과가 자녀출산이라는 말이 여러분에게 어떻게 다가올까요.

제가 결혼할 당시에는 딩크(Double Income No Kids)라는 말이 유행했습니다. 지금은 소득이 낮아서 아이를 갖지 못하는 핑크(Poor Income No Kids)라는 신조어가 생겼습니다. 가능하다면 염세적이고 비관적인 단어를 입 밖으로 내고 싶지 않지만 크리스천 청년 여러분들이 살아가는 대한민국의 현실을 무시하고 싶지 않습니다.

그럼에도 불구하고 하나님의 뜻과 명령은 우리의 상황이 암울하고 여건이 마련되어있지 않으면 따를 수 없는 것일까요? 소득이 낮으면 출산과 양육은 불가능한 것일까요? 하나님은 온 땅이 패괴와 강포로 가득하여 물로 땅의 모든 것을 쓸어버리신 직후에도 노아를 향해 "생육하고 번성하라"는 말씀을 하셨습니다. 하나님은 폐허 가운데서도 새 일을 행하시고 광야에서도 길을 내실 수 있는 분이십니다. 하나님은 언제나 우리가 경험하는 모든 문제보다 크십니다.

말씀에서 힘을 얻고 믿음의 눈으로 현실과 맞서야 하지만 몇 발자국 앞서 자녀를 양육하는 입장에서 조금은 현실적인 이야기를 드리고 싶습니다. 이미 우리나라가 극심한 저출산 국가로 접어들었기 때문에 대세를 돌리는 것은 쉽지 않겠지만 현재 결혼과 출산을 장려하는 정책들은 생각보다 많습니다. 신혼부부를 위한 주택 지원 정책과 세제 혜택들은 물론이고 임신과 출산과 육아를 지원하는 정책도 적지 않습니다. 결혼장려금, 출산장려금, 근로장려금, 영아수당, 아동수당, 어린이집 보육료 지원, 아이돌봄 서비스 등 다양합니다. 자녀 양육에 관한 비용지출의 수준을 어떻게 잡느냐에 따라 국가가 보조하는 재정의 많고 적음이 사람마다 다르겠지만 우리 부모님 세대처럼 오롯이 아버지나 어머니의 돈벌이에 자녀양육을 전적으로 의존해야 하는 현실은 아닙니다. 믿음을 제쳐두고 현실적인 계산이 빠른 연약한 우리의 사정을 고려한다고 하더라도 도움을 받을 길이 적지 않다는 뜻입니다. 자녀를 낳기로 뜻을 정해 보십시오. 하나님이 준비해두신 일반은총 차원의 도움의 손길들이 생각보다 많습니다.

하나님은 척박한 광야에서 이스라엘 백성들을 먹이고 돌보셨습니다. 성경은 "이 사십 년 동안에 네 의복이 해어지지 아니하였고 네 발이 부르트지 아니하였느니라" 말씀합니다(신 8:4). 하나님께서 먹이신 언약백성들 중에 20세 이상의 남자만 60만 3,550명이지 않았습니까? 하나님은 전체 이스라엘 백성은 물론이요, 공중의 새와 들의 풀, 땅의 짐승과 세상의 악인들에게도 먹을 것을 주시는 분이십니다. 하물며 "생육하고 번성하라, 경건한 자손을 출산하라"는 하나님의 명령에 믿음으로 순종하는 크리스천 청년들은 어떻겠습니까?

우리에게는 금전적 계산을 넘어서는 믿음이 필요합니다. 하나님이 그들에게 '복을 주시며 그들에게 이르시되', 생육하고 번성하여 땅에 충만하라 하셨습니다. 생육하고 번성하는 것은 복의 형태로 주어진 하나님의 뜻입니다.

나가면서

우리는 지금까지 크리스천으로서 연애와 결혼에 관한 여러 측면을 살펴보았습니다. 이 모든 원리와 조언들의 핵심에는 한 가지 진리가 있습니다. 우리의 연애와 결혼은 단순한 개인적 행복 추구의 수단이 아니라 하나님의 영광을 드러내기 위한 거룩한 부르심입니다.

현대사회는 우리에게 끊임없이 자기만족과 개인의 행복만을 추구하도록 유혹합니다. '네가 행복하지 않다면 그 관계를 떠나라'는 메시지가 우리 주변을 가득 채우고 있습니다. 하지만 크리스천의 연애와 결혼은 이와는 근본적으로 다른 방향을 가리킵니다. 우리는 서로를 통해 그리스도의 사랑을 더 깊이 이해하고, 서로의 신앙 성장을 돕는 언약적 관계를 추구합니다. 그러나 이 모든 것이 우리의 현실과 동떨어진 이상적인 가르침처럼 들릴 수 있습니다. 특히 '생육하고 번성하라'는 명령은 취업난, 주거 불안, 양육비 부담 등으로 인해 결혼과 출산을 미루거나 포기하는 청년들에게는 부담으로 다가올 수 있습니다.

여기서 우리는 두 가지를 기억할 필요가 있습니다. 첫째, 하나님의 명령은 동시에 축복의 형태로 주어진다는 것입니다. 하나님은 우리에게 감당할 수 없는 것을 요구하지 않으십니다. 둘째, 하나님은 광야에서도 이스라엘 백성을 먹이시고 돌보신 것처럼, 오늘날 우리의 필요도 채우실 수 있는 분이십니다.

연애와 결혼을 통해 우리는 서로에게 더 나은 사람이 되도록 도울 수 있습니다. 남편은 그리스도께서 교회를 사랑하신 것처럼 아내를 사랑함으로써 아내는 교회가 그리스도께 하듯 남편에게 존경을 표함으로써 우리는 세상에 그리스도와 교회의 관계를 증거합니다. 이것이 바로 하나님께서 우리의 연애와 결혼을 통해 이루고자 하시는 '큰 비밀'입니다.

세상은 여러분의 삶과 선택에 크게 관심을 갖지 않을 것입니다. 하지만 하나님은 여러분의 연애와 결혼 그리고 그 안에서 맺어질 열매에 깊은 관심을 가지고 계십니다. 그분은 여러분이 세상의 조류에 휩쓸리지 않고 그분의 뜻을 따라 거룩하고 아름다운 연애와 결혼 생활을 영위하기를 바라십니다.

　우리의 삶의 모든 영역 특히 연애와 결혼이라는 친밀한 관계 속에서 그리스도를 주님으로 모시고 그분의 말씀에 순종할 때, 우리는 단지 개인적인 행복을 넘어 하나님 나라의 가치를 세상에 드러내는 빛과 소금의 역할을 감당할 수 있을 것입니다. 이것이 바로 우리를 향한 그리고 우리의 연애와 결혼을 향한 하나님의 뜻입니다.

　여러분의 연애와 결혼이 단순한 세상의 풍조를 따르는 것이 아니라 그리스도 안에서 새롭게 된 마음으로 하나님의 선하시고 기뻐하시고 온전하신 뜻이 무엇인지 분별하며 이루어지기를 소망합니다. 하나님의 도우심과 인도하심이 여러분의 연애와 결혼의 여정에 풍성히 함께하기를 기도합니다.

나눔을 위한 질문

1. 나의 연애관과 결혼관은 세상의 가치관과 어떤 점에서 다른가요?

2. 연애에서 '선을 지키는 것'의 의미와 중요성에 대해 어떻게 생각하시나요?

3. '복종'과 '사랑'이라는 단어가 부부관계에서 어떻게 실천할 수 있을지 나눠봅시다.

4. 출산을 포기하는 현실 속에서 생육하고 번성하라는 명령에 대한 당신의 생각은 어떤가요?

동거

사랑 맞습니까?

김정용 목사(부천 온새로교회)
목사로서의 자질이 부족함을 잘 알아 나름대로 정진하는 중입니다. 아내와 세 딸 사이에서 머슴 아닌 머슴처럼 지낼 때 행복을 느낍니다. 호렙미니스트리라는 단체에서 선교사님들을 응원하는 사역에 참여하고 있습니다.

들어가면서 : 옥탑방 고양이가 흔해지다

밀레니엄 시대에 들어선 2003년 여름, 한 방송국에서 방영한 드라마가 색다른 인기를 끌었습니다. 이름하여 '옥탑방 고양이'. 이 글을 읽는 여러분 중에도 이 이름을 들어보신 분이 있으리라 생각합니다. 옥탑에 사는 도둑고양이에 관한 이야기인가 싶지만 미혼 남자와 여자가 옥탑방에서 동거하며 일어나는 코믹한 사건들이 주된 에피소드였습니다.

당시 신학생이었던 저는 나름 세속(?)과 단절되어 있었기에 챙겨보지는 못했으나 드라마 인기의 여파로 혼전 동거의 찬반여부가 뜨거웠던 것만큼은 기억합니다. 그 무렵 인터넷 원작 소설에 등장한 내용을 드라마 소재로 삼을 정도로 동거는 자극적이지만 제법 호의적인 트렌드였습니다. 당시 대학가 게시판에는 '남녀 불문 룸메이트 구함'이라는 벽보가 버젓이 붙기도 했으니까요.

그때로부터 20년이라는 시간이 흘렀습니다. 우리의 인식은 어떻게 변했을까요? 여성가족부에서 발표한 '2023년 가족실태조사'에서 "결혼하지 않고 남녀가 함께 사는 것에 동의한다"라는 항목이 나오는데, 2020년에는 26.0%가 동의했고 2023년에는 39.1%가 동의했습니다.

통계로만 볼 때, 동거에 대한 일반인의 긍정 인식이 큰 폭으로 상승했다는 것을 알 수 있습니다. 청소년의 경우 혼전 동거를 부정적으로 인식하는 청소년 비율이 불과 38%로 동거에 대한 긍정인식이 크게 늘어나고 있습니다(통계청과 여성가족부의 '2016년 청소년의 결혼과 가사에 대한 인식' 조사).

아울러 '2024년 통계청 사회조사'에 따르면, 비혼 동거에 대한 찬성이 57.1%라고 하니 표본에 따른 차이가 있겠으나 동거에 대한 긍정적인 인식 전환이 빠르게 일어나고 있음은 분명합니다.

이를 반영한 듯 '2025년 인구주택총조사'에서는 '비혼동거'에 관한 문항이 신설된다고 합니다. 과거 옥탑방 고양이에서나 보았을 동거는 우리 주변에서 어렵지 않게 만날 수 있는 삶의 형태가 됐습니다.

1. 결혼은 미친 짓이다?

그렇다면 사람들은 왜 남녀관계에서 결혼이 아닌 동거의 방식을 고민하거나 선택하는 것일까요? 팀 켈러 목사는 결혼에 대한 현대사회의 믿음이 동거의 형태를 선호하게 만드는 것으로 봅니다. 그 믿음이란 다음과 같습니다.

1) '대부분의 결혼은 행복하지 않거나 결국 불행하게 끝난다'라는 믿음

가족이나 가까운 사람들의 순탄치 않은 결혼생활을 보고, 이혼이 잦은 사회 분위기를 통해 자연스레 학습된 것이라 할 수 있습니다. 사랑해서 결혼하지만 사랑을 지속하기에 결혼 관계는 한계가 있다는 믿음입니다.

2) '행복한 결혼을 꿈꾼다면 결혼의 열쇠로써 나와 잘 맞는 배우자를 찾아야 한다'라는 믿음

결혼은 상대방과의 동행이므로 상대가 어떤 사람인가가 중요합니다. 결혼한 후에야 상대방의 실체를 알고 후회한들 아무 소용이 없다는 뜻이겠지요. 따라서 결혼 전에 소위 '소울 메이트'를 찾아 만나야 한다고 믿습니다.

3) 결국 '동거는 나와 잘 맞는 사람을 찾도록 돕는다'라는 믿음

살아보면 알 수 있다는 논리입니다. 그래서 결혼하기 전에 섹스를 하는 것이 절대적으로 필요하고 섹스를 해보지 않으면 두 사람이 잘 맞는지 잘 알 수 없다고 생각합니다. 그렇게 확인한 상대가 적합한 대상이라면 결혼할 수도 있겠지만 그렇지 않다면 동거의 형태로 지내다가 적절한 시기에 헤어지면 그만입니다.

그 외에도 현실적인 편리와 유익이 동거를 근사하게 만듭니다. 같이 산다면 주거 비용도 절약되고 데이트 비용도 상당히 줄어듭니다. 게다가 둘만의 공간에서 마음껏 즐길 수 있다면 사랑이라는 감정에 충실할 수도 있을 것 같습니다. 물론 그 감정이 식으면 언제든 그만할 수 있다는 것도 장점이라면 장점입니다. 법적 구속력도 없으니 헤어짐이 결혼보다 덜 부담스럽습니다(결혼보다 덜 부담스럽다는 말이지, 동거 후 이별의 실제 피해는 상당하며 장기적일 수 있습니다).

복잡한 현대사회를 살아가는 사람들에게 동거는 남녀가 자유롭게 사랑할 수 있는 현실적인 대안으로 보입니다. 내 인생이 발목 잡히지 않아도 된다는 안도감을 주는 것도 같습니다. 그러니 혹자는 '결혼은 미친 짓이니 동거부터 하자!'라고 외칠 법도 합니다.

2. 사랑도 시승이 되나요?

자동차를 구매하기 전 시승을 해본 적이 있나요? 구매자에게는 매우 중요한 과정입니다. 앞으로 오랜 시간 타고 다닐 자동차이니 시운전을 통해 좌석의 편안함, 차량의 안정성, 소음 및 진동, 브레이크 성능, 가속 기능 등을 미리 확인하는 것이 지혜롭습니다. 만약 마음에 드는 차량이 아니라면 시승을 했어도 구입할 필요는 없습니다. 내게 맞지 않다는 사실을 확인한 것 자체가 성과입니다.

이런 지혜를 동거에 적용하면 어떨까요? 예전에 한 노총각이 신부를 구하는 신문광고를 내었습니다. 내용 중에는 "6개월의 연수 기간을 거친 후 결혼 여부를 결정한다"라는 특이한 대목이 있었습니다. 당사자에게 확인하지 못해 연수 기간이 정확히 무엇을 의미하는지 알 수 없지만 상대방에 대해 면밀히 알아본다는 의미인 것은 분명했습니다.

만약 동거라는 행위를 통해 상대를 확인한 후 다음 행보를 결정짓는다면 꽤 지혜로운 판단이 되지 않을까요? 6개월을 살아보니 괜찮은 사람이라면 결혼을 하고 그렇지 않으면 헤어지고 다시 다른 사람을 찾는 것입니다.

문제는 동거의 상대가 자동차가 아니라 사람이라는 데 있습니다. 시승하고 결정하는 자동차는 생명체가 아닙니다. 시승한 자동차를 거부한다고 해서 대상에게 아픔이나 상처를 남기지 않습니다. 그러나 동거 후 이별은 자동차 시승과는 차원이 다릅니다. 인격을 가진 사람에게는 후유증을 남깁니다. 쌍방의 관계에서 누군가는 아픔을 겪게 되어 있습니다. 한 조사에서 동거의 가장 큰 단점을 묻는 질문에 "이별 후 피해가 크다"라는 의견이 가장 많았다는 것은 동거를 시승처럼 가벼이 할 수 없다는 점을 보여줍니다.

동거를 주장하는 사람들은 동거가 결혼생활을 견고하게 해줄 것이라는 믿음을 가지기도 합니다. 그러나 알려진 여러 연구에서 결혼 전 동거한 커플이 그렇지 않은 커플보다 결혼 후 만족감이 떨어질 뿐 아니라 이혼할 가능성이 더 큰 것으로 나타났습니다. 결혼 전에 다른 파트너와 동거 경험이 있는 경우에는 이혼율이 두 배 더 높아진다는 연구 결과도 있습니다.

법적 보호를 받지 않기 때문에 재정적 문제나 자녀 양육 등에서 어려움을 겪을 수 있는 가능성이 큽니다. 동거하는 동안 서로에 대한 신뢰나 헌신이 결혼에 비해 덜 확실하기 때문에 감정적으로도 불안정할 수 있습니다. 사랑을 위해 또는 확인을 위해 동거라는 시승을 할 수는 있겠지만 동거생활은 자동차 시승과는 다를뿐더러 생각보다 안전하지 않습니다. 그럼에도 불구하고 많은 사람들에게 동거는 여전히 매력적인 세상입니다.

3. 이상한 신세계에서

동거는 우리 사회에 나타난 일시적인 현상은 아닙니다. 개인의 동거는 각자의 사정에서 기인하지만 동거에 대한 사회적 인식변화에 대해서는 조금 더 큰 그림을 볼 필요가 있습니다. 바로 '성혁명'(sexual revolution)이라는 사상적 흐름입니다. 성혁명이란 1960-70년대에 서양에 불어닥친 성에 대한 획기적인 인식변화를 말합니다. 과거 규범적이고 전통적인 기독교적 성윤리를 전면 거부하고 완전히 새로운 차원의 성적 태도를 인정하고 표출하자는 운동입니다. 다른 말로는 '성해방' 이라고도 할 수 있습니다. 가령 일부일처제나 이성 간의 결혼을 벗어난 성관계를 비도덕적으로 여기지 않습니다. 동성애, 소아성애, 혼전 성관계와 같은 영역을 성적 자유로 볼 뿐 아니라 이와 같은 자유로운 사고와 행동을 촉진하려는 사회적인 변화입니다. 이른바 LGBTQ+운동(레즈비언, 게이, 양성애자, 트랜스젠더, 퀴어의 연합)은 성혁명의 필연적인 결과입니다.

1948년에 출판한 '킨제이 보고서'와 같은 자료는 성혁명을 가속화시켰습니다. 저자 알프레드 킨제이는 10만 명 정도의 집단을 조사하고 인터뷰한 보고서를 발표했습니다. 주로 숫자와 도표, 그래프로 구성된 학술보고서이지만 동성애, 혼외정사, 혼전순결, 난교와 같은 자극적인 주제를 다루어서인지 출간 즉시 베스트셀러가 됐습니다. 통계를 위한 표본집단에 중대한 왜곡이 있다는 비판에도 불구하고 성혁명에 큰 동력이 되었습니다.

킨제이 보고서는 성과 성적 만족이 인간 존재의 관건이며 행복인 것을 주장하면서 전통적 성윤리에 대한 의심을 크게 증가시켰습니다. 특히 사람들이 성적 관계를 맺는 방식이 매우 다양함을 보여주어 결혼이라는 제도가 성적 관계의 유일한 형태가 아님을 강조했습니다. 이는 자연스럽게 동거와 비혼관계의 확산을 촉진하는 요인이 됐습니다. 현대사회는 이런 성혁명의 영향으로 자신의 성적 정체성을 드러내고, 자신이 원하는 방식으로 성적 행위를 하는 것이야말로 인간적인 것으로 이해하게 됐습니다.

칼 트루먼 교수는 성혁명이 만들어 낸 현대문화를 분석한 자신의 책을 'Strange New World'(이상한 신세계)라 명명했습니다. 당연한 것이 당연하지 않은 것이 되고 당연하지 않은 것이 당연한 것이 되어 버린 시대의 분위기를 반영했습니다.

하나님의 법을 따라 살아가려는 그리스도인들이 마주한 이 세계는 이상한 신세계임에 분명합니다. '모든 사람들은 자기가 가장 좋아하는 것을 할 권리가 있다'라는 식의 무한한 자유의 갈망이 과연 인간을 행복하게 할 수 있을까요? 이 과도한 욕심이 결국 아담과 하와를 에덴에서 쫓겨나게 한 것이 아니던가요? 성도는 에덴을 벗어나 이상한 신세계에 살고는 있지만 본향을 잊지 말아야 합니다. 하나님이 주신 건전한 삶의 방식이 있음을 기억할 필요가 있습니다. 이 신세계를 좌우하는 어긋난 법칙을 분별해내고 하나님 나라의 법을 지킬 때 참자유와 행복이 있습니다. 진정한 자유는 진리의 기초 위에 선 자유입니다.

"진리를 알지니 진리가 너희를 자유롭게 하리라"(요 8:32).

4. 사랑이라는 이유로

성혁명이 인간에게 가져다준 열매는 자기애를 충족시키는 성적 만족입니다. 성적 정체성을 찾고 성적 취향에 맞는 행동을 하고 감정을 만족시킬만한 사랑을 누리고 그 감정이 시들면 또 다른 사랑을 찾아 나서고 그마저도 소모적이라 생각하니 모르는 사람과 만나 하룻밤 즐기고 헤어지는 감정 없는 섹스를 추구하는 훅업(Hook-up) 문화도 등장했습니다. 이 모든 생각과 활동에는 자기를 향한 사랑이 자리 잡고 있습니다. 이런 경우 성의 효능은 자기만족입니다. 성혁명의 신세계는 자기를 사랑하기 위해 모든 성적 수단을 사용할 자유를 주었습니다.

성혁명 이후 사람들은 동거를 비롯한 여러 가지 성적 활동을 통해 성의 즐거움을 만끽했지만 정작 성이 주는 소중한 가치를 약화시켰습니다. 동거생활을 성적인 문제로만 볼 수 없겠지만 동거생활의 위험 중 하나는 성의 진정한 즐거움과 가치를 상실한다는 데 있습니다.

보통 남녀가 섹스를 통해 누리는 성적 즐거움의 기한을 3~4년 정도로 보는데 성적 만족의 정도가 현저히 떨어지면 동거의 매력도 떨어집니다. 동거를 지속할 이유가 사라지면 관계를 청산하고 헤어지는 것은 기정사실이라고 봐야 합니다. 이런 경우 남녀의 성은 쾌락을 위한 수단 그 이상도 그 이하도 아닙니다.

섹스의 기원은 단순히 성적 욕망이 아니라 하나님께 있습니다. 그 욕망을 가지는 존재가 하나님에 의해 창조되었기 때문입니다. 구약성경이 묘사하는 성의 아름다움과 즐거움을 보면 하나님이 부여해주신 성은 원래 좋은 것입니다. 하나님께서 인간을 성적 존재로 창조하셨다는 것은 창조의 목적이 성에도 있다는 것입니다. 그렇다면 웨스트민스터 소요리문답의 첫 번째 문답은 당연히 성의 문제에도 적용됩니다.

"문 : 사람의 첫째 되는 목적은 무엇입니까?
답 : 사람의 첫째 되는 목적은 하나님을 영화롭게 하고 그를 영원토록 즐거워하는 것입니다."

창조의 목적과 질서에 부응하도록 성을 사용한다면 하나님을 영화롭게 할 것이요, 하나님이 주시는 건강한 즐거움을 누릴 수 있습니다. 그렇다면 하나님께서 주신 섹스의 목적이 무엇일까요? 첫 번째 목적은 번식입니다. 하나님은 인류가 생육과 번성으로 지속될 수 있도록 남녀관계에서 섹스를 주셨습니다(창1:28). 즉 섹스는 하나님의 선한 계획안에 있습니다. 두 번째 목적은 한 몸이 되는 관계입니다. 하나님은 사람과 사람이 서로 사랑하고 섬기는 관계, 더 나아가 서로를 보완하는 하나 된 관계를 원하셨습니다. 섹스는 남녀의 성적 연합을 통해 관계의 하나 됨을 이루는 좋은 도구입니다. 이는 결혼이라는 제도 안에서만 누릴 수 있는 관계입니다.

동거가 이런 목적에 부합하는 성을 누릴 수 있을까요? 동거는 지속되는 관계보다는 만남과 헤어짐의 편리성으로 맺어진 관계에 가깝습니다. 이런 관계 속에서는 섹스의 선한 목적이 온전히 구현될 수 없습니다. 평생의 헌신을 전제로 하지 않은 관계입니다. 가족을 이루는 데에도, 서로에게 평생의 동반자, 돕는 배필이 되는 데에도 큰 한계가 있습니다. 삶을 연합하려는 의도는 없이 삶을 연합하는 행위를 함으로써 성의 본질적 의미를 파괴하는 죄입니다.

동거가 사람들에게 매력적인 이유는 생활의 자유로움과 감정의 즉각적인 충족을 추구하기 때문입니다. 그러나 동거는 이 세상에서 인간적인 만족을 넘어서는 깊은 영적인 의미와 지속적인 헌신을 요구하는 사랑을 추구하지 않습니다. 법적 구속력도 없고, 때로는 감정적 불안을 가져올 수 있습니다. 서로에 대한 책임과 헌신이 부족

할 수밖에 없기 때문에 그 관계는 표면적으로는 사랑처럼 보일지라도 하나님께서 원하시는 사랑의 형태가 아닙니다.

폴 램지는 동거생활에서 이루어지는 성관계에 대해 "하나님이 짝지어 주신 것을 인간이 나누려는 시도"라고 지적했습니다. 하나님은 우리가 단지 좋아하거나 사랑받는 감정에 머물지 않고 결혼이라는 제도 안에서 서로를 끝까지 사랑하며 섬기기를 원하십니다.

5. My heart will go on

영화 '타이타닉'의 주인공 잭과 로즈는 유람선에서 만나 신분의 차이를 뛰어넘어 깊은 사랑을 나눕니다. 안타깝게도 타이타닉은 침몰하게 되고 잭은 연인 로즈를 살려내고 배와 함께 차가운 바닷속으로 가라앉습니다. 두 사람의 짧은 사랑은 그렇게 끝이 나고 맙니다. 관객들은 이 영화의 슬픈 마지막에 눈시울을 붉혔습니다. 배가 침몰할 때 선장은 끝까지 키를 잡았고 음악가들은 탈출을 시도하는 대신 찬송가 'Nearer, My God, to Thee'(내 주를 가까이)를 연주합니다. 그런 장면들 속에서 주인공 잭이 자신의 생명으로 로즈를 살려내니 아가페적 사랑의 요소도 보입니다. 영화의 엔딩 크레딧은 그 유명한 노래 'My heart will go on'과 함께 올라갑니다.

이런 상상을 해봅니다. '잭이 죽지 않았다면?' 그의 헌신적인 사랑과 인상적인 주제가로 보건대 두 사람은 결혼해서 오래오래 행복하게 살았을지도 모릅니다. 그랬다면 이 영화의 중요한 흥행요소는 물거품처럼 사라지고 말았겠지요. 결혼 40주년을 맞은 노부부가 그동안 어떤 인내를 했으며 어떻게 용납하고 서로에게 헌신했는지를 궁금해하는 사람은 그리 많지 않습니다. 사람들의 관심은 주로 운명적인 사랑과 뜨거운 감정의 교류입니다. 이것이 우리 시대가 생각하는 사랑의 모습일 것입니다.

사랑은 감정의 영역 안에서만 살아있는 것일까요? 소위 영화 같은 사랑, 나와 딱 맞는 사람을 찾아 헤매는 사랑이 좋은 사랑의 공식일까요? 동거하지 않으면 사랑할 수 없을까요? 동거 없이는 짝을 만날 수 없을까요? 동거 없이 하는 결혼은 미친 짓일까요? 동거도 사랑을 위한 인간관계의 한 형태입니다. 동거는 분명 현실적인 측면에서 매력적인 선택처럼 보일 수 있습니다. 그러나 동거는 인간이 하나님의 형상으로서 누릴 수 있는 사랑과는 거리가 멉니다.

성경은 사랑을 단순히 감정적 쾌락이나 개인의 자유를 추구하는 것이 아닌 하나님과의 관계에서 비롯되는 고백적이고 헌신적인 관계로 정의합니다. 성도의 사랑은 창조된 인간 본연의 것으로서 하나님의 성품을 닮은 사랑이어야 합니다.

"사랑은 여기 있나니, 우리가 하나님을 사랑한 것이 아니라, 그가 우리를 사랑하사, 우리 죄를 속하기 위해 그의 아들을 보내셨기 때문이라"(요일 4:10).

하나님께서 보여주신 참된 사랑은 조건에 맞는 탐색 끝에 오는 사랑이 아닙니다. 하나님의 사랑은 자신의 감정을 만족시켜주는 선에서 지속되는 사랑이 아닙니다. 하나님은 무조건적으로 우리를 사랑하셨고 우리를 사랑하시되 끝까지 사랑하시는 모습입니다. 예수 그리스도께서 보여주신 사랑 속에 하나님의 형상이 가진 사랑이 있습니다.

나가면서 : 동거하지 않아도

결혼은 참된 사랑을 배우고 실천하는 중요한 삶의 방식입니다. 결혼은 단순히 두 사람이 사랑하는 감정만으로 이루어지는 것이 아니라 하나님의 뜻 안에서 서로를 헌신적으로 섬기며 살아가는 과정입니다.

"이러므로 사람이 부모를 떠나 그의 아내와 합하여 둘이 한 몸이 될지니라"(창 2:24).

하나님은 결혼을 통해 남자와 여자가 서로의 부족함을 채우며 그 사랑을 통해 하나님을 나타내라고 명령하셨습니다. 결혼은 단순한 계약이나 의무가 아닌 그리스도의 교회와의 관계를 반영하는 신성한 결합입니다. 결혼을 통해 배우자와의 사랑을 깊이 경험하며 그 사랑을 하나님께 드리는 일련의 과정은 신앙과 삶의 중요한 부분입니다. 물론 감정적인 단절이 일어나는 순간도 옵니다. 그러나 바로 그 시기가 있기에 결혼은 빛이 납니다. 사랑을 다듬고 극복하는 시기를 가지기 때문입니다. 자연스러운 감정으로 느끼는 사랑만이 사랑의 전부가 아니라는 C.S.루이스의 말은 지금 우리 시대에 중요한 지적입니다.

> "물론 '사랑을 느끼지 않게 되었다'는 것이 꼭 '사랑하지 않게 되었다'는 뜻은 아닙니다. 이와 같은 두 번째 의미의 사랑-'사랑의 느낌'과 구별되는 사랑-은 단순한 감정이 아닙니다. 그것은 의지로 유지되며 의도적인 습관으로 강해지는 깊은 연합, 두 사람이(그들이 그리스도인 부부라면) 하나님께 구해서 받는 은혜로써 강화되는 깊은 연합니다. 그들은 서로에게 좋은 감정이 느껴지지 않는 순간에도 이런 사랑을 할 수 있습니다. 자기 자신에게 좋은 감정이 느껴지지 않을 때에도 자신을 사랑할 수 있는 것처럼 말이지요…… 결혼의 엔진을 계속 가동시키는 것

은 이 두 번째 사랑입니다. 사랑의 느낌은 그 시동을 걸어 주었을 뿐입니다." - C.S. 루이스 '순전한 기독교'

결혼 상대를 찾기 위해 동거생활을 하는 것은 결혼의 원리와 의미에 대해 오해하기 때문에 발생하는 헤프닝입니다. 동거하지 않아도 됩니다. 그리스도인은 동거하지 않음으로써 동거가 줄 수 없는 진정한 사랑을 찾을 수 있습니다.

독신의 삶 또한 하나님 앞에서 의미 깊고 중요한 삶의 방식입니다. 예수님은 독신으로 살면서 하나님의 뜻을 온전히 이루셨고, 바울 사도도 독신으로서 복음을 전파하며 많은 열매를 맺었습니다. 독신은 불완전하거나 결핍된 삶이 아닙니다. 오히려 하나님께 헌신하고 자신의 삶을 그분의 뜻을 위해 온전히 드릴 수 있는 기회입니다. 에로스의 사랑 없이 아가페적인 사랑으로 사는 것도 하나님의 특별한 부르심입니다.

"32 너희가 염려 없기를 원하노라 장가 가지 않은 자는 주의 일을 염려하여 어찌하여야 주를 기쁘시게 할까 하되 33 장가 간 자는 세상 일을 염려하여 어찌하여야 아내를 기쁘게 할까 하여 34 마음이 갈라지며 시집 가지 않은 자와 처녀는 주의 일을 염려하여 몸과 영을 다 거룩하게 하려 하되 시집 간 자는 세상 일을 염려하여 어찌하여야 남편을 기쁘게 할까 하느니라"(고린도전서 7:32~34).

독신은 하나님과의 깊은 관계 속에서 자신을 성결하게 구별하며 살아가는 삶으로, 결혼하지 않은 자도 하나님의 사랑을 실천할 수 있는 길을 제시합니다.

동거는 참된 사랑의 길로 인도하지 않습니다. 하나님께서 정의하신 결혼과 독신의 의미를 깨닫고 그 안에서 진정한 사랑을 실천하는 삶을 살아가는 것이 중요합니다. 결혼과 독신은 각각 다른 방식으로 하나님께 헌신하는 길입니다. 결혼은 하나님 앞에서 두 사람이 한 몸이 되어 사랑을 나누고 서로에게 진지하게 헌신하는 삶을 의미합니다. 반면 독신은 자신을 온전히 하나님께 헌신하며 세상의 유혹과 욕망에서 벗어나 그리스도를 따르는 삶입니다. 결혼이나 독신 모두 하나님께서 주신 소중한 부르심입니다.

나눔을 위한 질문

1. 현대인들이 동거생활을 선호한다면 그 이유는 무엇입니까?

2. 결혼생활이 매력적이지 않은 이유는 무엇일까요? 동거가 결혼의 오해로부터 나온 현실적인 반작용이라 할 수 있다면 결혼에 대해 정립해야 할 가치관은 어떤 것이 있을까요?

3. 한국사회에 동거하는 커플이 많아진다면 사회에 미치는 영향은 어떨까요?

4. 교회 안에 동거 커플이 있다면 교회(또는 성도)는 그들을 어떻게 대해야 할까요?

저출산
무자식이 상팔자인가?

김대중 목사(대전 한밭교회)
연세대학교 신학과와 고려신학대학원 목회학 석사, 미국 칼빈신학교와 SWBTS 신학교에서 기독교윤리학을 전공했다. 고려신학대학원과 서울성경신학대학원대학교에서 기독교윤리학과 조직신학 외래교수였으며, 현재는 대전 한밭교회에서 목회하고 있다.

들어가면서 : 위기의 시대를 맞이하며

한국 사회는 세계에서 가장 낮은 출산율이라는 전례 없는 위기를 맞고 있습니다. 2023년 합계출산율은 0.72명으로 인구 유지를 위한 대체출산율 2.1명의 1/3 수준에 불과합니다. 이 출산율을 반영해 계산하면 현재 20쌍의 부부 40명은 다음세대로 가면 단 7명만 남게 되고 그 다음세대는 없어진다는 경악스러운 결과가 나옵니다. 그래서 정부는 이 사태의 해결을 위해 지난 18년간 약 380조 원을 투입했지만 이 추세를 막지 못하고 있습니다. 이는 저출산 문제가 단순히 경제적 지원만으로는 해결되지 않는 복합적인 사회 문제임을 보여줍니다.

이러한 현실 속에서 우리 신앙인들은 어떻게 해야 할까요? 신앙인으로서 이 문제를 어떻게 이해하고, 지혜와 사랑으로 접근할 수 있을까요? 2030세대의 고민과 현실을 이해하면서도 하나님의 말씀에 기초한 실천적 방안을 함께 살펴보고자 합니다.

1. 저출산 문제의 근본 원인 : 2030세대는 왜 아기를 낳지 않는가?

1) 경제적 불안정과 미래에 대한 두려움

오늘날 2030세대가 직면한 가장 큰 문제 중 하나는 경제적 불안정입니다. 높은 주택 가격과 불안정한 고용 상황, 그리고 자녀 양육과 교육에 필요한 막대한 비용은 젊은이들에게 큰 부담으로 다가옵니다. 이에 관한 연구조사들을 보면 출산을 포기하는 이유 중 '경제적 비용'이 가장 높게 나타났습니다(최종일 논문 '인구절벽 시대에 기독 청년층을 위한 목회 돌봄에 관한 연구 : 성경을 근거로 하는 이야기 치료를 중심으로' 2020).

2024년 영국 BBC는 젊은 여러 한국 여성과 이 문제를 두고 인터뷰를 했습니다. 그들은 "집값이 너무 비싸 감당할 수 없다"라며 주택 문제에 대해 깊은 우려를 표현했습니다. 이 말처럼 많은 청년은 서울에서 점점 더 멀리 밀려나면서도 여전히 자신의 집을 마련하지 못하는 현실에 직면하고 있습니다. 이러한 상황 속에서의 결혼과 자녀 출산은 종종 경제적 부담을 가중시키는 선택으로 여겨지곤 합니다.

2) 일과 가정의 양립 어려움

한국 사회에서 여성들의 교육 수준과 직업적 성취는 크게 향상되었지만 가정 내 역할 분담과 직장에서의 처우는 그에 비례하여 발전하지 못했습니다. 한 30세 TV 프로듀서는 이런 말을 했습니다. "집안일과 육아를 똑같이 분담할 남자를 찾기 어렵고, 저녁 8시에 퇴근하니 아이를 키울 시간이 나지 않습니다." 여성에게 불균형적으로 부과되는 육아와 가사 부담은 출산하지 않는 여성들이 내세우는 강력한 논리입니다. 위의 프로듀서가 언급했듯 "집안일과 육아를 똑같이 분담할 남자를 찾기 어렵다"라는 현실은 많은 여성이 결혼과 출산을 주저하게 만듭니다.

또한 "아이를 낳으면 직장을 떠나야 한다는 암묵적 압박이 있다." 역시 출산을 미루는 많은 직장 여성들이 종종 하는 말입니다. 이는 경력 단절에 대한 두려움으로 출산을 미루거나 포기하는 여성들의 현실을 보여줍니다. 한 39세 영어학원 강사는 말하길, 자신은 자녀를 갖고 싶지만 일과 생활로 너무 바빠 출산과 육아가 불가능하다며 남편의 육아휴직 가능성에 대해서도 회의적인 시선을 보였습니다.

3) 과도한 경쟁과 교육열, 삶의 질에 대한 고민

한국의 고강도 경쟁 문화는 어린이부터 성인에 이르기까지 모든 연령층에 영향을 미칩니다. '자기 계발을 하지 않으면 낙오자가 될 것이라는 두려움'은 많은 청년들 속에 상존하는 불안이며 이는 여가와 휴식, 가족과 보내는 시간을 희생하게 만듭니다. 특히 자녀 교육에 대한 사회적 기대와 압박은 출산 결정에 큰 영향을 미칩니다. "아이 한 명당 한 달에 120만 원까지 쓰는 걸 봤는데 그렇게 하지 않으면 아이들이 뒤처진다"라는 말처럼, 많은 부모들은 자녀가 경쟁에서 뒤처지지 않도록 과도한 사교육비를 감당해야 한다는 부담을 느낍니다. 그러면서 그렇게 잘 키울 자신이 없다면 차라리 낳지 않겠다는 선택을 하게 됩니다.

상기 BBC와의 인터뷰에서 한 32세 여성은 어릴 때부터 지속해 온 공부에 너무 지쳤다면서 "한국은 아이가 행복하게 살 수 있는 곳이 아니라"고 결론 내렸다고 털어놨습니다. 이는 단순히 자기 삶의 질 뿐만 아니라 미래 자녀의 행복과 웰빙에 대한 진지한 고민을 드러냅니다. 이러한 우려는 단순한 이기심의 문제로 볼 것이 아니고 한국 사회의 구조적 문제들에 대한 현실적인 고민입니다.

2. 성경에서 보는 가정과 출산, 양육의 의미

그러나 우리가 반드시 주지해야 할 것은 이런 어려움에 대한 해법을 모색하기 전에 가정과 출산, 양육에 대한 올바른 관점을 가져야 한다는 점입니다. 문제를 바르게 진단하기 위해서는 먼저 성경에서 제시하는 가정과 출산, 양육에 대한 바른 개념을 알아야 합니다.

1) 하나님의 선물로서의 가정

성경은 가정을 단순한 사회적 구성체가 아니라 하나님이 직접 만드신 특별한 공동체로 봅니다. 가정은 하나님이 창조하신 가장 기본적인 사회 단위이자 하나님의 사랑과 은혜가 실현되는 첫 번째 장소입니다. "이러므로 남자가 부모를 떠나 그의 아내와 합하여 둘이 한 몸을 이룰지로다"(창 2:24)라는 말씀은 결혼이 단순한 사회적 계약이 아니라 하나님께서 직접 세우신 언약 관계임을 보여줍니다. 이 언약 관계 안에서 부부는 서로에게 헌신하고 서로를 통해 하나님의 사랑을 경험하게 됩니다.

가정은 또한 하나님의 형상을 반영하는 공간입니다. 남편과 아내의 관계는 그리스도와 교회의 관계를 반영하며(엡 5:22~33) 부모와 자녀의 관계는 하나님과 그의 자녀들 간의 관계를 보여줍니다. 이러한 의미에서 가정은 하나님의 본성과 사랑이 구체적으로 드러나는 '작은 교회'와 같고 한 사람의 건전한 인격과 신앙 형성을 위해 반드시 필요한 '학교'이기도 합니다.

2) 자녀 : 하나님의 복과 선물

성경은 일관되게 자녀를 하나님의 복과 선물로 묘사합니다. "자식은 여호와의 주신 기업이요 태의 열매는 그의 상급이로다"(시 127:3)라는 말씀은 자녀를 경제적 부담을 주는 존재로 볼 것이 아니고 하나님께서 주시는 값진 선물로 봐야 함을 의미합니다. 출산은 개인적 선택의 문제가 아닌 하나님의 섭리임을 의미하기도 합니다. 시편 127편은 계속해서 "젊은 자의 자식은 장사의 수중의 화살 같으니 이것이 그의 화살통에 가득한 자는 복되도다"(시 127:4~5)라고 말함으로써 자녀가 많은 것이 부담이 아니라 축복임을 보여줍니다. 다시 말해 하나님은 '축복'으로 자녀를 주는 것입니다. 물론 이는 모든 사람이 다 많은 자녀를 가져야 한다는 의미는 아니지만 성경이 자녀에 대해 가지는 긍정적 관점을 잘 보여줍니다. 또한 창세기의 "생육하고 번성하라"(창 1:28)는 말씀은 단순한 인구 증가의 명령이 아닙니다. 이는 하나님의 형상을 지닌 존재들을 통해 세상에 하나님의 영광을 드러내라는 문화명령의 핵심입니다. 자녀를 낳고 양육하는 것은 하나님의 창조 사역에 동참하는 의미를 갖습니다.

3) 세대를 잇는 신앙의 전수

그리스도인 가정의 중요한 역할 중 하나는 다음세대에게 신앙을 전수하는 것입니다. 신명기 6장은 부모가 자녀에게 하나님의 말씀을 가르치라고 명령합니다.

"오늘 내가 네게 명하는 이 말씀을 너는 마음에 새기고 네 자녀에게 부지런히 가르치며 집에 앉았을 때에든지 길을 갈 때에든지 누워 있을 때에든지 일어날 때에든지 이 말씀을 강론할 것이며"(신 6:6~7).

가정은 자녀들이 처음으로 하나님을 만나고 신앙의 기초를 세우는 곳입니다. 부모는 말씀과 기도, 그리고 일상의 삶을 통해 자녀들에게 살아계신 하나님을 보여줍니다. 이러한 신앙 전수는 단순히 교회 출석이나 종교의식을 넘어 하나님과의 인격적 관계를 발전시키고 모든 삶의 영역에서 그리스도의 주되심을 인정하는 삶을 가르치는 것을 의미합니다. 특히 오늘날과 같이 급변하는 세상에서 견고한 성경적 세계관과 가치관을 갖춘 다음세대를 양성하는 것은 교회와 사회의 미래를 위해 매우 중요합니다. 가정에서 신앙을 배우고 실천한 자녀들은 장차 교회와 사회의 중요한 구성원이 되어 하나님의 나라를 세워갈 것입니다.

4) 가정의 목적 : 하나님 나라 확장의 도구

성경적 관점에서 가정은 단순히 개인적 행복을 위한 공간이 아니라 하나님 나라의 가치를 실현하고 확장하는 중요한 도구입니다. 초대교회에서 가정은 복음이 전파되는 중심 거점이었습니다. 사도행전과 서신서에 등장하는 여러 '가정교회'들은 복음 전파와 제자 양육의 핵심 역할을 담당했습니다(행 16:14~15, 롬 16:5).

오늘날에도 그리스도 중심의 가정은 복음의 영향력이 사회로 확장되는 통로가 됩니다. 자녀들은 가정에서 배운 가치와 신앙을 학교, 직장, 이웃 관계 등 삶의 모든 영역으로 가지고 나갑니다. 이런 의미에서 자녀 양육은 단순한 사적인 일이 아니라 하나님 나라를 확장하는 선교적 사명이기도 합니다.

3. 대책 : 어떻게 저출산 문제에 접근할 것인가?

1) 인식의 전환 : 자녀와 가정에 대한 새로운 시각

저출산 문제 해결의 첫걸음은 결혼과 자녀에 대한 인식의 전환입니다. 세상은 자녀를 경제적 부담이나 자유를 제한하는 존재로 보는 경향이 있지만 위에서 봤듯 성경적 관점에서 자녀는 하나님의 복이자 기업입니다. 육아에 대한 인식도 그렇습니다. '육아' 하면 독박육아와 고통 같은 부정적인 이미지만 현대사회에 만연합니다. 그러나 우리가 잊고 있거나 간과하는 육아 이미지가 있습니다. 자녀를 키우는 과정에서 경험하는 기쁨과 성장, 사랑의 깊이는 어떤 직업적 성취나 물질적 풍요로도 대체할 수 없는 가치를 지닙니다.

정지우 작가는 '그래도 육아'라는 책에서 부모는 자녀를 낳아 키우면서 말로 형용할 수 없는, 무엇으로도 교체 불가능한 기쁨을 누릴 수 있다고 말합니다. 현대인들은 '육아는 행복하고 즐거운 것, 보람된 것'이라는 상상력을 회복할 필요가 있습니다. 물론 이 말은 현실적인 어려움을 무시하자는 의미가 아닙니다. 젊은 세대의 고민과 어려움을 깊이 이해하고 공감하는 가운데 가정과 자녀에 대한 더 풍성한 의미와 가치를 발견할 수 있도록 돕는 것이 중요합니다.

2) 교회의 역할 : 인식을 전환시키고 짐을 나눠지도록 도움

교회가 가지고 있는 뛰어난 자산은 위의 인식 전환을 가능케 하는 '설교'란 도구를 가지고 있다는 점입니다. 결혼과 가정, 자녀에 대한 부정적이고 세속적인 이미지와 인식을 강단에서 선포되는 설교로써 긍정적, 성경적인 이미지와 인식으로 전환시킬 수 있습니다.

교회는 젊은이들이 세상의 성공과 물질적 안정만을 추구하는 것이 아니라 하나님 나라의 가치를 중심으로 삶의 우선순위를 재정립할 수 있도록 도와야 합니다. "너희는 먼저 그의 나라와 그의 의를 구하라 그리하면 이 모든 것을 너희에게 더하시리라"(마 6:33)는 말씀처럼 하나님을 신뢰하며 그분의 인도하심을 따르는 삶의 방식을 가르치는 것이 중요합니다. 그리고 젊은이들에게 결혼과 가정의 영적 의미와 가치를 가르치고 세상의 성공 지표가 아닌 하나님 나라의 관점에서 삶의 목적을 찾도록 도울 수 있습니다.

결혼을 앞둔 젊은이들에게는 성경적 결혼관과 가정관을 가르치는 예비부부 교육, 기독교 세계관 교육 등을 통해 준비된 결혼생활을 할 수 있도록 도울 수 있습니다. 또한 "서로 짐을 지라 그리하여 그리스도의 법을 성취하라"(갈 6:2)는 말씀처럼 교회는 젊은 부부들의 결혼과 육아를 개인의 책임으로만 두지 않고 공동체가 함께 감당해야 합니다. 이는 구체적인 지원 시스템을 마련하는 것을 의미합니다.

당진동일교회의 사례는 교회가 어떻게 출산과 육아를 실질적으로 지원할 수 있는지 보여줍니다. 이 교회는 "자녀 셋은 기본"이라는 말이 자연스럽게 나올 정도로 성도들의 아이들이 많습니다. 그 비결은 교회의 적극적인 돌봄 시스템에 있습니다. 그 교회는 27년째 'VCA 비전 스쿨'을 운영하며 하교 후부터 저녁 8시 이후까지 아이들을 돌봅니다. 교회에서 간식과 저녁식사를 제공하고 영어와 수학, 인성교육 프로그램 등을 운영합니다. 대부분의 봉사자는 '친구 엄마'들이기에 아이들은 정서적으로 안정적인 환경 속에서 돌봄을 받습니다. 이는 맞벌이 부부의 가장 큰 고충인 '돌봄 공백'을 교회가 해소해 주는 것입니다.

그 결과는 놀랍습니다. 2020년 당진시에서 태어난 신생아 가운데 약 12.4%(150여 명)가 이 교회 성도들의 자녀입니다. 당진 지역의 출산율(1.03명)은 충남에서 가장 높은데 여기에 이 교회의 기여도를 무시할 수 없습니다. 당진동일교회의 네 자녀의 어머니인 이남호(49) 집사는 "교회가 없었더라면 둘 낳기도 버거웠을 것 같다"라면서 "교회가 안전하게 아이 넷을 모두 돌봐줬는데 사실 한 명 더 낳고 싶다"라고 말했습니다. 이는 교회의 돌봄 시스템이 출산 결정에 얼마나 큰 영향을 미치는지 보여줍니다.

또한 교회는 사회의 가정 친화적 환경 조성에도 기여할 수 있습니다. 일례로 당진동일교회는 '당진시 민간운영 방과 후 돌봄 지원 사업자'로 선정되어 지자체와 협력하고 있습니다. 이수훈 담임목사는 "시와 협약을 통해 돌봄교실 운영에 대한 제도적 보호를 받게 되면서 날개를 달았다"라고 말합니다. 이는 교회와 지역사회의 협력이 돌봄 서비스를 더욱 효과적으로 만들 수 있음을 보여줍니다.

이외 교회가 출산을 장려하기 위한 실천적 방안으로는 다음과 같은 것들이 있습니다.

부부 멘토링 프로그램 : 성숙한 신앙을 가진 선배 부부들이 새로 결혼한 젊은 부부들을 멘토링하여 신앙 안에서 가정을 세우는 지혜를 나눕니다.

교회 내 육아 지원 시스템 : 주일학교와 연계한 품질 높은 보육 서비스, 부모들의 휴식을 위한 '부모의 밤' 프로그램, 교회 내 육아 공동체 형성 등을 통해 부모들의 부담을 경감합니다. 참고로 필자의 교회는 어린아이를 둔 젊은 부부들을 위해 보육팀을 창설했습니다. 그래서 최소한 분유를 먹을 수 있는 영아들은 공예배 시간이나 성경공부 시간에 거의 반강제로 보육팀에 맡기게 하여 부부가 반드시 예배에 참여하도록 권합니다. 그렇게 되니 젊은 부부들이 예배 시간만큼은 보육의 부담에서 벗어나 온전히 예배에 집중할 수 있게 되어 젊은 부모들의 호응도와 만족도가 높고, 그들의 영성 관리에 큰 도움이 되고 있습니다.

경제적 지원 : 출산 축하금, 교육비 지원 등의 실질적인 도움을 제공합니다.

유연한 교회 활동 : 육아와 직장 일정을 고려한 유연한 예배 및 모임 시간 편성, 온라인 참여 옵션 제공 등을 통해 부모들이 교회 활동에 지속적으로 참여할 수 있도록 배려합니다.

3) 사회의 역할 : 가정 친화적 환경 조성

저출산 문제 해결을 위해서는 교회의 노력뿐만 아니라 사회와 정부의 노력도 필요합니다. 일례로 당진시는 맞벌이 가족구성 변화로 돌봄 공백 문제를 주요 원인 중 하나로 파악하고, 다함께 돌봄센터, 지역아동센터, 마을돌봄 활성화 등 정책을 추진하고 있습니다. 최영 중앙대 사회복지학과 교수는 "정부가 육아휴직, 보육서비스, 초등부 돌봄 서비스 등 아이를 키울 수 있는 여러 지원을 하고 있지만 문제는 이런 정책들이 양육자들이 일을 하고 있는 노동시장 환경이랑 맞지 않다"라고 지적합니다. 일자리가 불안정하면 결혼이 미뤄지고 출산까지 생각하기 어려워진다는 것입니다.

실제로 미국의 사례를 보면 노동시장의 유연성이 출산율에 큰 영향을 미칩니다. 미국 여성들은 출산과 육아로 잠시 직장을 떠나도 나중에 다시 직장생활을 시작할 수 있다는 믿음이 있기에 출산을 더 긍정적으로 고려할 수 있습니다. 이를 증명하는 것이 미국에 거주하는 한국인들의 출산율이 한국보다 높게 나타난다는 한 조사 결과입니다. 즉 출산율 제고를 위해서는 단순한 재정 지원을 넘어 노동시장의 구조적 개선이 필요합니다.

4) 남성의 역할 재정립을 위한 모두의 노력

성경적 관점에서 남성의 역할은 단순히 가장으로서 경제적 책임을 지는 것에 그치지 않습니다. 에베소서 5장 25절은 "남편들아 아내 사랑하기를 그리스도께서 교회를 사랑하시고 그것을 위하여 자신을 주심같이 하라"고 말씀합니다. 그리스도의 사랑은 희생적이고 섬기는 사랑이었습니다. 이는 가정 내 남성의 리더십이 권위나 통제가 아닌 희생과 섬김에 기초해야 함을 보여줍니다.

성경은 자녀 양육에 있어 아버지의 역할을 중요하게 다룹니다. 에베소서 6장 4절은 "아비들아 너희 자녀를 노엽게 하지 말고 오직 주의 교훈과 훈계로 양육하라"고 말씀합니다. 여기서 '양육'은 단순한 경제적 부양이나 훈계를 넘어 자녀의 전인적 성장을 위한 적극적인 돌봄과 관계 형성을 의미합니다. 신명기 6장 6~7절에서도 자녀에게 말씀을 가르치는 것은 아버지를 포함한 부모 모두의 책임으로 제시됩니다. 또한 성경에 나타난 하나님 아버지의 모습은 권위적이면서도 자녀들과 깊은 관계를 맺고 사랑으로 돌보시는 분입니다. 시편 103편 13절은 "아버지가 자식을 불쌍히 여김같이 여호와께서 자기를 경외하는 자를 불쌍히 여기시나니"라고 말씀합니다. 예수님은 탕자의 비유(눅 15장)에서 아버지의 사랑과 용서, 환영의 모습을 통해 하나님의 사랑을 보여주셨습니다. 이러한 성경적 아버지상은 가정 안에서 남성들이 어떤 역할을 해야 하는지에 대한 중요한 지침이 됩니다.

실천적 방안

교회와 신앙 공동체는 남성들의 적극적인 가정 참여를 위해 다음과 같은 실천적 방안을 모색할 수 있습니다.
남성 대상 부모 교육 : 아버지로서의 역할과 책임, 자녀 양육의 실제적 기술을 가르치는 프로그램을 운영합니다. 이는 단순한 이론 교육을 넘어 기저귀 갈기, 아이 목욕시키기, 밥 먹이기 등 실제적인 돌봄 기술을 포함해야 합니다.

아버지 그룹 형성 : 교회 내에 아버지들의 소그룹을 형성하여 양육 경험과 지혜를 나누고 서로 격려하고 책임져 주는 공동체를 만듭니다. 이는 특히 첫 아이를 갖게 된 아버지들에게 중요한 지원 시스템이 될 수 있습니다.

아버지-자녀 프로그램 : 아버지와 자녀가 함께 참여하는 활동과 프로그램을 정기적으로 마련하여 관계 형성을 돕습니다. 캠핑, 등산, 공작 활동, 봉사활동 등 다양한 경험을 통해 아버지와 자녀 간의 유대를 강화할 수 있습니다.

일-가정 균형에 대한 교육 : 남성 성도들이 직장에서의 성공과 가정에서의 역할 사이에 건강한 균형을 이루도록 성경적 관점에서의 일과 가정에 대한 가치관을 가르칩니다. 특히 한국 사회의 장시간 노동 문화 속에서도 가정을 우선시하는 용기와 지혜를 강조합니다.

아버지 역할 모델 제시 : 교회 내에서 가정에 헌신적인 아버지들의 이야기와 경험을 공유하고 롤모델로 세움으로써 실천 가능한 모범을 보여줍니다.

목회자들은 설교와 교육을 통해 성경적 남성상과 아버지상을 가르치고 자신이 먼저 본을 보임으로써 교회 내 문화 변화를 이끌어가야 합니다. 성경이 말하는 가장으로서의 리더십이 지배나 통제가 아닌 희생적 사랑과 책임적 돌봄임을 분명히 가르쳐야 합니다. 저출산 문제 해결을 위해 남성들의 인식과 행동 변화는 필수적입니다. 교회는 이러한 변화를 위한 안전하고 지지적인 환경을 제공함으로써 가정 안에서 진정한 하나님의 형상을 반영하는 균형 잡힌 관계를 세워가도록 도울 수 있습니다. 이는 단순히 출산율을 높이는 것을 넘어 하나님이 의도하신 건강하고 행복한 가정을 세우는 근본적인 토대가 될 것입니다.

나가면서 : 희망과 사랑으로 나아가는 길

저출산 문제는 우리가 사랑과 공동체의 본질을 되찾는 기회가 될 수 있습니다. 하나님께서 가정을 통해 보여주신 사랑과 섬김의 가치가 우리 사회에 회복될 때, 젊은이들은 미래에 대한 두려움보다 소망을 품고 가정을 이룰 수 있을 것입니다. 경제적 불확실성과 사회적 압박 속에서도, 하나님의 약속을 붙잡고 서로의 짐을 함께 지는 공동체가 될 때, 우리는 그 속에서 진정한 풍요로움을 발견하게 될 것입니다. 다음세대를 향한 우리의 책임과 헌신이 개인의 편안함보다 더 귀한 가치임을 기억하며, 교회와 사회가 힘을 합쳐 '생명과 양육을 축복하는 문화'를 만들어 가기를 소망합니다.

나눔을 위한 질문

1. 다음은 정지우 작가가 한 신문 칼럼에 썼던 글인데 자녀를 키우는 많은 독자들의 심금을 울렸다고 합니다. 읽어보고 자신의 생각을 나눠봅시다.

"신이 있다면 신은 우리에게 잠시 온 영혼을 고갈시키듯이 사랑하라고 아이가 있는 한 시절을 주는 것 같다. 한 번 사는 인생, 그렇게 사랑할 시절을 가지라고, 삶의 가장 깊은 정수를 한 모금 마시고 돌아오라고 말이다. 그리고 나는 생각한다. 삶이 어려운 것은 그만큼 가치 있기 때문이라고, 가치 있는 모든 것은 어렵다고 말이다. 삶의 어려움이 아이와 살아가는 삶의 가치를 훼손할 수는 없다고 생각한다."

2. 저출산의 원인으로 꼽은 세 가지 중 자신이 가장 공감이 되는 것을 고르고 왜 그런지 나눠봅시다.

3. 가정과 출산, 자녀에 대한 성경의 관점을 보고 일반 사람들이 가장 변화되어야 하는 건 무엇이라고 생각하는지 자기의 생각을 나눠봅시다.

4. 자신의 교회가 출산을 장려하기 위해 할 수 있는 것은 무엇인지 토론하며 실천 가능한 방안 하나를 도출해 봅시다.

이혼과 재혼

규범과 허용 안에서 누리는 질서

이성호 교수(고려신학대학원, 교회사)
신학은 교회를 섬기는 학문이 되어야 한다고 확신하는 신학자이자 목회자이다. 성도가 성경과 교리를 바르게 알아야 막연한 믿음에서 분명한 믿음으로 나아갈 수 있고, 그래야 진정으로 삶이 변화될 수 있다고 믿기에 보다 쉽고 구체적인 언어로 설교하고 글 쓰는 데 힘쓰고 있다. 광교장로교회를 개척하여 말씀 봉사자로 10년 넘게 섬겼으며, 모교인 고려신학대학원에서 역사신학을 가르치고 있다.

들어가면서 : 곤혹스런 주제

한국 사회에서 이혼율은 계속 증가하고 있고 이것은 신자의 경우도 예외는 아닙니다. 그나마 아직까지는 이혼한 이들이 교회에서 소수를 차지하고 있는데 앞으로 적지 않은 비중을 차지하게 되리라 예상합니다. 현재는 이혼에 대해서 그나마 성경적인 가르침과 설교가 시행될 수 있지만 앞으로는 그렇게 되지 않을 가능성이 높습니다. 교회 안에 이혼한 부모와 그들의 자녀들이 있다고 가정해 보시기 바랍니다. 그들 앞에서 "하나님께서 이혼을 미워하신다"(말 2:16)는 설교를 어떻게 할 수 있을까요? 실제로 이런 이유들 때문에 교회에서는 이혼에 대한 설교를 거의 하지 않습니다.

재혼은 더욱 더 큰 문제를 안고 있습니다. 재혼을 한 신자들에게 교회는 더 이상 그 이유에 대해서 질문을 하지 않습니다. 질문을 하지 않으니 권징도 시행되지 않고 있습니다. 그들의 재혼이 성경적으로 합법이 되기 위해서는 적어도 그들의 이혼 사유가 정당해야 합니다. 예를 들어서 어떤 남자가 아내를 배신하고 부정을 저질렀다고 가정해 봅시다. 아내와 이혼을 했으니 그 남편이 다른 여자와 결혼을 하는 것을 교회가 인정해야 할까요? 그렇다면 그 아내는 더 심한 고통을 경험하게 될 것입니다.

이혼과 재혼이 점점 더 증가하는 상황에서 교회는 어떻게 해야 할까요? 가장 쉬운 방법은 적당하게 포용하는 것입니다. 그렇게 되면 교인 숫자는 좀 더 증가하겠지만 결혼에 대한 말씀의 능력은 계속 쇠약하게 될 것입니다. 그렇다고 그들을 무조건 배격하는 것도 성경의 가르침이 아닙니다. 교회의 사명은 죄인들에게 복음을 전하여 회개하도록 하는 것이기 때문입니다. 하나님의 말씀 토대 위에서 또한 말씀이 허용하는 한계 안에서 각 교회는 하나님께서 주신 분별력을 잘 사용하여 구체적인 지침을 제정해야 합니다. 그렇게 되면 교회 안에서 질서가 세워지고 이를 통하여 교회는 더욱 튼튼한 교회가 될 것입니다.

1. 가벼운 결혼, 쉬운 이혼

이혼을 다루기 전에 결혼을 먼저 정리하는 것이 필요합니다. 왜냐하면 이혼과 결혼은 아주 밀접한 상관관계를 가지고 있기 때문입니다. 간단히 말해서 결혼을 심각하게 생각할수록 이혼에 대해서도 심각하게 생각하고, 결혼을 가볍게 생각할수록 이혼도 가볍게 생각합니다.

예전에 비해서 이혼이 증가한 궁극적인 이유가 무엇일까요? 여러 이유가 있겠지만 가장 큰 이유는 이혼을 그렇게 심각하게 보지 않기 때문입니다. 그럼 이혼을 왜 가볍게 볼까요? 이전과 달리 결혼을 가볍게 보기 때문입니다.

예전에 비해서 결혼에 대한 생각이 많이 바뀌었습니다. 사회적인 통계조사가 그것들을 증명하고 있습니다. 일단 요즘 젊은이들은 결혼을 꼭 해야 한다고 생각하지 않습니다. 심지어 "연애는 필수, 결혼은 선택"이라는 대중가요가 유행했던 적이 있습니다. 자신의 행복, 자신의 비전에 결혼이 걸림돌이 된다고 생각하면 과감하게 결혼을 포기하는 것이 요즘 세대입니다.

하나님은 분명히 "사람이 혼자 사는 것이 좋지 않다"(창 2:15)라고 선언했음에도 불구하고 사람은 혼자 사는 것이 훨씬 낫다고 주장합니다. 이와 같은 주장은 하나님의 말씀을 정면으로 거스름에도 불구하고 오늘날 교회 성도들에게도 강력하게 영향을 미치고 있습니다. 결혼을 이렇게 가볍게 보면 이혼도 쉽게 이루어질 수밖에 없습니다.

자녀는 결혼의 목적이자 결과입니다. 예전에는 자녀 없는 결혼을 생각할 수 없었습니다. 하지만 요즘에는 자녀 없는 결혼이 인기를 얻고 있습니다. 자녀 없는 결혼이 당장은 행복해 보일 수 있습니다. 하지만 자녀 없는 결혼은 두 사람의 관계를 약화시킬 수밖에 없습니다. 이혼하고자 하지만 이혼하지 못하는 가장 큰 이유는 자녀입니다. 만약 자녀가 없다면 또는 자녀의 중요성을 가볍게 본다면 이혼율은 지금보다 훨씬 더 높아질 것입니다. 이것은 자녀가 부부의 하나 됨을 유지하는데 얼마나 중요한지를 알 수 있습니다.

결혼이 가벼워진 증거 중의 하나는 가벼워진 결혼식입니다. 결혼과 결혼식은 분리될 수 없습니다. 요즘 결혼식장에 가보면 이전과 달리 엄숙함을 거의 찾아볼 수 없습니다. 무엇보다 신랑신부가 결혼식을 교회당에서 하지 않습니다. 예식장에서 결혼식을 하다 보니 예식장의 여러 요구에 교회가 맞출 수밖에 없습니다. 대표적인 예가 너무나 짧아진 결혼식 시간입니다. 한정된 주말에 결혼 예식을 하나라도 더 받아야 하는 결혼식장 사장은 신자라고 해서 결혼식 시간을 많이 배정할 수가 없습니다. 하지만 짧고 분주한 결혼식 속에서 제대로 된 예식을 진행하는 것은 매우 어렵습니다.

결혼식에서 주례자가 사라진 것이야말로 결혼에 대한 생각이 바뀌었다는 가장 확실한 증거입니다. 주례 없는 결혼식은 점점 더 하나의 트렌드가 되어 가고 있습니다. 그러나 결혼식에서 한 남자와 한 여자를 하나로 만드시는 것은 하나님인데 결혼식에서 주례자가 없다는 것은 하나님이 그곳에 없다는 말과 사실상 동의어입니다. 요즘 청년들은 결혼식을 지극히 개인적인 일로만 생각하고 결혼식에서 하나님이 말씀의 지배를 받기보다 자신의 소견에 옳은 대로 하기를 원합니다. 이런 풍조들은 실천적 무신론이라고 하지 않을 수 없습니다.

2. 이혼을 엄금하신 하나님

성경의 가르침에 따라 결혼의 거룩함을 이해하면 할수록 이혼은 하나님의 뜻이 아니라는 것이 너무나 명백합니다. 이것은 아무리 강조해도 지나치지 않습니다. 하나님께서 두 사람을 하나가 되게 하셨다면 어떻게 인간이 그 결혼의 하나 됨을 나누는 것이 가능하겠습니까? 성경은 곳곳에서 이혼에 대해서 엄하게 금하고 있다는 것을 모든 성도들이 명심해야 합니다. 이혼에 대해서 이야기할 때 현실 상황을 빙자하여 하나님의 말씀을 왜곡하지 않도록 주의할 필요가 있습니다.

구약의 마지막 선지자인 말라기는 다음과 같이 선포합니다. "이스라엘의 하나님 여호와가 이르노니 나는 이혼하는 것과 옷으로 학대를 가리는 자를 미워하노라. 만군의 여호와의 말이니라"(말 2:16). 이것은 단지 구약의 말씀일 뿐만 아니라 신약시대에도 여전히 유효한 하나님의 말씀입니다. 예수님도 분명하게 이렇게 말씀하셨습니다. "하나님께서 짝지어 주신 것을 사람이 나누지 못할지니라"(마 19:6). 바울 사도 역시 동일한 말씀을 주셨습니다. "결혼한 자들에게 내가 명하노니 (명하는 이는 내가 아니요 주시라) 여자는 남자에게서 갈리지 말라"(고전 7: 10).

결혼은 하나님께서 주신 선물인 것은 분명하지만 안타깝게도 인간의 죄로 인해 모든 인간들이 행복한 결혼생활을 하는 것은 아닙니다. 하지만 인간의 죄보다도 하나님의 능력이 훨씬 더 크다는 것을 우리는 신뢰해야 합니다. 둘을 하나가 되게 하신 것도 하나님이라면 그 하나 됨을 유지하는 것도 하나님이십니다. 결혼의 하나 됨은 인간의 노력으로 이루어지지 않습니다. 부부간의 사랑도 시간이 되면 쉽게 변하게 됩니다. 결혼 당시의 좋았던 여러 환경도 쉽게 바뀔 수 있습니다. 그렇게 바뀌었을 때 무엇이 결혼의 하나 됨을 유지할 수 있을까요?

결혼이 약화되는 또 하나의 이유는 결혼서약에 대한 무관심입니다. 신랑과 신부는 결혼식에서 "기쁠 때나 슬플 때나, 괴로울 때나 즐거울 때나, 건강할 때나 병들 때나, 부요할 때나 빈곤 할 때"에도 부부의 하나 됨을 지키겠다고 하나님과 여러 증인 앞에서 이미 서약을 했습니다. 결혼을 유지하는 것은 서로 간의 사랑이 아니라 서약에 대한 신실함입니다. 결혼 서약에 따르면 부부의 하나 됨은 상황에 따라 바뀌어서는 안 됩니다. 이 점에서 결혼식 서약은 신랑과 신부 상호 간의 약속이 아니고 신랑과 신부가 각자 하나님께 서약하는 것이라는 것을 기억해야 합니다. 간단히 말해서 결혼은 상호 간의 계약이 아니라 하나님께 대한 서약입니다. 상대방이 그 서약을 깨뜨렸다고 해서 나도 그 관계를 깨뜨릴 수 있는 권한이 생기지 않습니다. 그렇게 되면 결혼은 일종의 계약에 지나지 않을 것입니다.

3. 부패한 인간이 만들어 내는 구실

결혼과 이혼에 대한 명백한 성경의 가르침에도 불구하고 부패한 인간들은 이혼에 대해서 여러 가지 정당한 구실을 찾으려고 합니다. 웨스트민스터 신앙고백서는 이혼에 대한 구실을 찾으려고 시도하는 것이 인간의 부패(the corruption of man)에서 기인한다고 명시하고 있습니다(24장 6항). 이 조항은 단지 신앙고백서를 작성한 사람들이 스스로 추론한 것이 아니라 성경 말씀에 근거한다는 것을 기억할 필요가 있습니다.

예수님 당시 이스라엘 백성들은 결혼에 대한 하나님의 말씀에서 멀어졌습니다. 너무나 쉽게 배우자와 이혼을 했을 뿐 아니라 그것을 당연하다고 생각했으며 더 나아가 하나님의 말씀으로 정당화하려고 했습니다. 성경을 누구보다 잘 알았던 바리새인이 예수님께 나아와서 "어떤 이유가 있으면 그 아내를 버리는 것이 옳으니까?"라고 질문했습니다(마 19:3). 그들은 이혼은 얼마든지 가능하다고 믿었고 단지 궁금했던 것은 이혼 사유에 관한 것이었습니다. 그들은 신명기 24장에 근거하여 아내에게 "수치스런 일"이 발생하면 이혼할 수 있다고 확신했습니다. 문제가 된 것은 "수치스런 일"이 무엇인가라는 것이었습니다. 바리새인들은 "사람이 부모를 떠나서 아내에게 합하여 그 둘이 한 몸이 될지니라"(창 2:24)라는 말씀을 완전히 무시했습니다.

성경이 서로 상충하는 것처럼 보일 때에는 가장 분명한 말씀에 기초하여 불분명한 말씀을 해석해야 합니다. 하지만 그렇게 되면 자기가 하고 싶은 일을 할 수 없을 때가 있습니다. 그런 경우 부패한 인간들은 불명확한 성경 본문을 통해서 자신의 행동을 정당화하려고 합니다. 대표적인 예가 바로 모세의 '이혼증서'입니다. 그러나 그 본문을 자세히 보면 '이혼증서' 써 주라고 모세가 직접적으로 명령을 하지는 않았다는 것을 알 수 있습니다. 신명기는 그 당시 일어나고 있는 상황을 그냥 설명하고 있을 뿐입니다(이 점에서는 한글 성경의 번역이 정확하지 않은 부분이 있습니다). 그런데 바리새인들은 "모세가 이혼증서를 주어서 내어버리라"고 해석했습니다. 하지만 예수님은 창세기 본문을 그대로 인용하면서 이혼이 불가함을 성경적으로 증명하셨습니다.

예수님의 해석은 바리새인들도 놀라게 하였지만 그 대화를 들었던 제자들도 놀라게 했습니다. 심지어 제자들은 예수님의 가르침이 감당하기에 너무 무거운 짐이라고 생각하고 이렇게 말했습니다. "만일 사람이 아내에게 이같이 할진대 장가들지 않는 것이 좋겠나이다"(마 19:10). 만약 결혼한 이후에 이혼하는 것이 불가능하다면 차라리 결혼하지 않는 것이 낫다고 제자들은 생각했습니다. 하지만 이런 생각은 "사람이 혼자 사는 것이 좋지 못하다"(창 2:18)라는 하나님의 판단을 정면으로 거부하게 만들뿐입니다. 이와 같이 부패로 인하여 이기심에 빠진 인간들은 하나님께서 제정하신 결혼 제도 자체를 부인하게 됩니다.

4. 음행 : 유일한 허용

우리는 예수님께서 음행을 유일한 이혼 사유로 제시하였다는 것을 잘 알고 있습니다. 그런데 여기서 주의해야 할 것은 음행의 연고로 무책자에게 이혼이 허용되는 것이지 그가 이혼을 꼭 해야 한다는 뜻이 아닙니다. 음행에도 불구하고 결혼이 유지되는 것이 하나님의 뜻이라는 것을 결코 놓쳐서는 안 됩니다. 신자들은 할 수만 있다면 최대한 배우자가 회개하기를 기도하면서 인내하도록 노력해야 합니다. 물론 그것이 너무나 고통스럽다는 것은 분명하지만 너무 성급하게 이혼을 결정해서는 안 됩니다. 특히 목사들은 어떤 경우에도 성도들에게 먼저 이혼하라고 권면해서는 안 됩니다.

성도가 참고 인내하는 데 있어서 각자 한계가 있습니다. 도저히 인내하기가 힘든 경우에는 이혼을 선택할 수 있습니다. 그렇다면 왜 음행만이 이혼 사유가 될 수 있을까요? 사실 음행 이외에도 모든 죄가 결혼생활을 불가능하게 만듭니다. 배우자가 도박에 빠진 경우, 마약에 빠진 경우, 폭행이 심한 경우, 이단이나 우상숭배에 빠진 경우 등. 이런 경우에도 이혼할 수 있지 않을까요? 음행만이 이혼 사유가 되는 이유는 음행만이 혼인의 본질에 치명적으로 손상을 주기 때문입니다. 바울 사도는 음행에 대해서 이렇게 말했습니다. "창녀와 합하는 자는 저와 한 몸이 되는 줄 알지 못하느냐?"(고전 6:16).

음행은 화장실에서 소변이나 대변을 보는 것과 같이 단지 욕정을 쏟아 내는 배설행위가 아닙니다. 다른 죄와 달리 음행은 자기 몸에게 죄를 지는 것입니다(고전 6:18). 성행위를 통하여 두 사람은 육체적으로 하나가 됩니다. 음행을 제외하고 이런 악을 행하는 죄는 없습니다. 모든 죄가 하나님 앞에서 심각한 죄이지만 모든 죄가 다 똑같은 것도 아니라는 것을 기억해야 합니다(대교리문답 151). 배우자의 음행은 언약을 배반하는 행위이기 때문에 무책 배우자는 이혼을 할 수 있는 권리를 가지게 됩니다.

바울이 예수님께서 허용한 이혼 외에 불신자의 '고의적 유기'를 이혼사유로 제시하였다는 것은 잘 알려져 있습니다. 이것은 신앙고백서 24장 6항에도 반영되어 있습니다. 하지만 이것은 좀 세밀하게 살펴볼 필요가 있습니다. 오해하면 바울이 예수님의 교훈에 뭔가 첨가할 수도 있다는 인상을 주기 때문입니다. 더 나아가 이것을 확대해석하면 이혼사유를 계속 증가시킬 수도 있습니다. 그렇게 되면 이혼사유에 대한 예수님의 말씀이 심각하게 손상받을 수밖에 없습니다.

우선 바울 사도가 말하는 대상은 예전에 남편과 아내가 모두 불신자였다가 그중 한 명이 신자가 된 부부입니다. 따라서 이 본문에 근거하여 불신자가 박해하지 않는다면 신자가 불신자와 결혼할 수 있다는 식으로 해석해서는 안 됩니다. 바울 사도가 허용하는 것은 불신자가 신자가 되었다는 이유로, 그 당시 관행에 따라 아내를 버리는 경우를 의미합니다. 이럴 때 신자가 부부의 하나 됨을 지키라는 예수님의 명령을 끝까지 지켜야 하는가의 문제가 생깁니다. 자신을 버리고 간 남편을 지구 끝까지라도 찾아가야 할까요? 바울 사도는 그렇게까지는 할 필요가 없다고 말하고 있는 것입니다. 그런데 남편이 그렇게 떠난 경우에 그 아내는 다른 남자와 결혼(재혼)을 할 수 있을까요?

5. 이혼에서 재혼?

먼저 이혼과 재혼을 구별해서 이해해야 합니다. 이혼이 가능하다면 재혼도 당연히 가능하다고 생각하는 사람들이 많은데 성경적으로 한번 검토해 볼 필요가 있습니다. 어떤 경우에도 "하나님께서 짝지어 주신 것을 사람이 나누지 못할지니라"는 성경적 원리를 가볍게 보아서는 안 됩니다. 만약 이혼이 결혼의 끝이라면 재혼은 자연스런 결과라고 하겠지만 이혼이 결혼의 끝이 아니라면 재혼에 대해서 달리 볼 수밖에 없습니다. 성경 어디에도 이혼이 결혼의 끝이라고 이야기 하지 않기 때문에 이혼과 재혼은 분리해서 생각해야 합니다.

재혼에 대한 가장 명백한 성경의 가르침은 다음과 같습니다. "누구든지 그 아내를 버리고 다른 데에 장가드는 자는 본처에게 간음을 행함이요 또 아내가 남편을 버리고 다른 데로 시집가면 간음을 행함이니라"(마 19:11~12). 예수님과 마찬가지로 바울 사도도 다음과 같이 고린도교회 성도들에게 권면합니다. "여자는 남자에게서 갈리지 말고 만일 갈릴지라도 그냥 지내든지 다시 그 남편과 화합하든지 하라"(고전 7:11).

예수님과 바울 사도의 말씀을 해석하기가 쉬운 것은 아니지만 적어도 확실한 것은 이혼이 혼인의 끝이 아니라는 점입니다. 만약 이혼이 혼인의 끝이라면 어떻게 아내를 버리고 다른 데 장가드는 것이 간음이 될 수 있겠습니까? 또한 이혼이 혼인의 끝이라면 왜 바울은 전 남편과 화합하라고 명령하고 있을까요? 왜 좋은 사람 만나서 재혼하라고 하지 않고 그냥 독신으로 지내라고 명령하고 있을까요?

이혼을 혼인의 끝으로 보는가, 혹은 그렇지 않은가는 결혼을 어떻게 보는가와 밀접하게 연결되어 있습니다. 하나님께서 시작한 결혼은 도대체 언제 끝이 나는 것일까요? 이 점에서 우리는 결혼 서약으로 다시 한번 돌아갈 필요가 있습니다. 결혼식에서 신랑과 신부는 "하나님께서 죽음으로 두 사람을 나눌 때까지" 혼인의 하나 됨을 지킨다고 서약합니다. 이것을 통해 우리는 결혼의 끝이 죽음이라는 것을 알게 됩니다. 하나님께서 짝지어 주신 결혼은 죽음에서 마치게 됩니다. 따라서 죽음만이 결혼의 마지막이라고 할 수 있습니다.

신앙고백서가 음행과 고의적 유기를 죽음과 동일한 것으로 보기 때문에, 그 두 경우에도 재혼이 가능하다고 진술하고 있습니다. 성경이 정말 그렇게 보는가는 좀 더 연구해 보아야 하겠지만 고백서를 작성한 이들은 오직 죽음만이 결혼의 끝이라는 성경의 가르침에 충실하려고 노력했다는 점은 인정해야 할 것입니다.

6. 이혼한 자들을 위한 목양

결혼에 대한 성경적 가르침을 제대로 가르치지 못하고 순종하지 못한 결과 오늘날 교회 안에 이혼한 자들이 많이 있는 것이 현실입니다. 교회 안에 이런 신자들의 수가 증가하게 되면 결혼과 이혼에 대해서 목사가 말씀을 선포하는 것을 매우 부담스럽게 생각합니다. 따라서 교회는 이런 현상을 결코 가볍게 보지 말아야 합니다. 하나님의 말씀이 위축되는 것은 필연적으로 교회 전체의 위축으로 이어질 수밖에 없습니다. 또한 교회 안에서 믿음이 연약한 자들이 크게 상처를 받을 수 있습니다. 이혼한 자들을 목양한다는 이유로 믿음이 약한 자를 소홀히 하는 우를 범해서는 안 됩니다. 어떤 경우가 있더라도 결혼과 이혼에 대한 성경의 가르침이 위축되지 않도록 교회는 주의해야 합니다.

먼저 교회는 예수님의 가르침에 따라 음행만이 유일한 이혼 사유라는 것을 분명히 해야 할 필요가 있습니다. 또한 불신자에게서 버림받는 고의적 유기만이 허용되는 것도 강조해야 할 것입니다. 그런데 부부가 한 몸이라는 사실 때문에 교회가 이혼에 대한 책임을 다루기가 심히 어려운 것도 사실입니다. 음행의 연고로 이혼하게 될 때 원인을 제공하는 자가 있고 피해자가 있습니다. 이 둘을 최대한 엄밀하게 구분할 필요가 있습니다. 당연히 유책자에 대해서는 (비록 교회를 떠나겠지만) 신실하게 권징해야 하고, 무책자에 대해서는 교회가 목양적으로 보호해야 할 것입니다.

안타깝게도 오늘날 이 두 가지 외에 이혼하는 부부가 적지 않습니다. 만약 이런 부부가 교회 안에 없다면 평소에 그것이 교회 안에 허용될 수 없으며 죄라는 것을 부지런히 강조할 필요가 있습니다. 그렇게 되면 그런 부부가 교회 안에 새롭게 허입이 되지 않을 것입니다. 또한 그와 같이 부당한 이혼을 결정한 부부는 결국 다른 교회로 떠나게 될 것입니다. 그러므로 문제가 생기기 전 평소에 이혼과 재혼 문제에 대해서 담임목사 아니 교회 전체가 결단을 할 필요가 있습니다. 그런 부부를 계속 포용할 것인가? 아니면 교회 안에 있는 성도들을 보호할 것인가?

가장 어려운 부분은 다른 교회에서 제대로 가르침을 배우지 못하여 합당하지 못한 사유로 이혼을 하고 재혼을 한 사람들입니다. 사실 이들은 이전 교회에서 그에 대한 권징을 받았어야 하지만 권징도 제대로 시행되지 않았을 것입니다. 만약 그런 부부를 그냥 쉽게 받아들이면 기존 성도들이 성경의 가르침에 대해서 의구심을 가지게 되고 시험에 들 가능성이 대단히 높아지게 됩니다. 따라서 그런 부부를 교회의 회원으로 받아들이는 것은 매우 신중하게 생각하여야 할 것입니다. 다른 신자들과 달리 좀 더 기다리면서 최대한 검증을 할 필요가 있습니다.

새 가족이 왔는데 재혼한 것이 알려지게 되면 교회는 그들에게 결혼에 대한 분명한 교회의 지침을 알려 줄 필요가 있습니다. 그럼에도 불구하고 그들이 교회의 가르침에 전적으로 동의하고 앞으로도 계속 순종하겠다고 하면 그들은 자신들의 이혼이 죄라는 것을 당회 앞에서 공적으로 인정할 수밖에 없을 것입니다. 그런 검증 절차를 거치고 회원으로 받아들여졌다고 하더라도 그들에게는 교회의 직분을 허용하지 않는 것이 바람직합니다. 그들에게 주신 하나님의 사명은 다른 교인들을 섬기는 것보다는 자신들의 가정을 더 튼튼하고 거룩하게 지키는 것이기 때문입니다.

이 모든 과정에는 교인들의 동의와 협력이 필수적입니다. 목양은 목사나 장로 혼자 하는 것이 아니라 교인들의 도움이 필요합니다. 이혼한 자들에 대한 교인들의 편견이나 무관심은 그들에게 큰 상처를 줄 수 있습니다. 그들의 연약한 자녀들은 더 큰 영향을 받을 것입니다. 그들을 포용하고 함께 교제하는 것은 결코 쉬운 일이 아닙니다. 성도들 전체의 신앙 수준을 향상시켜야 가능한 일입니다. 이런 노력 없이 규범만 강조하면 바리새주의에 빠지게 되고, 규범 없이 사랑만 강조하면 세속화의 덫에 걸려 넘어지게 될 것입니다.

이혼한 자들에 대한 목양은 이혼이 하나님께서 기뻐하지 않은 일이라는 것에 대한 인정에서 출발해야 합니다. 단지 그들을 불쌍히 여겨서 죄에 대해서는 아예 언급하지 않거나 가볍게만 다루고 공감이나 치유로 넘어가게 되면 그들에 대하여 제대로 된 목양이 실천될 수 없습니다. 결국 그들을 궁극적으로 치유하는 것은 목회적 기술이나 열정이 아니라 그들 안에서 역사하시는 말씀과 성령이기 때문입니다. 교회가 해야 할 일은 이혼과 재혼에 대한 성경적 가르침을 분명히 정리하고, 그것들을 평소에 성도들에게 신실하게 가르치고, 하나님께서 주신 지혜와 능력과 은사를 가지고 교인들과 함께 이혼과 재혼 가정들을 부지런히 돌보는 것입니다.

나눔을 위한 질문

1. 이전과 달리 이혼을 가볍게 보는 경향이 생기게 된 이유나 환경은 무엇일까요?

2. 이혼한 가정이 교회 안에 점점 증가한다면 교회는 어떤 영향을 받을까요?

3. 이혼을 예방하기 위해서 교회는 평소에 어떤 것들을 해야 할까요?

4. 이혼을 초래한 사람들을 구체적으로 어떻게 권징을 해야 하고, 무책자들에게는 어떻게 목양을 해야 할까요?

4부
공동체와 나

경건

이 땅에서 하나님 뜻 이루며 사는 삶

이원영 목사(제6영도교회)
고신대학교 신학과(BA)와 고려신학대학원(M.Div.)를 졸업했다. 2017년, 영도 끝자락에 위치한 제6영도교회에 부임하여 '바른 복음 위에 세워진 참된 하나님의 나라'를 꿈꾸며 행복한 목회를 하고 있다.

들어가면서

교회에서 자주 사용하는 단어를 떠올려 본다면 어떤 것들이 생각나시나요? 보통 '사랑', '은혜', '헌신', '봉사', '전도'와 같은 단어들이 먼저 생각날 수 있습니다. 이 단어들은 성경에 등장하는 횟수보다 오늘날 교회에서 더 자주 사용될지도 모릅니다. 그만큼 신앙생활 속에서 중요하게 여겨지기 때문입니다. 하지만 성경에 자주 등장함에도 불구하고 교회 공동체 안에서 낯설게 느껴지는 단어가 하나 있습니다. 바로 '경건'입니다. '경건'이라는 말은 왠지 진지하고 딱딱한 분위기에서만 등장하는 단어처럼 들립니다. 때로는 지나치게 엄숙하고 재미없는 느낌까지 주기 때문에 일부 사역 현장에서는 "경건함을 좀 깨자"라는 말이 나오기도 합니다. 그래서 경건은 우리가 추구해야 할 것이 아닌 개혁해야 할 것으로 인식하고 있는 것이죠.

그렇다면 이 글을 읽고 있는 2030 청년 여러분에게 '경건'은 어떤 의미인가요? 혹시 교회에서나 듣는 '꼰대 언어'처럼 느껴지진 않으시나요? 하지만 저는 감히 말하고 싶습니다. '경건'은 결코 재미없고 낡은 단어가 아닙니다. 오히려 성도에게는 너무나 당연하고 실제로 유익하며 기쁨으로 훈련해 나갈 수 있는 삶의 태도입니다. 짧은 이 글을 통해 '경건'의 참된 의미를 다시 바라보고 우리의 신앙 여정 속에서 어떻게 그것을 살아갈 수 있을지 함께 생각해 보면 좋겠습니다.

1. 왜 경건인가?

이 화려하고 바쁜 시대 속에서 왜 굳이 유행에 뒤처진 경건을 논해야만 하는지 우리 신앙의 가장 기본이자 근본인 십자가로 돌아가 봅시다.

1) 구원이란 무엇인가

우리는 모두 아담의 후손으로 태어나 원죄를 지닌 존재이며 하나님의 원수로서 본질상 진노의 자녀였고 결국 죄로 인해 영원한 죽음을 피할 수 없는 죄인이었습니다. 그러나 여기에 놀라운 기쁜 소식이 있습니다. 예수 그리스도께서 우리를 대신하여 십자가에서 죽으심으로 말미암아 우리의 모든 죄 문제를 완전히 해결해 주셨다는 것입니다. 우리는 그 예수님의 십자가 죽으심과 부활을 믿음으로 죄의 속박에서 해방되고 하나님과 화목하게 되었을 뿐 아니라 의롭다 하심을 얻은 하나님의 자녀가 됐습니다. 이것이 바로 우리가 믿음 안에서 누리는 구원의 은혜입니다.

2) 왜 구원하셨을까

우리는 '구원'이 곧 죄로부터의 해방이라는 사실을 잘 알고 있습니다. 예수님의 십자가 대속이라는 구원의 방식도, 믿음으로만 얻을 수 있다는 구원의 조건도 익숙하게 알고 있지요. 그렇다면 한 가지 더 깊이 묻고 싶습니다. 왜 하나님께서 자기 독생자까지 내어주시는 큰 희생을 감내하시면서까지 우리에게 그토록 크고 놀라운 구원을 베푸셨을까요? 많은 이들은 이에 대해 이렇게 대답합니다. "우리를 천국에 가게 하시려고요", "영생을 주시기 위해서요." 맞습니다. 하지만 이것이 전부는 아닙니다. 성경은 분명히 말합니다. 하나님은 우리를 사랑하셔서 구원하셨고(요 3:16), 구원받은 우리로 하여금 하나님의 영광과 이름을 찬송하게 하시려는 목적이 있다고 밝힙니다(엡 1:12, 14).

그리고 성경이 더욱 또렷하게 강조하는 또 하나의 구원의 목적이 있습니다. 바로 우리를 거룩하게 하시기 위함입니다(엡 1:4). 하나님은 우리를 더러움이 아닌 거룩함에 이르도록 부르셨고(살전 4:7), 거룩하지 않고는 아무도 주님을 보지 못할 것이라 말씀하십니다(히 12:14). 다시 말해 주님을 보게 될 자, 곧 진정으로 구원받은 자는 반드시 거룩함을 이루어 가야 한다는 것입니다. 우리는 예수님의 십자가 사역을 통해 단번에 거룩함을 얻었지만(히 10:10) 동시에 매일의 삶 속에서 그 거룩함을 실현해 나가는 사명도 함께 부여받았습니다. 거룩은 선택이 아닌 구원받은 자의 본질적인 부르심입니다.

2) 구원, 그 이후에는

거룩함이란 우리가 구원받은 목적이 되지만 거룩함에 대한 우리의 수준이나 기여도에 따라 구원역사가 좌지우지되는 조건은 아닙니다. 오직 믿음으로 말미암는 구원임에는 틀림이 없습니다. 다만 우리가 그 믿음으로 얻은 구원과 칭의의 은혜를 확신하여 고백한다면 '거룩한 삶'을 그 증거로 내놓을 수 있어야 한다는 말입니다. 그렇기에 '예수님의 온전한 의로움을 덧입었을 뿐이지, 저의 본질은 연약한 죄인이라 아무것도 못해요'라는 말은 겸손을 가장한 게으름과 무책임일 수 있습니다.

우리가 거룩하길 바라시는 하나님께서 우리를 부르셨을 때는 우리로 하여금 거룩함을 추구하게 하시고 씨름해 가며 그것을 점진적으로 이뤄갈 은혜도 주시는 분임을 기억합시다. 그래서 저는 성도가 거룩한 하나님의 백성이 된 후에, 성령의 도우심을 힘입어 그 하나님 나라의 시민권자답게 살아가려는 태도와 삶의 방법을 경건이라 소개하고 싶습니다. 우리의 구원 그 이후에는 경건의 삶이 시작되어야 한다는 것이지요.

2. 경건에 대한 오해와 이해

교회나 선교단체에서 성경공부나 제자훈련을 할 때면 매주 기도제목과 함께 경건생활 보고서를 제출하던 기억이 있습니다. 저의 경건생활은 그 주간에 읽은 성경의 장수, 기도한 시간, 큐티(QT)한 횟수로 평가되곤 했지요. 그렇다면 정말 '경건'이란 단순히 눈에 보이는 횟수나 분량으로 측정하고 평가할 수 있는 것일까요? 또 어떤 이들은 말합니다. 고아와 과부를 돌보는 것도 경건이라고. 그렇다면 구제 활동을 열심히 하면 곧 경건한 사람이라 인정받을 수 있는 것일까요? 우리는 무엇보다 먼저 성경이 말하는 '경건'의 의미가 무엇인지 바로 살펴보아야 하겠습니다.

1) 경건에 대한 오해 -바리새인들의 실수

말씀대로 살았음에도 불구하고 예수님께 꾸중을 들은 무리들이 있습니다. 바로 바리새인들입니다. 바리새인들은 우리가 흔히 '경건 생활' 하면 떠올리는 말씀(율법) 암송, 기도, 금식, 십일조, 구제 등의 영역에서 모범이 되었던 사람들입니다. 그들의 경건은 일반인이 쉽게 따라 하기 어려울 만큼 철저하고 높은 수준이었죠. 처음에는 율법을 온전히 지키려는 순수한 열심에서 시작된 그들의 삶이었지만 시간이 흐르면서 사람들의 존경과 선망 그리고 지지 세력을 얻게 되자 그들의 경건은 교만과 자기 의로 변질되고 맙니다. 이에 예수님께서는 누가복음에서 두 사람의 기도를 비유로 들어 말씀하셨습니다. 바로 '바리새인과 세리의 기도'입니다.

> "바리새인은 서서 따로 기도하여 이르되 하나님이여 나는 다른 사람들 곧 토색, 불의, 간음을 하는 자들과 같지 아니하고 이 세리와도 같지 아니함을 감사하나이다 나는 이레에 두 번씩 금식하고 또 소득의 십일조를 드리나이다 하고 세리는 멀리 서서 감히 눈을 들어 하늘을 쳐다보지도 못하고 다만 가슴을 치며 이르되 하나님이여 불쌍히 여기소서 나는 죄인이로소이다 하였느니라"(눅 18:11~13).

기도의 내용만 봐도 알 수 있듯, 예수님 시대의 유대 사회에서 바리새인은 '공인된 의인'이었고 세리는 '공인된 죄인'입니다. 그런데 예수님은 이 비유 끝에 뜻밖의 말씀을 하십니다. '의롭다 하심을 받고 집으로 돌아간 사람은 바리새인이 아니라 세리였다'(눅 18:14). 이유는 분명합니다. '자기를 높이는 자는 낮아지고, 자기를 낮추는 자는 높아진다'라는 성경의 원리 때문입니다. 바리새인들은 스스로를 '경건한 자'로 여겼습니다. 율법대로 살아왔고 금식과 기도, 구제와 헌금 등 외적으로 볼 때 '흠잡을 데 없는' 경건생활을 해왔기 때문입니다. 그러나 그들이 빠져있던 것은 혀를 재갈 물리지 못한 채, 자기 마음을 속이는 '헛된 경건'(약 1:26)이었습니다.

예수님은 이와 같은 경건을 '외식' 즉 겉치레뿐인 연기(눅 12:1)라며 책망하셨습니다. 외식적인 경건은 결국 사람의 시선을 의식하게 만들고 사람에게 인정받는 데 만족하며 하나님과의 관계에서는 점점 멀어지는 결과를 낳습니다.

오늘날 교회 안에서도 주일성수, 십일조, 봉사, 기도, 성경암송… 이런 '신앙의 체크리스트'들은 누군가의 눈에 나의 경건을 보여주는 수단이 되기도 합니다. 하지만 이 모든 행위는 내 내면의 죄성, 동기, 우상, 그리고 진짜 기쁨과 감사를 구분해 내지 못합니다. 기억합시다. 참된 경건 그리고 능력 있는 경건은 단순히 규칙을 지키는 것, 일정량을 채우는 것, 윤리적 행동을 잘하는 수준에 머무르지 않습니다. 하나님을 진짜로 경외하고 그분 앞에 나의 마음을 낮추는 것, 그리고 그 겸손에서 비롯된 사랑과 순종이 흘러나오는 삶. 그것이 진짜 경건입니다.

2) 경건에 대한 새로운 이해 -예수 그리스도의 모범

오답노트를 정리했으니 이제 모범답안을 살펴봅시다. 우리에게 경건생활의 모델은 유일하게 흠이 없으신 분 예수 그리스도심은 분명합니다. 그렇다면 과시용으로 기도하고 금식하고 헌금했던 바리새인은 틀렸으니 한적한 곳을 찾아 기도하시고 인간적인 명예를 구하지 않고 연약한 자들을 살피신 예수님의 겸손한 경건생활을 본받으면 될까요?

앞서 우리는 바리새인들의 모습을 통해 외식하기 좋게 수치와 분량으로 환산되는 경건의 모양보다는 보이지 않는 본질적인 요소를 놓치면 안 된다고 했습니다. 그렇다면 우리는 예수님께서 언제, 어떤 상황 속에서, 얼마나 많이 기도하셨나에 발목 잡히지 말고 예수님은 '왜 기도하셨고, 무엇을 기도하셨나'까지 한 걸음 더 나아가야만 합니다.

예수님이 체포되시기 전날 밤, 겟세마네 동산으로 가봅시다. 유월절 만찬을 마치시고 감람산에 도착하신 예수님은 십자가를 목전에 둔 채 겟세마네 동산에서 기도하심으로 마지막 일정을 보냈습니다.

"내 아버지여 만일 할 만하시거든 이 잔을 내게서 지나가게 하옵소서 그러나 나의 원대로 마시옵고 아버지의 원대로 하옵소서"(마 26:39).

예수님은 하나님과의 깊은 인격적 관계 속에서 기도하셨습니다. 겟세마네 동산에서 십자가라는 고통의 잔을 지나가게 해달라고 간절히 간구하셨고 같은 기도를 세 번이나 반복하셨습니다. 그리고 마침내 '내 뜻이 아닌 아버지의 뜻이 이루어지길 원하나이다'라고 고백하십니다. 예수님께서 제자들에게 가르치신 기도 즉 "하늘에서와 같이 땅에서도 주의 뜻이 이루어지기를" 바라는 기도의 실제 모범이 되신 것입니다. 히브리서 기자는 이 장면을 두고 "그의 경건하심으로 말미암아 들으심을 얻었느니라"(히 5:7)라고 기록합니다. 그리고 그 예수님의 기도는 분명히 응답받은 기도가 됐습니다.

2030 여러분, 저는 이것이야말로 참된 경건의 본질이라고 믿습니다. 진정한 경건은 단지 열심이나 행위가 아니라 하나님과의 친밀한 관계 속에서 하나님의 뜻을 알고 그 뜻에 순종하는 삶입니다. 물론 피가 땀이 되도록 드리는 간절한 기도, 끈질긴 간구도 필요합니다. 하지만 우리는 종종 그 열심을 하나님의 뜻을 꺾기 위한 고집으로 바꿔버리기도 합니다.

바리새인들처럼 경건의 틀을 영적 자랑거리로 삼고 그 기준에 미치지 못한 이웃을 정죄하는 도구로 사용하는 일도 적지 않습니다. 하지만 우리는 본질을 잊지 말아야 합니다. 경건은 우리를 구원하신 하나님의 뜻에 기꺼이 순종하는 삶의 방식이며 이 땅에서 하나님 나라의 삶을 치열하게 추구하는 몸부림입니다. 이것이 경건하다고 인정받은 우리 예수님의 모습입니다.

3. 경건의 훈련

이처럼 경건이 하나님과의 친밀한 관계 속에서 그분의 뜻에 순종하는 삶의 태도라고 한다면 우리는 그것을 '훈련'해야 합니다. 경건은 더 이상 관념적인 단어가 아니라 실제적인 삶의 표현이기 때문입니다. 하나님의 뜻을 다 이루신 예수님조차도 하나님의 뜻과 다른 것을 구하신 적이 있었습니다. 그렇다면 연약한 우리는 얼마나 자주 하나님의 뜻을 외면하며 살아가고 있을까요? 그런 우리가 하나님의 뜻에 순종하는 경건의 삶을 살려면 마땅히 수고로운 훈련이 따르기 마련입니다.

1) 경건의 훈련의 동기-감사와 기쁨

훈련이라는 고리타분한 단어 앞에 우리는 또 한번 숨 고르기를 해야 합니다. 무언가 또 무거운 숙제가 더 생긴 기분이기도 할 것입니다. 그래서 우리가 경건을 훈련하면서까지 실천하게 만드는 동력에는 무엇이 있을까 생각해 보고자 합니다.

제게는 두 자녀가 있는데 이 녀석들이 어려서부터 애완동물을 너무나 키우고 싶어 했습니다. 하지만 우리 집 안에서 살아서 움직이는 것은 사람만으로도 족하다는 아내의 완강함에 7년이나 시간이 흘렀습니다. 아이들의 원성조차 잦아들던 어느 날 갑작스럽게 아내의 허락이 떨어졌습니다. 저와 아이들은 아무런 준비도 없이 복음을 접했고 그날 밤 바로 우리가 키울 수 있는 애완동물을 찾아보기 시작했습니다. 급하게 공부하고 준비해서 불과 3일 만에 고양이를 입양하게 됐습니다. 적응 못 한 고양이는 밤새 울고 발톱으로 문을 긁고 거실을 뛰어다니며 우리의 잠을 자주 깨웠지만 아이들은 조금도 피곤한 기색이 없었습니다. 아침저녁으로 털을 빗기고 물과 모래를 갈아주며 배설물까지 정성스럽게 치워줍니다. 그 모든 손길에는 귀찮음도 망설임도 없습니다. 단지 그 완강하던 엄마의 허락이 너무 고맙고, 지금 이 순간 고양이와 함께하는 시간이 그들에게는 그 무엇보다도 소중하고 행복하기 때문입니다.

저는 아이들의 모습을 통해 감사와 기쁨이 만들어내는 자발성을 보았습니다. 저는 '감사'의 또 다른 표현이 '빚진 마음'이라고 생각합니다. 내가 누군가에게 은혜를 입어 빚을 진 자라는 겸손한 마음을 품을 때 우리는 자연스레 그 은혜에 보답하고 싶은 마음이 생깁니다. 그런데 여러분 우리는 진정 하나님께 빚진 자들이 아닙니까? 값없이 받은 구원의 은혜 앞에 감사한 마음과 빚진 마음을 품는다면 경건생활을 다짐하고 훈련하는 일이 더 이상 억지스럽게 느껴지지 않을 것입니다. 그리고 경건생활을 통해 우리의 거룩함이 자라나고 하나님을 기쁘시게 하는 삶의 유익을 경험하게 된다면 그 자체가 기쁨이 되어 우리는 자꾸만 그 길을 따르고 그 안에 머물고 싶어지는 취향이 생기게 될 것입니다.

2) 경건훈련의 방법

(1) 장애물 치우기

공간을 리모델링할 때 가장 먼저 해야 할 일은 철거입니다. 불필요한 구조물과 장애물들을 제거하는 것이지요. 고쳐 쓸 수 있는 것은 고치고 보존해야 하는 것은 보존하되 더 이상 쓸모없거나 오히려 방해가 되는 것들은 과감히 제거하는 것이 가장 유익합니다. 바울도 디모데에게 편지하며 믿음의 선한 싸움을 말하기에 앞서 먼저 피해야 할 것들을 분명히 알려줍니다(딤전 6:9~11). 2030 여러분들께는 실제적으로 재물과 미래에 대한 염려, 성(性)의 문제, 도박이나 미디어 중독, 집착되는 관계 등이 있을 것입니다.

저는 이 글을 쓰면서 핸드폰을 조금 멀리해야겠다고 다짐했습니다. 혹은 너무 익숙해져서 내 눈을 가리고 있는 다른 욕심이나 정욕은 없는지 점검해 봅시다.

(2) 말씀으로 교육받기

성경은 하나님의 감동으로 된 것으로 우리를 가르치고, 책망하고, 바르게 하고, 의로 교육하기에 유익하다(딤후 3:16~17)라고 말씀합니다. 성경을 통해 우리가 하나님의 사람으로 온전케 되고 모든 선한 일을 행할 능력을 갖추게 되지요. 그러므로 성경은 단순히 읽는 것으로 그치지 않고 우리가 실제로 경건한 삶을 살아가는 데 필요한 기준과 방향을 제시하는 하나님의 도구로 사용해야 합니다.

그렇다면 성경이 말하는 하나님의 뜻은 무엇일까요? 예수님께서는 율법 전체 곧 성경의 모든 가르침을 요약하시며 이렇게 말씀하셨습니다. "네 마음을 다하고 목숨을 다하고 뜻을 다하고 힘을 다하여 주 너의 하나님을 사랑하라", 그리고 "네 이웃을 네 자신과 같이 사랑하라"(막 12:30~31). 이 두 계명은 성경이 말하는 모든 계명과 가르침의 기초이자 중심입니다.

성경은 단순히 지식을 쌓기 위한 책이 아니라 예수를 믿어 하나님의 백성이 된 성도들이 그들의 삶에서 하나님 사랑과 이웃 사랑을 실제로 실천하라고 요청하는 책입니다. 경건은 하나님의 사랑을 알고, 그 사랑을 누리고, 누린 그 사랑을 삶 속에서 드러내는 삶입니다. 그렇기에 우리는 성경을 읽으면서 하나님께서 나를 얼마나 사랑하시는지를 발견해야 합니다. 그리고 그 사랑의 풍성함으로 인도하기 위하여 무엇을 요구하시는 지를 발견해야 합니다.

(3) 기도로 다듬기

결국 경건을 이야기할 때 '말씀과 기도만이 전부냐'는 질문이 나올 수 있습니다. 하지만 말씀과 기도는 경건생활의 '기본 중의 기본'이라는 사실을 결코 간과할 수 없습니다. 성경 말씀은 경건을 훈련하는 교재와 같고 기도는 그 훈련을 도와주는 트레이너와 같습니다. 우리가 말씀을 통해 하나님의 뜻을 바르게 깨달았다면 기도는 그 뜻에 대한 확신을 갖게 해주고 마침내 그 뜻에 기꺼이 나를 내어드리며 순종하도록 우리를 이끌어 줍니다. 물론 새벽기도, 수요기도회, 금요철야기도회와 같은 기도의 자리를 꾸준히 지키는 것은 참으로 귀하고 소중한 일입니다. 그러나 그 시간의 길이나 감정의 깊이만으로 경건을 판단하는 것은 위험합니다. 가장 늦게까지 남아 기도했다는 뿌듯함 혹은 감정적인 눈물과 카타르시스를 경건이라 착각하지 않기를 바랍니다.

기도의 진짜 유익은 하나님과의 친밀함 속에서 그분의 뜻을 깨닫고 그 뜻을 삶으로 실천하도록 결단케 한다는 데 있습니다. 곧 하나님 사랑과 이웃 사랑이라는 성경의 중심 가르침을 실천할 내적 힘과 은혜를 공급받는 통로가 바로 기도입니다. 그리고 반드시 기억해야 할 기도의 본질은 내 뜻을 이루기 위해 하나님을 설득하는 것이 아니라 오히려 내 뜻이 하나님의 뜻 앞에 순종하도록 내 마음을 성숙시키는 과정이라는 것입니다. 이것이 바로 말씀에 이끌린 기도의 자리에서 우리가 반드시 지향해야 할 방향입니다.

(4) 나를 비워 열매 맺기

훈련에는 왕도가 없습니다. 그냥 해야 합니다. 꾸준히, 성실하게, 힘써 노력해야 합니다(딤전 4:7). 하지만 아무 방향으로나 열심을 내는 건 위험합니다. 우리가 신앙 훈련을 통해 나아가야 할 분명한 방향, 바로 성령의 열매를 맺는 삶입니다. 성령께서 우리 안에 거하시며 돕고 이끄시는 이유도 이 성령의 열매(갈 5:22~23)를 맺게 하시기 위함입니다.

신앙이 깊어진다는 것은 단순히 기도 시간이 늘고 성경 지식이 많아지는 것이 아닙니다. 내 삶에서 성령의 열매가 보이는가? 이것이 진짜 기준입니다. 사도 바울도 고린도전서 13장에서 강하게 말합니다. 내게 예언의 능력이 있고, 모든 비밀과 지식을 알아도, 산을 옮길 만한 믿음이 있고 가진 모든 것을 구제하고 몸까지 내어줄지라도 성령의 열매 특히 그 중심에 있는 사랑이 없다면 아무것도 아니라고 했습니다(고전 13:1~3).

기도와 말씀은 경건의 '도구'이지 '목적'이 아닙니다. 이 도구를 통해 나라는 사람 안에 성령의 성품이 자라고 열매 맺는 것이 경건의 본질입니다. 내 안에 탐심과 교만, 자기중심적인 생각이 가득하면 성령의 열매는 자라지 못합니다. 그래서 우리는 매일 나를 비우고 하나님의 말씀으로 다시 채워야 합니다. 이것이 바로 경건훈련의 시작이며 방향입니다. 성령의 열매는 내가 진짜 하나님을 가까이하고 있다는 살아 있는 증거입니다.

4. 경건이 빚은 성품과 인격

경건훈련은 단지 지식을 쌓거나 행동을 고치는 것에 머무르지 않습니다. 경건은 곧 '나'라는 존재 자체가 변화되는 여정입니다. 이 변화는 단순한 외적인 습관이나 규율이 아니라 내면의 성품과 인격에서부터 시작됩니다. 다시 말해 경건훈련의 핵심은 종교적인 행위 그 자체가 아니라 내 안에 예수님의 성품이 자리 잡는 과정입니다. 죄로 인해 자기중심적으로 살아가던 옛 자아는 말씀과 기도로 날마다 깨어지고 성령의 도우심으로 새 사람으로 빚어져 갑니다.

그러나 이 변화는 나 혼자만의 성숙으로 끝나지 않습니다. 경건의 진짜 열매는 반드시 '관계' 속에서 드러납니다. 우리는 혼자서 열매를 맺을 수 없습니다. 왜냐하면 나의 인격과 성품이 가장 뚜렷하게 나타나는 곳은 가장 가까운 사람들과의 관계 안이기 때문입니다. 이것을 잘 보여주는 것이 갈라디아서 5장 22~23절에 나오는 성령의 아홉 가지 열매입니다.

사랑은 누군가를 나보다 낮게 여기며 진심으로 섬길 때 드러납니다. 희락은 누군가와 비교하거나 시기하지 않고 함께 기뻐할 수 있을 때 드러납니다. 화평은 갈등 중에도 자존심을 내려놓고 평화를 선택할 때 드러납니다. 오래 참음은 불편한 관계 속에서도 인내할 때 드러납니다. 자비와 양선은 상대의 허물 앞에서 관대함과 선함으로 드러납니다. 충성은 관계 속에서의 책임을 신실하게 감당할 때 드러납니다. 온유는 자신의 권리를 주장하기보다 부드러움으로 대할 때 드러납니다. 절제는 감정과 욕망을 통제하며 타인을 배려할 때 드러납니다.

이렇듯 경건훈련은 나 자신을 다듬는 내적인 싸움이자 동시에 관계 속에서 예수님의 성품을 실천하는 외적인 열매입니다. 결국 참된 경건이란 나를 통해 다른 이들에게 하나님을 보여주는 삶입니다. 이것이 바로 성령께서 우리 안에 열매를 맺게 하시는 목적입니다. 물론 이런 성품들은 예수님을 믿지 않는 사람들에게서도 일정 부분 나타날 수 있습니다. 그들 또한 사랑하고 참으며 도덕적인 삶을 살아갈 수 있습니다. 하지만 성령의 열매는 인간 본성에서 비롯된 것이 아닌 하나님으로부터 비롯된 전혀 다른 차원의 열매입니다. 그 차이는 '정도'의 문제가 아니라 '출처'의 문제임을 기억해야 합니다. 그래서 하나님 나라의 거룩한 백성 된 우리는 '정도'를 채우기 위해 겉모습이나 형식에 치우치지 않고 그 '출처'를 분명히 하기 위해 하나님의 뜻 안에 머물며 하나님으로부터 그 힘을 공급받도록 힘써야 할 것입니다.

나가면서

여러분, 경건한 삶은 선택이 아닌 사명입니다. 억지로 감당해야 할 숙제가 아니라 하나님을 사랑하기에 걷게 되는 기쁨의 여정입니다. 오늘도 그 여정의 첫걸음을 내딛는 우리 모두가 되기를 소망합니다. 그리하여 하나님이 기뻐하시는 경건의 삶이 여러분의 일상 속에서 아름다운 열매로 맺혀 이 각박한 세상에 사랑이 넘치는 온전한 하나님의 나라를 보여주며 누릴 수 있기를 축복합니다.

나눔을 위한 질문

1. 우리는 왜 경건을 추구하며 훈련해야 합니까?

2. 여러분이 경건생활을 통해 하나님의 뜻을 이뤄가고자 할 때 방해되는 그래서 제거해야 하는 요소는 무엇입니까?

3. 여러분이 경험한 바리새인적인 경건에는 무엇이 있습니까?

4. 여러분은 그리스도 안에서 자신을 어떤 존재로 인식하고 있습니까? 그리고 그것이 경건생활을 추구하는 데 있어서 어떤 도움을 줍니까?

5. 내 성품과 이웃과의 관계 속에서 맺어야 할 성령의 열매 중 여러분에게 가장 부족한 열매는 무엇입니까?

교회

천국 생활하다가 천국으로

이창준 목사(울산한빛교회)
이창준 목사는 부산대학교 전자공학과를 졸업하고, 삼성테크윈과 삼성전자에서 직장생활을 하였으며, 하나님의 부르심에 따라 고려신학대학원 목회학 석사(M.Div.) 학위를 마치고 목회의 길로 들어서게 됐다. 2006년부터 울산한빛교회에 부임하여 행복한 목회, 신바람 나는 목회를 모토로 성도 한 사람 한 사람을 온전케 하며, 시대적 사명을 감당하는 교회를 꿈꾸며 섬기고 있다.

들어가면서

오늘날 인구 문제와 더불어 개인주의와 문화나 사상의 세속화는 매우 빠르게 진행되고 있습니다. 이런 현실 속에서 2030 기독 청년들의 교회생활은 매우 중요합니다. 우리 2030 기독 청년들이 본질에 충실하면서도 시대와 문화를 선도해나갈 수 있는 교회생활의 모습을 갖춘다면 천국 생활과도 같은 교회생활을 누리면서 믿지 않는 2030 청년들에게도 교회생활을 통해 얻게 되는 안식과 평안에 대한 소망을 가지게 할 수 있습니다. 오늘 같은 시대에도 다음세대의 성장과 부흥도 가능하게 됩니다.

1. 2030세대의 기독 청년이 처한 현실

오늘날 2030 기독 청년들뿐 아니라 이 땅의 모든 2030 청년들이 처한 현실은 녹록지 않습니다. 그러기에 우리 사회나 자신의 삶을 두고 '헬(Hell, 지옥)조선', '이생망'(이번 생애는 망했다의 약자)이라 평가하고, 경제적 형편을 '수저'(금, 은, 흙수저)의 등급으로 나누어 표현합니다. 그만큼 생존 자체가 힘들다는 것이고 미래에 대한 소망도 없다는 것을 보여줍니다. 이런 상황 속에서 우리 청년들의 교회 생활이 많이 퇴색되어버렸습니다.

이런 삶의 문제와 연계되는 기독 청년들의 교회생활 문제는 미가서에 나타난 정황과 거울에 비친 모습처럼 흡사합니다. 실상 세상은 변해도 인간의 본질은 변하지 않기에 그렇습니다. 미가 선지자 당시 온 이스라엘 사회에서 일어난 경쟁 사회화, 양극화, 개인주의의 문제점들이 하나님 백성들의 신앙(교회생활)에도 큰 영향을 주었는데 놀랍게도 이 시대의 2030 기독 청년들도 이런 문제를 생생하게 경험하고 있습니다.

1) 경쟁 사회화(경쟁)

미가 선지자가 활동하던 시대는 북이스라엘과 남유다 모두 경제 성장을 유지하고 있던 비교적 부유한 시대였습니다. 그런데 하나님의 백성인 이들이 부를 얻게 된 방법은 세상과 다를 바 없는 방법이었습니다. '어떻게 하면 남의 것을 취해서 나의 만족을 채울까?'라는 생각으로 침상에서 밤을 새웠고, 낮이 되면 남의 것을 빼앗는 일을 조금도 거리낌 없이 실행했습니다(미 2:1~2).

지금 우리의 2030세대들도 알든 알지 못하든 이런 세상의 방식으로 살아야 생존한다고 배워 온 세대입니다. 시대의 모습이 이렇게 경쟁을 부추기니 젊은 세대들이 조급함에 옥죄여 살고 있습니다. 어떻게 하면 빼앗아 올지를 밤새워 고민해야만 하는 현실, 그것을 위해 에너지를 쏟아야만 하는 현실에 놓여 있습니다. 이런 사회는 섬기며 베푸는 삶보다 움켜쥐고 이기는 삶을 더 지혜롭다고 말합니다.

반면 다윗과 솔로몬의 시대는 미가 선지자가 활동한 시대보다 훨씬 더 부강한 시대였지만 세상의 방법으로 경쟁하며 쟁취하지 않았습니다. 하나님을 사랑하면서 하나님과 사람을 진심으로 섬긴, 오늘날로 치면 신실한 교회생활을 통해 주어진 복을 누린 시대였습니다. 그러기에 교회는 교회생활을 통해 경쟁으로 지친 청년들이 쉼과 회복을 얻도록 해주어야 합니다. 동시에 하나님 나라의 비전을 품게 하며, 교회생활을 통해 나눔과 섬김의 가치를 경쟁보다 더 큰 가치로 여기게 해줄 수 있어야 합니다.

2) 양극화(포기)

또한 미가 선지자가 활동하던 시대는 양극화 현상이 극심했습니다. 이스라엘의 지도자들인 통치자들과 제사장들과 선지자들은 끝없이 강포를 행하며 재물을 요구했습니다(미 3:1~7). 부정한 저울과 거짓 저울추를 사용하여 재산을 축적해 갔습니다(미 6:10~12). 그 결과 사회의 양극화 현상이 극심해져 백성들의 삶이 힘겨워졌습니다.

우리 2030세대들도 이런 사회의 양극화 현상에 상대적 박탈감을 느끼고 있습니다. 출발 선상부터 다르고 이미 벌어진 격차는 청년들에게 무엇이든 포기하도록 만들었습니다. 그러기에 20대는 연애와 취업을 포기하고, 30대는 결혼과 출산을 포기하는 정도에 이르렀으며, 이런 2030세대를 총칭해서 'N포 세대'라 부르기도 합니다.

이런 경제적 양극화 현상은 2030세대의 교회생활에도 실제적인 영향을 끼쳤습니다. 교회에서조차 성도 간의 경제적 수준을 비교하고 직장이나 사는 지역 등을 비교하는 문화가 생겨 교회에 나와서도 좌절을 느끼는 사람들이 많습니다. 그러기에 교회는 이런 양극화된 사회 속에서 좌절을 느끼는 2030세대들에게 진정한 삶의 가치가 어디에 있는지를 알려 주어야 합니다. 경제적인 가치나 배경적 가치보다 더 상위에 있는 하나님 나라의 가치를 발견하도록 각 교회생활의 영역을 통해 느끼게 해줄 수 있어야 합니다.

3) 개인주의(고독)

마지막으로, 미가 선지자가 활동하던 시대는 개인주의가 심각했습니다. 이 시대의 영적 지도자들의 횡포의 근간에도 자기 삶의 안위만을 위하는 극단적 개인주의가 깔려 있습니다. 개인주의가 심각해지다 보니 어느 순간 자신과 관련된 일이 아니고서는 책임은 고사하고 도무지 연민이나 동정 같은 마음조차 보이지 않는 상태가 되어버렸습니다.

오늘날의 사회도 이런 사회가 되어버렸습니다. 이런 사회는 고독한 청년들을 만들었고, 외롭지만 혼자 있는 것이 더욱 편한 악순환의 고리를 낳았습니다. 실제로 교회는 공동체 문화를 가지고 있기에 개인주의는 교회생활의 필요성을 약화하는 주된 요인이 되어버렸습니다. 실상 혼자 신앙생활 해도 괜찮다는 개인주의적 사고의 영향으로, 홀로 예배 콘텐츠를 찾아 소비하는 수많은 플로팅(floating) 크리스천이 탄생하게 됐습니다. 교회는 이런 극심한 개인주의 사회를 살아가는 2030세대들에게 주 안에서 함께 거하며 서로 교제하는 것의 가치를 제공해 줄 수 있어야 합니다.

이제 이런 교회생활을 위하여 2030세대가 직면한 현실을 극복하게 해줄 천국 생활과도 같은 교회생활에 관해 좀 더 집중적으로 이야기하고자 합니다.

2. "천국 생활하다가 천국 들어갑시다."

1) 교회는 천국의 모델하우스

성경은 교회를 여러 가지로 모습에 비유합니다. 교회에 대한 많은 표현 중에 오늘의 상황에서 가장 소망이 되는 표현은 바로 '천국'이라는 표현입니다. 여기서 말하는 천국이란 이 땅에서의 우리 삶이 끝난 뒤 하나님과 함께 영원히 살아가는 그 천국을 뜻합니다. 우리는 분명히 그리 길지 않은 세월 안에 천국으로 갈 사람들입니다. 그곳에서 영생을 살아가는 우리는 무엇을 하며 지내겠습니까? 당연히 그토록 그리던 예수님을 뵈옵고 하나님의 영광 속에서 친히 교제하며 지냅니다(요 14:3, 요일 3:2, 계 21:3~4). 그곳에서 예수님께서 준비하신 기쁨의 잔치를 영원히 누리게 됩니다(계 19:7~9). 상상만 해도 기쁘지 않습니까? 우리는 정말로 속히 천국으로 가게 됩니다.

그런데 이 천국에 가기 전에 우리는 짧게나마 각 사람에게 정해진 연수대로 이 땅에서의 삶을 살아야 합니다. 앞에서 언급한 대로 이 땅에서의 삶은 참으로 힘든 삶입니다. 2030세대의 표현이 아니더라도 험악한 세월의 삶입니다. 하지만 감사하게도 하나님께서 우리에게 이런 세상에서도 미리 천국을 경험할 수 있도록 해주셨습니다. 그곳이 바로 교회입니다. 성경은 이 땅의 교회를 천국 시민권을 부여받은 사람들이 모인 곳이라고 말합니다(빌 3:20). 그러니 사실

교회는 천국에 들어가기 전, 천국에 들어갈 사람들이 모여 미리 천국을 경험할 수 있는 '천국의 모델하우스'와도 같은 곳입니다.

2) 교회생활은 천국 생활의 연습

이런 의미에서 저의 목회 철학에는 성도들로 하여금 한 사람도 빠짐없이 천국 생활하다가 천국에 들어가도록 해야겠다는 것이 중심에 있습니다. 물론 교회가 천국을 수여하는 곳은 아니지만 하나님께서는 교회에게 천국의 열쇠들을 주셨습니다(마 16:18~19). 즉 교회가 천국으로 가는 통로이자 과정이 됩니다. 우리 신조에도 교회를 예수님이 다스리시는 예수님의 왕국이자 하나님의 집과 가족이라 고백하며 교회 밖에서는 구원받을 수 있는 통상적인 가능성이 없다고 고백합니다(웨스트민스터 신앙고백서 25장 2항). 그러니 저는 2030세대를 포함한 우리 교회 모든 성도들에게 수시로 "천국 생활하다가 천국 들어갑시다"라는 문장을 따라 말하도록 하여 마음에 새깁니다.

지금도 마찬가지입니다만 2030 청년의 시절(80년도 중반에서 90년도 말)의 저 역시 이런 천국과도 같은 교회생활을 통해 성장했습니다. 오전예배, 저녁예배를 중심으로 예배 생활을 하였고, 예배 생활을 중심으로 모든 교회생활을 해나갔습니다. 말씀과 기도 생활을 통해 성장했습니다. 청년 모임을 통해 삶을 나누고 교제했습니다. 주일학교 교사로, 찬양대원으로 봉사하는 일을 통해 예수님의 일을 하는 수고의 기쁨을 누렸습니다. 여러 교육을 통해 전도와 선교의 가치를 배우고 함께 실천했습니다. 저 역시 숨 가쁜 대학 생활, 직장 생활을 하였지만 항상 교회생활을 중심으로 모든 삶을 계획해 나갔습니다. 물론 과거와 지금은 상황이 다소 다르지만 교회생활을 중심으로 삶을 디자인해갈 때 얻게 되는 영적인 기쁨과 소망은 같으리라 생각합니다.

3. 2030세대 기독 청년이 회복해야 할 교회생활

그렇다면 천국 생활의 연습인 교회생활은 구체적으로 무엇일까요? 교회생활에 대한 정의를 다양하게 할 수 있습니다만 교회는 전통적으로 교회생활을 예배, 말씀과 기도, 교제, 섬김과 봉사, 전도와 선교로 나누어 설명해 왔습니다. 이 다섯 가지 영역의 교회생활을 통해 계속 천국을 경험한다면 오늘날 2030 기독 청년들이 겪고 있는 그 어떤 문제도 능히 이겨나갈 수 있습니다.

1) '예배' 생활
2030 기독 청년이 회복해야 할 첫 번째 교회생활은 '예배' 생활입니다. 코로나 시대를 지나면서 교회를 정하지 않고 온라인 예배

로 수많은 교회를 떠다니며 그때그때 교회를 취사 선택하는 플로팅(floating) 크리스천이 급격하게 늘었습니다. 양극화에서 오는 상대적 박탈감을 느끼지 않아도 되고, 내가 좋아하는 설교, 내가 좋아하는 예배 분위기를 내가 정하는 개인주의적인 예배 생활이 가능하게 됐습니다. 또한 오프라인으로 예배에 참석한다고 할지라도 교회를 자주 옮겨 다니는 문화는 코로나 이후에 더욱 자연스러운 일이 됐습니다. 원하는 예배 형식을 찾아다니는 자들이니, 이들 역시도 사실상 플로팅 크리스천입니다.

이런 현상이 일어나는 이유는 자신이 기준이 되어 좋은 예배를 정의하는 인본주의의 영향입니다. 또한 2000년대 이후 급부상한 구도자 중심의 예배에서 비롯된 향유(享有) 중심의 예배 현상의 결과입니다. 칼빈은 하나님이 모든 선한 것의 근원이시므로 하나님 외에 다른 것을 향유하려는 시도를 부정했습니다. 사실상 인간중심적 예배 생활 시도는 예배 시간이 끝나면 또 다른 공허를 불러와 새로운 장르의 고독을 느끼도록 했습니다. 흔들리지 않는 깊은 은혜를 누리기 위해서는 내가 원하는 예배를 기다리기보다 하나님이 마련하신 예배의 부르심에 순종하는 자세로 예배 생활을 해나가야 합니다.

또한 교회를 떠돌며 내가 원하는 은혜를 요구하지 않고 정한 교회에서 하나님이 주실 은혜를 순종함으로 받을 준비를 하는 예배 생활을 해야 합니다. 내가 준비하고 계획하는 것보다 하나님이 준비하시고 계획하시는 것이 훨씬 더 유익하지 않겠습니까?

이를 위해 우리 교회는 이런 예배 생활을 제공하기 위하여 삼위 하나님 중심의 예배 순서를 구성하여 예배를 드리고 있으며 매주 성찬도 시행합니다. 전통적인 예배의 형식을 갖추고 있지만 하나님 중심의 예배 생활을 하게 하고 매주 성찬에 적극 참여함으로 성 삼위 하나님과 더욱더 깊은 관계 속에서 하나님 백성의 정체성을 누리게 하는데 감사하게도 우리 청년들은 이를 통하여 점점 천국백성으로 세워지고 있습니다.

2) '말씀'과 '기도' 생활

2030 기독 청년이 회복해야 할 두 번째 교회생활은 '말씀'과 '기도' 생활입니다. 말씀 생활은 하나님의 말씀을 읽고, 들으며 주로 인풋(input) 하는 시간을 뜻합니다. 기도 생활은 하나님의 말씀을 듣고 내가 하나님 앞에 아뢰는 아웃풋(output) 하는 시간을 말합니다. 하나님은 이런 말씀과 기도 생활을 통해 우리의 세계관을 형성하고 조율하십니다. 하나님께로부터 주어진 말씀을 들으며 세계관이 형성되고 그 과정에서 자신의 삶과 융합된 새로운 기도 제목을 발견하여 하나님 앞에 아룁니다. 그리고 다시 말씀을 통해 기도 응답을 받고 조율된 세계관을 가지고 다시 하나님 앞에 기도하는 이 일련의 반복되는 과정을 통해 세상과 삶의 문제를 바라보는 우리의 세계관

이 끝없이 하나님 중심으로 형성되고 조율되어 갑니다.

개인주의의 영향으로 많은 기독 청년이 말씀을 선택하여 읽거나 듣습니다. 기도 생활도 자신의 안위를 구하는 일, 혹은 소유하거나 성취하는 일에 주된 관심을 두는 경우가 많습니다. 이것은 바른 말씀 생활, 바른 기도 생활이 아니며 오히려 우리를 경쟁적이며 개인주의적인 현실에 더 매몰되게 만드는 결과를 초래합니다.

그러하기에 우리 교회는 성경일독, 성경필사(부분, 10년 과정으로 전체 성경을 필사할 수 있도록 함), 매주 성경퀴즈, 성경공부(삶 공부), 성경암송(모든 세대)을 정례화하며 말씀 생활을 누리도록 안내하고 있습니다. 또한 3월과 4월에는 두 달 동안 100시간 기도운동, 주중의 정한 시간에 하는 기도사역, 연간 새벽기도회에 최소 100일 참석하기 등 기도 생활에도 힘쓰도록 하고 있습니다. 참으로 고무적인 것은 우리 교회 2030 청년들이 자발적으로 이런 말씀 생활과 기도 생활에 적극 참여해서 은혜를 받고 있다는 것입니다.

3) '교제' 생활

2030 기독 청년이 회복해야 할 세 번째 교회생활은 '교제' 생활입니다. 자기 안위만을 바라보도록 하는 개인주의 사회는 서로 경쟁하고 착취하게 만들어 오히려 더 안위하지 못하도록 하는 결과를 가져왔습니다. 이런 문제의식을 느끼고 오늘날 세상에는 수많은 교제

의 장이 펼쳐지고 있지만 그곳은 대부분 물리적으로든 감정적으로든 이익 관계를 따라 모이는 곳입니다. 이런 목적의 교제는 이익이 되지 않으면 금방이고 소멸하고 마는 소모적 교제입니다. 그러기에 교제에 신물을 느끼며 교제가 필요 없다고 말하기도 합니다. 특히 2030 청년 중에 이런 교제에 회의를 느끼고 홀로 있는 것을 안전하고 자유롭게 여기면서 스스로 관계를 차단하는 이들이 늘고 있습니다.

하지만 천국은 서로 긴밀하게 교제하는 곳이고 교제하는 이유와 목적도 단순합니다. 하나님의 자녀로서 하나님을 기쁘시게 하고 천국가족으로서 하나 되기 위하여 서로 교제합니다. 그래서 교회에서의 교제 생활은 인간 중심적이지 않고 하나님 중심적입니다. 하나님의 뜻에 따라 이해되지 않아도 품어주고, 갈등이 있더라도 성령님의 도우심과 능력으로 용납하며, 낙담하고 있으면 서로 일으켜 줍니다. 그렇게 개인주의를 넘어 타인을 향한 위로를 행사하는 사람으로 성장해 가고 천국가족이 되어갑니다. 이런 모습이 되면 교회는 세상이 줄 수 없는 위로를 소유한 신비의 매력이 있는 공동체, 세상의 소망을 주는 공동체로 세워지게 됩니다.

그러하기에 우리 교회는 소그룹 활동을 적극 장려하고 있으며 특히 목장을 통해서 삶을 나누며 천국 가족을 경험하도록 하고 있습니다. 2030 청년들 또한 자발적으로 주중에 모여 삶을 나누는 소그룹 모임을 통해 세상이 줄 수 없는 위로와 평강을 누리며 천국을 경험하고 있습니다. 그 결과 우리 교회는 규모에 비해 따뜻한 분위기 속에서 청년들이 많이 모이는 교회가 됐습니다.

4) '섬김'과 '봉사' 생활

2030 기독 청년이 회복해야 할 네 번째 교회생활은 '섬김'과 '봉사' 생활입니다. 오늘과 같이 어려울 때는 서로 돕고 섬긴다는 것이 여간 어려운 일이 아닙니다. 그럼에도 섬김과 봉사는 서로에게 천국을 경험하도록 하는 일입니다. 당장에 섬김과 봉사를 하는 사람은 힘겹지만 그 섬김과 봉사를 받는 상대방은 하나님의 나라를 경험하게 됩니다. 마치 예수님이 우리를 위해 희생하셨을 때, 우리가 천국을 누리듯이 말입니다. 실상 이런 섬김과 봉사는 해본 사람만이 그 가치를 알게 됩니다. 오늘날 2030 세대는 가치 있다고 생각하는 일을 문화로 만드는 세대입니다. 섬김과 봉사의 일도 하나의 문화로 받아들이는 특징이 있습니다. 그러니 이 세대에게는 명분이나 당위성만 제시할 것이 아니라 섬김과 봉사의 비전을 제시하며 실제적으로 이를 경험할 수 있도록 해야 합니다. 한마디로 섬김과 봉사 생활을 2030 기독청년의 문화로 만들 수 있어야 합니다.

이를 위해서 우리 교회는 한 사람이 한 가지 이상의 봉사를 하게 합니다. 혹 은혜가 되지 않으면 휴식하도록 권하여 은혜가 회복될 때 다시금 섬김의 자리로 나아오게 합니다. 이는 부담감이 아니라 동기부여가 되어 자원과 감사의 섬김과 봉사가 되도록 하기 위함입니다. 감사하게도 우리 교회 2030 청년들은 이런 섬김과 봉사 생활을 통해서 섬기는 기쁨을 누리고 있으며 섬기는 자에게 주어지는 믿음의 비밀, 간증의 제목들이 풍성합니다.

5) '전도'와 '선교' 생활

2030 기독 청년이 회복해야 할 마지막 교회생활은 '전도'와 '선교' 생활입니다. 절대 진리의 부정, 교회에 대한 부정적인 인식 등은 전도하는 일이나 선교하는 일을 참으로 어렵게 합니다. 그러기에 전도하다가 거절을 경험하는 2030 기독 청년들도 많이 있습니다. 이런 상황이다 보니 선교에 대한 인식을 가지는 일은 더욱 멀게 느껴집니다.

이런 상황 속에서 교회는 전도 생활을 성과의 관점으로 바라보지 말아야 합니다. 오히려 전도의 과정을 격려하고 하나님의 일에 대한 동참으로 여기도록 해주어야 합니다. 선교 역시도 마찬가지입니다. 교회나 단체나 연합이나, 어떤 방법으로든 단기선교의 장을 자주 여는 것도 좋습니다. 선교 기간보다 준비 기간이 선교에 관한 폭넓은 이해를 가질 수 있는 기회가 되기 때문입니다.

또한 다른 세대와 달리 타문화에 대한 관심이 많은 2030 세대에게는 다방면의 접근이 필요합니다. 각종 미디어 소스를 활용하여 선교 프로그램을 만들어서 체험하도록 하는 것도 선교 생활에 참여하도록 하는 데 도움이 될 것입니다.

우리 교회는 이를 위해 매년 표어를 전도와 선교에 맞추어 항상 같은 마음을 품게 합니다. 실천사항으로 한 사람이 일 년에 한 사람을 목장이나 교회로 인도하도록(등록이 아님) 동기부여를 하고 있으며, 설교를 통해 그 과정 자체를 진심으로 격려하고 있습니다. 아울러 선교지와 연결된 목장 이름을 쓰고, 매년 단기선교도 실시하고 있습니다. 총회 선교본부에서 실시하는 '고신 차세대 선교운동'(KUM)도 적극 활용하고 있습니다. 그뿐 아니라 우리 교회 선교국은 국원의 절반 이상을 청년이 맡고 있고, 임원으로도 섬기고 있습니다. 청년들이 교회의 선교사역에도 실제로 주도적으로 참여하고 있는 것입니다. 이처럼 교회가 전도와 선교 생활의 가치를 심어주고 다양한 장을 마련할 때, 2030 기독 청년들이 현실 너머에 있는 복음의 가치를 마주할 수 있게 되고 전도와 선교에도 기꺼이 헌신할 수 있습니다.

나가면서

오늘날 2030세대 앞을 가로막고 있는 거대한 성벽과도 같은 현실을 보면 참으로 마음이 아픕니다. 그래도 우리의 2030 기독 청년들이 시대의 영향을 받아 고립되거나 떠다니지 않으면 좋겠습니다. 오히려 바른 교회생활을 통해 천국 생활을 영위하면서 세상 속에서 하나님 나라의 비전을 따라 복되게 살았으면 합니다.

종종 "어떤 교회가 좋은 교회인가?"라는 질문을 받습니다. 그럴 때마다 저는 "하나님의 교회는 모두 좋은 교회입니다"라고 답합니다. 왜냐하면 교회는 성 삼위 하나님과의 영광스러운 관계 속에 있는 기관이기 때문입니다. 그러기에 지금 자신이 섬기고 있는 좋은 교회를 더 좋은 교회로 만들어 가야 합니다. 앞에서 언급한 다섯 영역의 교회생활이 천국 생활이 되도록 해야 합니다. 그리할 때 우리 2030 기독 청년들이 주의 날에 새벽이슬 같은 주의 청년들로 일어서게 될 것입니다. 그뿐 아니라 이 땅의 모든 2030세대를 일으키는 부흥의 주역이 될 것입니다.

나눔을 위한 질문

1. 경쟁 사회화, 양극화, 개인주의 가운데서 오늘날 2030세대들이 가장 극심하게 체감하는 사회문제는 무엇이라 생각합니까? 그리고 그것이 교회생활에 어떤 영향을 미치고 있습니까?

2. 만약 주변에 플러팅(floating) 크리스천이 있다면 이 사람의 교회생활 회복을 위해 무엇을 요구하겠습니까?
    1) 교회에게 요구하는 바
    2) 플러팅 크리스천에게 요구하는 바
    3) 먼저 정착한 기독 청년들에게 요구하는 바

3. 2030세대에게 교회생활이 천국 생활이 되게 하려면 어떤 노력이 필요합니까?
    1) 교회의 노력
    2) 2030세대 자신의 노력

4. 제시된 다섯 가지 교회생활 중, 시급하게 회복해야 할 교회생활은 무엇입니까?
    1) 교회의 입장에서
    2) 2030세대 자신의 입장에서

국가

정교분리란 무엇인가?

임경근 목사(다우리교회)
고려신학대학원을 졸업한 후 네델란드에서 개혁신학을 공부(Drs. Th.D.)한 후 한국에 들어와 샘물기독학교에서 기독교 교육에 몸담았다. 고신대, 고려신학대학원, 백석대학교 대학원에서 후학들을 가르쳤고, 지금은 다우리교회를 개척하여 목회 현장에서 사역하고 있다.

1. 들어가면서

하나님은 눈으로 볼 수 없습니다. 하나님의 통치 또한 쉽게 확인하기 어렵습니다. 세상 역사는 인간이 스스로 만들어가는 것처럼 보입니다. 하지만 종교개혁자들은 삶의 모든 순간과 영역에서 하나님의 통치를 발견합니다. 신자의 삶은 세상 전체에 걸쳐 있으므로 하나님의 통치 영역도 세상 전체에 해당한다고 볼 수 있습니다. 그렇다면 불신자의 세상은 하나님의 통치 밖일까요? 그렇지 않습니다. 하나님의 통치는 인간 삶의 전 영역에 미칩니다(절대주권). 심지어 전쟁이나 폭군의 통치 속에서도 하나님의 손길을 볼 수 있습니다. 이집트의 바로와 바빌론의 고레스 통치 가운데서도 하나님의 다스리심이 나타납니다. 정치, 경제, 사회, 문화 등 인간 삶의 모든 영역에서 하나님의 통치를 발견할 수 있습니다. 하나님의 통치 없이는 인간 삶 자체가 성립될 수 없습니다.

그러나 현대사회는 하나님의 통치를 인정하지 않습니다. 그 결과 하나님의 통치는 교회와 개인의 영역에서만 인정되고 국가는 교회와 신앙을 공적 영역에서 사적 영역으로 밀어냅니다. 교회와 신자는 사적이고 개인적인 범주에만 머물게 됩니다. 그렇다면 교회와 신자는 국가와 정치 영역에서 어떤 역할을 감당할 수 있을까요?

이 글은 '교회와 국가' 곧 '정교분리란 무엇인가?'라는 주제에 대해 개혁신앙적 관점을 정리합니다. 하나님의 통치가 미치는 모든 삶의 영역에서 신자의 역할을 찾고자 합니다. 이를 위해 하나님의 절대주권과 인간의 영역주권을 살펴보고 신자와 시민 그리고 교회와 국가의 관계를 정리하고자 합니다.

2. 절대주권과 영역주권

종교개혁은 하나님의 절대주권을 강조합니다. 그렇다면 하나님의 절대주권 아래서 인간의 자유는 가능할까요? 개혁신앙은 인간의 자유가 허용된다고 봅니다. 인간은 자율적으로 결단하고 행동할 수 있으며 자유에는 반드시 책임이 따릅니다. 단 개혁신앙은 인간의 자유로운 행위조차 하나님의 절대주권 아래에 있다고 고백합니다. 하나님은 세상을 창조하시고 동시에 섭리하시며 인간에게 세상 통치를 위임하셨습니다(창 1:28). 이것을 '문화명령'(Culture Mandate)이라 부릅니다. 칼뱅은 일찍이 하나님의 절대주권을 강조하며 하나님 중심의 신학을 전개했습니다. 그는 인간 삶의 목적이 하나님의 영광을 위한 것이라고 제네바 요리문답 제1문에서 선언했습니다. 이 사상은 웨스트민스터 소요리문답과 대요리문답에 그대로 전승됐습니다.

'절대주권'(Absolute Sovereignty)이란 하나님께서 세상의 모든 만물을 창조하셨을 뿐 아니라 삶의 세세한 부분까지도 간섭하고 관여하신다는 선언입니다. 세상에서 일어나는 모든 일은 우연이 아니라 하나님의 뜻 안에 있습니다. 하나님은 '창조자'이시며 동시에 '보존자', '관리자' 나아가 '구원자'이자 '심판자'이십니다. 하나님의 절대주권 신앙은 근대 이신론(理神論)이나 자연신론(Deism)을 배격합니다.

'영역주권'(Sphere Sovereignty)은 하나님의 주권(soevereiniteit van God)이 인간 삶의 다양한 영역(in eigen kring)에 고유한 주권을 위임하신다는 개념입니다. 19세기 네덜란드 개혁교회의 흐룬 판 프린스터러(Groen van Prinsterer, 1801-1876)와 그의 후계자 아브라함 카이퍼(Abraham Kuyper, 1837-1920)가 이 이론의 주창자입니다.

카이퍼는 이 개념을 바탕으로 신칼뱅주의(Neo-Calvinism)를 전개했습니다. 하나님은 정부, 가정, 경제, 교회, 교육, 예술 등 각각의 영역에 고유의 주권을 맡기셨습니다. 각 영역은 서로 간섭하거나 지배하지 않고 독립적으로 기능해야 합니다. 예를 들어 '국가'의 위정자가 교회의 예배, 권징, 인사권을 간섭해서는 안 됩니다. 반대로 '교회'가 국가 통치에 압력을 행사해서도 안 됩니다. '국가'는 '가정'의 자녀 양육권을 빼앗을 수 없습니다. 부모는 스스로 학교를 세울 주권이 있으며 국가는 이를 방해해서는 안 되고 오히려 도와야 합니다. '교회'는 언약의 자녀를 신앙으로 교육하기 위해 주중에 교리문답 교육을 할 수 있습니다. 그러나 교회가 일반학교를 세우고 운영하는 것은 고유 영역을 넘는 것으로서 가정의 자녀 양육 권한과 국가의 공교육 기능을 침범하는 행위입니다. 그래서 네덜란드 개혁교회는 교회가 아닌 부모가 주체가 되어 기독교 학교(Parents Controlled School)를 세웠습니다. 이는 아브라함 카이퍼의 '영역 주권' 이론이 적용된 대표적 사례입니다.

카이퍼는 이 개념을 네덜란드 사회에 적용해 1917년 기독교 학교의 학력을 국가가 인정하고 재정지원을 하는 법제화를 이끌었습니다. 이로 인해 네덜란드의 사립 기독교 학교는 세계에서 가장 먼저 공립학교와 동등한 재정지원을 받게 됐습니다. 참고로 미국은 여전히 기독교 학교가 정부로부터 재정지원을 받지 못하고 있습니다.

그러나 세상에는 하나님의 주권에 반하는 사악한 침해 행위가 존재합니다. 특히 힘을 가진 자들이 약자를 침탈하는 경우가 그렇습니다. 이럴 때 국가는 갈등을 법과 공권력으로 조정하는 역할을 감당해야 합니다. 만약 국가가 부패하거나 폭력을 행사한다면 어떻게 해야 할까요? 국가가 본래 감당해야 할 책임을 소홀히 하거나 다른 영역의 주권을 침해한다면 국민은 법의 테두리 안에서 이를 경고할 수 있으며 그렇게 해야 합니다. 저항권 또한 하나님께서 주신 권리이자 의무입니다.

물론 각 고유 영역의 경계는 역사와 시대의 변화 속에서 끊임없이 조정되고 달라질 수 있습니다. 사회 형태가 고정되지 않기 때문입니다. 그렇다 하더라도 영역주권이라는 원리는 변할 수 없으며 변해서도 안 됩니다.

3. 두 왕국(하늘 나라 & 세상 나라)

시민은 각자의 직업을 가지고 사회 생활을 합니다. 신자는 이 직업을 '하나님의 부르심'(召命, Calling)으로 여기고 성실하게 일합니다. 신자는 정치 활동도 감당합니다. 투표를 하고 정당 활동에도 참여합니다. 개혁신앙을 가진 신자들도 마찬가지입니다. 그리스도인은 세상 밖으로(outward) 도피하는 존재가 아니라 세상 속으로(inward) 부름 받은 존재입니다.

신자는 교인이면서 동시에 국가의 시민입니다. 하나님은 그리스도인을 하늘 나라의 시민으로 부르실 뿐 아니라 이 땅의 시민으로도 살아가게 하셨습니다. 따라서 신자는 두 왕국에 속해 있는 이중 시민권자입니다. 이것을 '두 왕국 이론'(Two Kingdoms Theory)이라 합니다. 그리스도인이 세상 국가에 속해 있다는 사실 자체가 이미 사회 참여의 표현입니다. 신자는 시민으로서 권리를 누리며 동시에 의무를 다합니다. 법을 지키고 세금을 납부하며 국방과 교육, 근로의 의무도 감당합니다. 동시에 그리스도인은 하나님 나라의 백성(神民)입니다.

아래 도표는 두 나라의 차이를 잘 보여줍니다.

	세상 나라	하늘 나라
통치	인간 법과 제도	하나님 법과 성경
가치	물질적 성공과 권력	사랑과 공의
목표	부와 군사력(전쟁)	구원과 영생
역할	법 준수와 세금 납부	성경에 순종

신자는 하늘 나라의 시민이자 동시에 세상 나라의 시민으로서 정치에 관심을 두고 적극적으로 투표에 참여하며 각종 세금 납부와 국

방, 교육, 근로의 의무를 실천합니다. 이중국적자이기 때문입니다. 그러나 재세례파와 같은 극단적 종교개혁파는 세상 국가를 사탄의 세력으로 간주하며 거부합니다. 그들은 하나님 나라의 정체성만을 강조하며 세속 국가의 책임은 거부합니다. 그러나 주류 종교개혁 신앙은 '두 왕국 이론'에 근거해 세상 나라에서의 책임과 의무도 신자의 몫으로 받아들입니다. "가이사의 것은 가이사에게 하나님의 것은 하나님께"(마 22:21; 막 12:17; 눅 20:25)라는 예수님의 말씀에서 이 원리를 확인할 수 있습니다.

4. 정교분리

정치와 종교의 분리 즉 '정교분리'는 종교개혁 이후 개신교회가 택한 입장입니다. 그러나 정교분리에 대한 오해도 많고 실제로 명확히 구현된 사례도 많지 않습니다. 교회와 국가를 마치 무 자르듯 완전히 분리하는 것은 현실적으로 불가능하기 때문입니다. 역사적으로도 교회와 국가의 관계는 마치 진자처럼 서로를 오가며 균형을 조정해 왔습니다. 이제 정교분리의 개념과 역사에 대해 살펴보겠습니다.

1) 개념

정교분리(政敎分離)는 사상적으로는 정치와 종교, 제도적으로는 국가(정부)와 종교단체(교회)의 분리를 의미합니다. 정치와 종교는 각각의 역할에 충실하되 서로 간섭하지 않는다는 원리입니다. 그러나 이에 대한 오해가 양쪽 모두에 존재합니다.

첫째, 교회 측의 오해입니다. 신자는 정치에 관심을 가져서는 안 되며 오직 영혼 구원에만 전념해야 한다는 주장입니다. 이것은 정치와 종교를 '속됨'과 '거룩함'으로 이분화하는 전형적인 오류입니다. 특히 군사독재 시절 보수 교회는 권력의 칼날을 두려워해 침묵했고 그 결과 정교분리는 불의한 정부를 방어하는 논리로 오용됐습니다.

둘째, 국가 측의 오해입니다. 국가는 신자의 요구를 단순히 종교적 요구로 치부하여 무시하거나 탄압합니다. 이 경우 신자의 사회적 존재성과 책임을 간과하게 됩니다.

2) 역사

역사 속에서 정교분리는 어떻게 전개됐을까요? 구약시대 이스라엘은 여호와 신앙을 중심으로 한 '정교일치'(政敎一致) 사회였습니다. 종교와 정치가 마치 하나처럼 움직였습니다. 그러나 왕이 제사장과 선지자의 역할까지 모두 감당했던 것은 아닙니다. 왕, 제사장, 선지자는 각각 하나님의 부르심을 받아 고유한 역할을 감당했습니다. 왕은 제사장과 선지자의 도움을 받아 나라를 다스렸고 그 통치를 통해 오직 하나님이 이스라엘의 참된 왕이심을 드러내야 했습니다.

초대 왕 사울은 이러한 역할의 분리를 지키지 못해 폐위되었고 다윗은 하나님의 마음에 합한 자로 인정받았지만 밧세바 사건으로 인해 인간적 한계를 드러냈습니다. 이때 선지자 나단은 왕의 죄를 지적하며 하나님의 입 역할을 했습니다. 엘리야와 엘리사 선지자도 북이스라엘 왕들의 죄를 책망했고 예레미야와 에스겔은 남 유다 왕들을 향해 동일한 사명을 감당했습니다.

제사장이 나선 경우도 있었습니다. 남 유다의 제사장 여호야다는 정치적이고 영적인 개혁을 시도하며 어린 요아스를 구출해 왕위에 오르게 하고 다윗 왕가를 보호하는 데 큰 역할을 했습니다. 그의 지도력 덕분에 남 유다는 한동안 영적 부흥을 경험할 수 있었습니다. 이처럼 이스라엘 사회에서 정치와 종교는 밀접하게 연결되어 있으면서도 동시에 역할 분담과 상호 견제의 원리가 작동하고 있었습니다.

초대교회는 로마제국의 지배 아래에서 심각한 박해를 받았습니다. 당시 로마는 기독교를 합법적인 종교로 인정하지 않았고 기독교 신자들은 칼로 억압당했습니다. 그러나 오랜 박해 끝에 주후 313년 밀라노 칙령을 통해 기독교는 합법 종교로 공인되었고 주후 380년에는 로마제국의 국교로 공식 채택되면서 정교일치의 사회가 시작됩니다.

기독교는 제국의 공인된 종교로서 특권과 지위를 누리게 되었고 로마가 기독교 국가가 되면서 교회는 급속도로 제도화됐습니다. 하지만 로마제국의 몰락과 함께 교회의 위상도 함께 흔들리게 됩니다. 5세기 이후 유럽의 정세는 급변했고 교회는 신흥 게르만 국가들과 복잡한 권력 관계 속에 놓이게 됩니다. 중세 역사 전체가 바로 이 권력 다툼과 정교 관계의 변화를 보여주는 무대라 할 수 있습니다. 중세 말기에는 봉건사회가 해체되고 새로운 민족주의와 국가주의가 대두되면서 정치와 종교의 관계도 다시 조정될 수밖에 없었습니다.

16세기 종교개혁은 이러한 흐름 속에서 정교분리의 개념을 싹틔우게 됩니다. 교회의 내적 개혁은 국가의 개혁에도 영향을 주었고 결국 교회와 국가의 관계도 새롭게 정립되어야 했습니다. 특히 극단적 종교개혁 세력인 재세례파는 오직 교회 개혁에만 관심을 두고 사회나 국가 개혁에는 무관심했습니다. 이들은 '비-관원협력형 종교개혁'(Non-Magisterial Reformation)으로 분류됩니다.

반면 루터파와 칼뱅파(개혁파 및 장로교), 성공회 등은 교회뿐 아니라 국가도 하나님의 섭리 아래 있다고 보며 교회와 국가가 함께 개혁을 감당해야 한다고 주장했습니다. 이는 '관원협력형 종교개혁'(Magisterial Reformation)입니다.

종교개혁은 지역과 국가에 따라 다양한 양상으로 전개됐습니다.

각 나라의 정치 상황과 교회 구조 그리고 교회와 국가 간 힘의 균형 정도에 따라 다르게 진행됐습니다. 독일, 스위스, 네덜란드, 잉글랜드, 스코틀랜드 등 각국의 종교개혁에는 차이가 존재합니다. 그러나 이들 대부분의 개신교회는 교회와 국가가 완전히 분리되기보다는 서로 일정 부분 관여하며 긍정적인 역할을 기대하는 입장을 취했습니다. 이런 관계는 '정교분리'보다는 오히려 '정교유착'에 가까운 모습이었습니다. 정치와 종교가 서로 윈윈하는 상황이었습니다.

종교개혁 이후 정치와 종교의 관계를 신학적으로 정리한 문서가 바로 웨스트민스터 신앙고백서 23장 '국가 공직자'입니다. 이 문서를 통해 성경이 말하는 정치와 종교의 관계를 자세히 살펴볼 수 있습니다.

제1항은 하나님이 온 세계의 대주재이자 왕으로서 자기의 영광과 공공의 선을 위하여 국가 공직자를 세우시고 그들에게 칼의 권세를 주셨다고 선언합니다. 이는 세상 정부 역시 하나님의 주권 아래에 있음을 인정하는 신앙고백입니다. 국가와 위정자는 결코 사탄의 것이 아니며 하나님께로부터 위임된 권한을 가지고 국민의 안전과 사회 질서를 유지할 책임을 지닙니다. 물론 이 권력을 남용한다면 하나님의 심판을 면치 못할 것입니다.

제2항은 세속 정부와 전쟁을 전면 반대하는 재세례파의 입장을 반박하는 내용입니다. 성도는 공직을 맡을 수 있으며 국가의 법 아

래 경건과 공의, 평화를 유지하며 필요한 경우 정당한 전쟁에 참여할 수도 있습니다.

제3항은 본래 웨스트민스터 신앙고백이 군주제를 전제로 작성되었다는 사실을 염두에 두고 읽어야 합니다. "국가 위정자는 교회 안에서 연합과 화평을 보존하고, 하나님의 진리를 순결하고 완전하게 지키며, 모든 신성모독과 이단을 억제하고, 예배와 수양의 부패와 악습을 금지하며 개혁해야 하며, 모든 성직이 정식으로 자리 잡고 실시되도록 해야 한다"라고 말합니다. 이는 국가가 교회의 영적 영역까지 상당 부분 책임지는 구조로서, 정치와 종교의 완전한 분리가 아닌 정교유착의 입장을 보여주는 대목입니다.

그러나 1788년 미국 장로교회(PCUSA)는 이 제3항의 내용을 삭제하며 민주주의 정신에 맞도록 신앙고백을 수정했습니다. 단 "국가 공직자는 말씀과 성례의 집례나 천국의 열쇠권을 전유하지 못한다"라는 문장은 유지했습니다. 여기에 "믿음의 사안에 조금이라도 개입해서는 안 된다"라는 내용을 추가함으로써 정교분리의 원칙을 명확히 했습니다.

이와 더불어 국가 공직자는 교회를 보호하되 교파에 따른 차별을 해서는 안 되고 교역자가 자유롭게 사역할 수 있도록 보장하며 신앙 문제로 인한 폭행, 학대, 상해 등을 막고 질서 있는 종교 집회를 돕는 역할을 감당해야 한다고 개정했습니다. 이것이 현재 미국 장로교회가 공식적으로 채택하고 있는 정교분리의 입장이며 이 원칙이 한국교회에도 전해졌습니다.

5. 신앙과 정치

웨스트민스터 신앙고백 제23장 4항은 '그리스도인의 정부에 대한 의무'에 관한 내용입니다. 1788년 미국 장로교회는 이 조항을 수정하지 않고 그대로 수용했습니다. 이 조항은 신자의 정치 참여에 대한 중요한 원칙을 담고 있습니다.

> "백성의 의무는 공직자를 위하여 기도하며 그들을 존경하고 세금과 여타 부과금을 바치고 그들의 합법적인 명령에 순종하며, 양심상 그들의 권위에 복종하는 것이다. 불신앙이나 종교의 차이는 공직자의 정당하고 합법적인 권위를 무효화할 수 없으며, 공직자들에 대한 정당한 순종에서 백성을 제외시킬 수 없으며, 교역자 또한 예외는 아니다…"

웨스트민스터 신앙고백은 신자의 정치 행위를 분명히 인정합니다. 그렇다면 정치 행위란 구체적으로 무엇을 의미할까요? 우선 기도입니다. 공직자를 위해 기도하는 것은 신자의 정치적 책임의 시작입니다. 그 다음은 위정자를 존경하고, 정부에 대한 기본적 의무 즉 세금 납부 등도 포함됩니다. 더 나아가 정부의 합당한 명령에 순종하고 권위에 복종하는 것, 이것이 신자의 정치 참여입니다. 다소 의외일 수 있으나 세속 국가도 하나님의 주권 아래 있다는 개혁신앙의 고백이 여기에 담겨 있습니다.

> "…더구나 교황은 통치 중에 있는 공직자에게나 그들의 백성 중 어느 누구에게도 어떤 권세나 재치권(裁治權, 다스리는 권한)을 행사할 수 없다. 더군다나 교황이 그들을 이단이라 판결하거나 어떤 다른 구실로든 그들의 통치권이나 생명을 빼앗는 일은 결코 있을 수 없다."

하나님의 주권은 교회뿐 아니라 세속 국가에도 미칩니다. 국가는 하나님의 통치 아래 있지 교회의 통치 아래 있지 않습니다. 종교 지도자 이를테면 교황은 세상 공직자에게 종교적 판단을 근거로 권세를 행사할 수 없습니다. 이는 중세교회가 국가에 대해 재치권을 행사했던 것에 대한 개혁신앙의 명확한 거부입니다. 개혁신앙은 하나님의 통치를 세상 모든 영역으로 확장합니다. 교회와 국가의 관계는 하나님의 통치 아래에 있으며 어느 한쪽이 다른 쪽 위에 서는 구조가 아닙니다. 정부가 비기독교적이라고 해도 예외는 아닙니다. 하나님은 바사 제국의 고레스를 가리켜 "내 목자"(사 44:28), "그의 기름 부음 받은 자"(사 45:1)라고 칭하십니다.

정부는 사회질서 유지와 국민의 안전을 책임져야 합니다. 하나님은 그 사명을 위해 정부에 권력과 군대를 허락하십니다. 만약 정부가 부정하고 불법적인 힘을 행사한다면 신자는 어떻게 해야 할까요? 우선 신자는 국가 위에 계신 하나님의 주권을 인정하면서 백성으로서의 의무를 성실히 감당해야 합니다. 그다음 불의와 불법에 대해 합법적인 방식으로 경고하고 목소리를 낼 수 있습니다.

그럴 때 신자는 하나님의 계명에 따라 행해야 합니다. 예를 들면 제9계명인 "네 이웃에 대하여 거짓 증거하지 말라"를 지켜야 합니다. 사실로 검증되지 않은 뉴스 이른바 거짓 뉴스를 퍼뜨리는 행위는 죄입니다. 동시에 제5계명에서 말하는 '권위자에 대한 올바른 자세'를 유지해야 합니다. 내가 지지하지 않는 정치 지도자라고 하여 함부로 말하거나 명예를 실추시키는 것도 죄입니다.

만일 정부가 하나님의 말씀과 교회를 노골적으로 핍박한다면 신자는 그에 대해 불복할 권리가 있습니다. 이는 바벨론 제국 아래 있었던 다니엘의 저항과도 같고 유대 종교지도자들을 향해 사도들이 보여준 저항과도 같습니다.

"…그들을 불러 경고하여 도무지 예수의 이름으로 말하지도 말고 가르치지도 말라 하니 베드로와 요한이 대답하여 이르되 하나님 앞에서 너희의 말을 듣는 것이 하나님의 말씀을 듣는 것보다 옳은가 판단하라. 우리는 보고 들은 것을 말하지 아니할 수 없다 하니"(행 4:5~20).

이런 경우 신자는 공의의 하나님께 기도하며 불의와 불법에 대해 심판해 주실 것을 간구할 수 있습니다. 이러한 기도는 단순한 탄원이 아니라 하나님의 공의에 맡기는 강력한 정치 행위입니다. 다만 그 과정에서 신자는 인내와 절제가 필요합니다. 불의에 대한 항의가 불법적인 방법으로 전개되어서는 안 됩니다.

교회는 직접 정부의 정치 행위를 판단하고 비판하는 정치적 시위를 주도하거나 선동해서는 안 됩니다. 신자는 국가의 시민으로서 정치 활동을 할 수 있지만 교회는 정부와의 고유한 영역이 다르기에 그 경계를 넘어서는 안 됩니다. 정부의 무기가 권력과 칼이라면 교회의 무기는 말씀과 기도입니다. 하나님 나라의 법은 세상 법과 다릅니다.

6. 기독 정당, 가능한가?

개혁신앙을 바탕으로 정치 활동에 적극적으로 참여한 대표적인 사례는 네덜란드 개혁교회 성도들입니다. 이들은 1879년 '반혁명당'(ARP: Anti-Revolutionaire Partij)을 창립했으며 이후 1948년에는 '개혁정치연대'(GPV: Gereformeerde Politiek Verbond)를, 2001년에는 '개혁정치연방'(RPF: Reformatorisch Politiek Federatie)을 다른 정당과 통합하여 '기독교 연합'(CU: ChristenUnie)이라는 이름으로 재탄생시켰습니다. 이들은 지속적으로 개혁주의 정치활동을 전개해 왔습니다.

비례대표제를 채택한 네덜란드에서는 이 기독 정당이 하원에 1~2명, 상원에 1명의 의원을 보유하고 있으며 정치적 영향력을 유지하고 있습니다. 개혁주의 정당은 잡지를 통해 정치적 주제를 토론하고 정책 방향을 제시하며 전·현직 의원들이 책을 출간하거나 정책 소책자를 제작하여 사상을 전파합니다. 수적으로는 열세지만 개혁주의 정신에 입각한 정치를 실천하고 있습니다. 하원에서도 이 정당 소속 의원이 모범 의원으로 평가받는 경우도 있으며 풍성한 정치 활동을 펼치고 있습니다.

아브라함 카이퍼는 생애 말기에 네덜란드 기독 정치 강령을 두 권의 책으로 정리하여 출간했으며 필자도 '반혁명 국가학 1-2권'(국제제자훈련원, 2023) 번역 작업에 참여했습니다.

그렇다면 한국에도 기독 정당이 필요할까요? 가능할까요? 결론적으로 말하자면 아직은 부정적입니다. 한국에 기독 정당이 생기기 위해서는 먼저 '그리스도인의 정치적 소명 수준'이 형성되어야 합니다. 정치에 대한 소명의식이 낮은 상태에서 기독 정당이 출현하면 실용적 이익집단이나 압력 단체로 전락할 가능성이 큽니다.

정치는 본질적으로 어떤 집단의 이익이 다른 집단의 손해로 이어질 수 있는 구조입니다. 기독 정당이 국민의 일부 이익만을 대변하게 된다면 그것은 진정한 기독교 정치라 할 수 없습니다. 기독 정당은 하나님의 통치를 드러내야 하며 그 통치 원리는 실용주의도 민족주의도 이데올로기도 아닙니다.

하나님 나라의 시민은 세상 나라의 정치에 대해 다른 자세를 가져야 합니다. 기독 정당은 창조주 하나님의 권위와 위엄을 드러내야 하며 세력을 키우기 위해 정강정책의 수준을 낮추거나 타협해서는 안 됩니다. 하나님의 말씀이 기준이 되어야 하며 순전한 정강정책을 세워야 합니다. 신앙고백이 정치에 녹아들고 복음의 능력이 작동하는 기독 정당이 탄생해야 합니다. 그런 날이 오기를 기도합니다.

6. 나가면서

개혁신앙인은 하나님의 주권이 온 세상에 미친다고 믿기에 교회뿐만 아니라 정치 영역에서도 하나님의 뜻과 통치를 인정합니다. 개혁신앙은 무조건적 복종을 주장하지 않으며 동시에 혁명주의를 따르지도 않습니다. 오히려 정치에 신중하고도 적극적으로 참여하는 신자의 책임을 강조합니다.

한국교회는 여전히 복음주의 중심이며 특히 대형교회를 중심으로 한 정치적 발언과 행동은 미숙한 경우가 많습니다. 따라서 개혁신앙적 정치가 한국사회에 뿌리내리는 것은 앞으로 해결해야 할 중요한 과제입니다. 그러나 건강한 개혁신앙을 가진 교회와 성도들이 많아진다면 반드시 열매가 맺히리라는 희망을 가져봅니다.

나눔을 위한 질문

1. '하나님의 절대주권과 인간의 영역주권' 역할 관계를 설명해 보세요.

2. 그리스도인은 일종의 이중국적자입니다. 두 왕국 곧 '세상 나라'와 '하나님 나라'의 시민으로서의 삶은 어떻게 가능합니까?

3. 종종 소위 '정교분리'의 오해와 '정교분리의 역사'를 정리해 보세요.

4. 개혁 신앙인이 어떻게 정치에 참여할 수 있을까요? 한국 상황에서 기독교 정당의 가능성을 논해 봅시다.

기독교, 2030에게 답하다
시대와 문화를 관통하는 성경적 통찰

2025년 5월 7일 초판 1쇄 발행

지은이 강현석 김대중 김정용 손 협 송영목 심성현 오계강 윤치원 이성호
       이원영 이창준 이춘성 이혜정 임경근 정원기 채충원 최윤갑
편집 윤치원
발행인 최정기
기획책임 박진필
디자인 조은희
마케팅 최성욱
마케팅 지원 박수진
인쇄 금강인쇄
펴낸곳 고신언론사
주소 서울시 서초구 고무래로 10-5(반포동) 고신총회 고신언론사
전화 02-592-0981, 02-592-0985(FAX)
ISBN 979-11-94316-02-2

이 책의 판권은 지은이와 고신언론사에 있습니다.
양측의 서면 동의 없는 무단 전재 및 복제를 금합니다.